1837年大恐慌

美国第一次经济危机和政治混乱

America's First Great Depression

Economic Crisis and Political Disorder after the Panic of 1837

[美] 阿拉斯代尔·罗伯茨
——著——

秦伟
——译——

生活·讀書·新知 三联书店

Simplified Chinese Copyright © 2019 by SDX Joint Publishing Company.
All Rights Reserved.
本作品版权由生活・读书・新知三联书店所有。
未经许可,不得翻印。

America's First Great Depression: Economic Crisis and Political Disorder after the Panic of 1837, By Alasdair Roberts, originally published by Cornell University Press
Copyright © 2012 by Cornell University

简体中文版权通过凯琳国际文化版权代理引进(www.ca-link.com)。

图书在版编目(CIP)数据

1837年大恐慌:美国第一次经济危机和政治混乱/(美)阿拉斯代尔・罗伯茨著;秦伟译. —北京:生活・读书・新知三联书店,2019.7
(美国经济新观察丛书)
ISBN 978-7-108-06575-9

Ⅰ.①1... Ⅱ.①阿...②秦... Ⅲ.①经济危机-研究-美国-1837 Ⅳ.①F171.244

中国版本图书馆 CIP 数据核字(2019)第 067460 号

责任编辑	麻俊生
封面设计	储　平
责任印制	黄雪明

出版发行　**生活・讀書・新知 三联书店**
　　　　　(北京市东城区美术馆东街 22 号)
邮　　编　100010
印　　刷　常熟市文化印刷有限公司
版　　次　2019 年 7 月第 1 版
　　　　　2019 年 7 月第 1 次印刷
开　　本　880 毫米×1230 毫米　1/32　印张　11.875
字　　数　155 千字
定　　价　48.00 元

目录

导言　回到未来 / 1

第一章　经济繁荣与泡沫破裂 / 17
　　坏时代 / 18
　　衡量损失 / 31
　　泡沫 / 37
　　崩塌 / 57

第二章　州政府的危机 / 73
　　州政府债务违约 / 75
　　在欧洲颜面尽失 / 99
　　限制州政府权力 / 113

第三章 联邦政府的危机 / 130
  华盛顿僵局 / 132
  破裂的国家协议 / 151
  军备竞赛的输家 / 168
  与超级大国和解 / 187

第四章 法律与秩序 / 213
  罗德岛叛乱 / 215
  抗租战 / 231
  费城的炮火 / 249
  组建公民军队 / 265

第五章 危机的终结 / 272
  墨西哥的间接战争 / 274
  救赎 / 295

结论 自由、秩序和经济危机 / 315

方法说明及致谢 / 334

注释 / 337

导言
回到未来

就在不久之前,大多数美国人对于个人以及整个国家的经济前景还信心满满。2006年的一项投票结果显示,美国人认为他们的个人处境和国家整体的经济状况都比几年前要好很多。大部分人认为他们的经济状况稳定,预期未来几年能够进一步改善。不断高涨的房产价格让人们的信心膨胀,几乎没有人认为房产价值会出现大幅缩水,大多数人都在说,那是买入房产的好时机。

美国人对于本土经济发展的信心也与美国当时在全球的经济地位一致。2006年,在大多数人眼中,美国的经济地位一如既往,用美联储前任主席保罗·沃尔克(Paul Volcker)的话来说,美国还是一个"庞大的、相对自给自足,能够掌握自己命运的国家"。[1] 许多人还认为,美国是维持世界秩序的核心力量。2005年,美国政治科学家迈克尔·曼德鲍(Michael Mandelbaum)曾表示,世界应当感激美国提供了全球安全稳定和经济繁荣的前提条件。曼德鲍说,美国就像一头大象,"为众多其他生物,如小型哺乳动物、鸟类和昆虫提供帮助——在自己的生存过程中为其他生物提供生存所需的食物"。[2]想想看,告诉全世界应当为自己能够在一堆象粪中找到食物而心存感激,这是有多么傲慢。不过,这就是那个时候美国人的心态。

2009年,这种自我满足的心态被冲得粉碎。往前推一年,美国经济几乎濒死。金融体系无法正常运作,大型企业被迫宣告破产,剩下的也是在大规模的政府干预后才得以幸存。尽管有幸避免整体经济的彻底崩溃,但美国经济仍然无法阻止地滑向衰退中。"对美国来说,这是一个令人惭愧、颜面尽失的时刻。"一位观察家当时指出。[3]美国富庶、强大的印象转瞬间烟消云散,一同消失的还有美国在经济政策问题上的信用度。各级美国政府、主要产业以及美国的家庭终于意识到,自己一直在以透支的方式生活。有评论家们断言,这样暗无天日的状况将会持续很长一段时间。似乎我们正开始进入一个"新常态",就像早几年,2001年9·11袭击之后的那种状态。看起来,美国不得不调整自己在全球经济中的顺位——更加谦逊、更加脆弱的位置。

对美国衰落的担忧蔓延开来。经济史学家尼尔·弗格森(Niall Ferguson)警告称,美国的大国地位或将不保,任何外部的轻微冲击都可能导致全球秩序发生戏剧性转变。哥伦比亚大学的经济学家杰弗里·萨克斯(Jeffrey Sachs)则宣称全球形势已经发生转变,美国已经不再是"不可或缺的领导者"。[4]日本首相鸠山由纪夫(Hatoyama Yukio)也赞同"美国主导的全球化时代正走向终结"。[5](不过,鸠山由纪夫的"终结"来得更快,他的首相任期仅10个月。)2010年9月,《纽约时报》(New York Times)注意到奥巴马总统和他的前任们

> 不得不面对美国自给自足能力不断削弱的现实……在苏联解体前,凭借着自己强大的制造业和与其他国家谈判订约的能力,美国的经济和国家安全基本上都能够由自己掌控。但随着真正的全球化市场开始出现,以及基地组织之类的非政府力量的威胁,一切都在改变。现在我们生活在一个一体化的世界中,美国人的工作需依赖于亚洲或拉丁美洲政府的经济政策,而国家安全则受制于深藏在洞穴中的某个宗教领袖的一念之想。[6]

在美国面对的众多困难中,令很多观察家无所适从的一个问题是美国与中国的关系。2007年之前,美国人普遍认为自己作为"终端消费者"在全球经济中扮演着重要

角色:也就是说,其他出口导向型国家需要依赖美国人为其提供需求。其中,居于首位的就是出口产品堆满美国西海岸港口的中国。直到2007年之后,在美中关系中,中国这一端才开始受到关注,中国利用其大规模的外汇储备支持着美国的消费。2008年,中国超过日本成为美国政府最大的海外债权人。

这让美国陷入依赖于另一个国家的尴尬境地。在危机初期,美国财政部部长亨利·保尔森(Henry Paulson)致电中国政府高层,说服他们相信美国政府有能力"履行自己的责任"。[7]这不是一个超级大国与一个发展中国家之间常见的对话。但在2007年后,华盛顿的决策者们开始非常在意中国的看法。他们关注中国对美国货币政策的批评,或者是对美国是否能够解决长期预算赤字问题的担忧。黑石前主席彼特·彼特森(Pete Peterson)认为,美国外交政策正面临被中国持债绑架的风险。正如2008年中投董事长高西庆所指出的,"对借钱给你的国家友善些"[8]是很重要的。

有些时候,对中国影响力增强的担忧又会被弱化。毕竟,几十年前,美国人对日本也曾有过类似的担忧。1970年,未来学派代表赫尔曼·卡恩(Herman Kahn)曾将日本称作"正在崛起的超级大国"[9],并预言日本的GDP会在2000年超过美国。当时,日本被认为已经积攒大量资源,占据"支配地位",并且执意要"用钱来达到50年前用枪未实现的成就"。[10]然而最终,这一论调被证明不过是夸大其词。20世纪90年代中期,日本经济崩溃,一直未能完全恢复。如今,日本GDP也仅有美国的1/3。

如果40年前我们对日本崛起的判断错了,今天对中国的判断是否同样会错?也许是。我们对美国在全球经济中的角色的评估,本身有其经济周期,眼下,我们显然处在萧条阶段。虽然正面临危机,美国仍然是一个富庶的军事强国,并且未来数年内也不会改变。尽管如此,不可否认的一个变化是,在未来很长一段时期内,美国在全球经济中的相对重要性将会被削减。

图1描述了美国正面临的困境。经济学家安格斯·麦迪森(Angus Maddison)提供了1820—2008年期间,美国以及其他两个地区——西欧和东亚在全球GDP中所占份额的数据。这张图生动地展示了工业化对欧洲经济的拉动作用以及促成了美国在第二次世界大战后的崛起,同时也显示出,美国在战后基本成为全球经济的稳定器。不过,这张图也透露出第三项信息,即在过去60年里,美国(包括欧洲)的相对重要性逐渐减弱。经济现代化的效益已经转移到东亚,因此,东亚也正重拾其在工业化革命出现前在全球经济中曾经占据的地位。

在很短时间内,美国经济的影响力就可能经历潮涨潮落。例如,我们在图中可以看到,尽管在1997—1998年亚洲金融危机后,美国在全球GDP的占比提高,但大趋势非

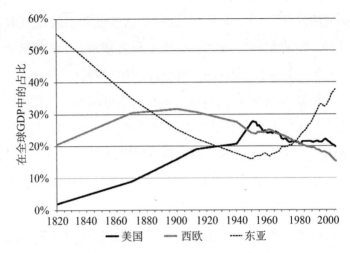

数据来源：荷兰格罗宁根大学(University of Groningen)安格斯·麦迪森教授估算。

图 1 美国、12 个主要西欧国家及 16 个主要东亚国家在全球 GDP 中的占比

常明显(剔除某些大灾难因素)而且不可逆转——美国在全球经济中的相对重要性确实在减弱。

经过 2007—2008 年的金融危机，很多美国人对于整个国家的未来得出了更清醒的认识。在这种"新常态"中，美国不再握有一个经济大国的全部优势，也无法继续享受高度自给自足带来的安逸感。美国不再是掌握自己命运的唯一力量，主要贸易伙伴、海外投资者和投机交易者的决定对这个国家福祉的影响越来越大，美国的边境也无法完全阻挡海外危机和冲击的影响。这些经济变化毫无疑问会对美国国内政治带来重大影响，看起来美国将进入一

导言
回到未来

个全新而且变化莫测的领域。

不过,这真的是一个陌生领域吗?并不完全是。当然,现在还活着的美国人恐怕没有谁能记得美国还没成为超级大国之前的故事,但那时的情况并不寻常。图1所展示的美国主宰世界经济的时期——大概从1945—2000年——其实是一个历史异常现象。在第一次世界大战之前,没有人会预料到美国有机会成为经济大国。尽管看起来是很久之前的事情,不过换个角度来看:在全球经济秩序中,美国在历史上很长一段时期内并非是一个霸权大国,而是脆弱的代表。

我们可以从其他角度来解释这一点。图2展示了美国进出口金额占本国GDP的比重,这张图也提醒我们,在"二战"结束后的几十年里,美国经济相对保守的态度并不正常。在过去25年里,我们逐渐回到了美国历史前130年里那似曾相识的局面。图3展示了美国的外资投资占GDP的比重,尽管图表基于有限的数据,但不难看出对海外投资者的依赖很难说是一个新现象。在关键方面,美国经济的前景并非都是未知领域,可以说,美国经济的未来在某种程度上将重复过去。这就带来一个有趣的问题:如果我们复习一下美国在成为经济大国若干年之前的政治,是不是就可以预测未来美国政治的走向呢?

当然,19世纪以来美国已经发生了巨变:国土规模和人口数量、经济结构、信息通信科技,还有我们已经累积的

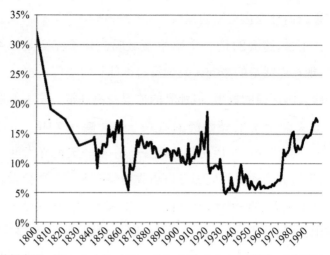

数据来源：Historical Statistics of the Lhited States, Millennial Edition Online, hsus. cambridge. org/.

图 2　美国进出口总值占 GDP 比重，1800—1998 年

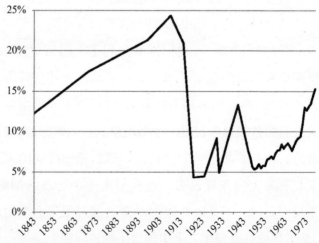

数据来源：Historical Statistics of the Lhited States, Millennial Edition Online, hsus. cambridge. org/.

图 3　美国外资投资占 GDP 比重，1800—1978 年

导言
回到未来

经验。但仍有很强的共性,例如,今天的美国是联邦制,对于联邦政权和州政权之间要如何恰当分责并无定论。19世纪的美国人同样非常尊重国家主权和个体自由的观念,尽管他们对这些观念的现实含义持有不同看法。而且,19世纪的美国人和今天的美国人一样,总是认为美国在推广政治及经济自由理念方面,在世界上扮演着特殊的角色。

一个具有这些特点——很多情况下反对强制性或统一协调的政府行为的政府体系,将如何应对其面临的外部冲击,如何解决威胁国家经济稳定的晴空霹雳,如何协调自己在全球影响力上的野心和不得不依赖于主要贸易伙伴以及变化无常的投资者的现实?在全球市场需要维持秩序和保持连贯性时,它需要怎样调整自己对国家主权和个人自由神圣不可侵犯的信仰?这些既是美国在未来数年里需要耗费大量精力解决的问题,也是1789年至20世纪早期美国曾面临过的问题。

我将抽取19世纪经济史上最关键的一段时期来进行深入分析,即1836—1848年。这一阶段初期,美国的投机热潮骤冷,市场的恐慌情绪引发金融机构"信贷瘫痪"[11](借用一位金融家在1837年的用词)。我希望可以解释清楚,投机热潮和随后的恐慌为什么都与当时海外的经济状况密切相关。市场恐慌最终引发经济活动剧烈衰退,26个州政府中有8个出现违约。到1843年时,美国已经被国际金融市场打入冷宫,整个国家陷入严重的政治混乱中,一些观察家甚至担心美国是否还能继续完整地存续下去。经济下滑引爆民间骚乱和政治动荡,导致维持联邦体系的口头合约土崩瓦解。

这个话题似乎鲜为人知。1836—1848年的危机并没有给公众留下深刻印象——这显然与20世纪30年代的大萧条截然相反,对于后者,几乎每个人都可以随时说上一段当时的野史。但1836—1848年危机的影响确实深远。在危机早期,英国驻美大使亨利·史蒂芬·福克斯(Henry Stephen Fox)对伦敦汇报说:"很难描述,也很难让欧洲理解商业信用的突然崩溃和美国的荣誉感引发的惊人后果……人们因此产生的悲痛和耻辱感甚至比美国被其他国家占领还要严重。"[12]六年后,美国驻英国大使爱德华·埃弗里特(Edward Everett)说:"我怀疑在世界历史上,可能从未有任何国家经历过美国在过去六年所发生的一切——在如此短暂的时间内从高度繁荣变成哀鸿遍野。"[13]1924年,经济史学家雷金纳德·麦格雷恩(Reginald McGrane)曾指出,1837年大恐慌"是美国曾经历过的最灾难性的危机之一"。[14]20世纪30年代后,曾因经济史学的研究而获得诺贝尔奖的道格拉斯·诺思(Douglass North)仍然将1837年的经济萧条列为"我们历史上最严重的危机之一"。[15]

不过,仍有必要先做一些解释。1837年时,我们现在

导言
回到未来

常用的衡量国家经济状况的指标——GDP增长率、失业率、通货膨胀率等都还没有出现。事实上,我们今天已经熟知的国民经济这个抽象概念,在当时还没有被普遍接受。彼时,美国人常常使用气象或医学用词来描述世界上发生了什么和与之相关的事情,比如压力、恐慌、暴风雨和抽搐。暴跌常常被简单描述成"困难时期"。也许我们之所以难以理解美国在1837年之后的经历,正是因为那个时期的美国人还无法用我们今天熟知的专业词汇来讲述当时的事情。

经济学家们已经尝试使用现代的经济学概念和方法来估算那场危机的影响力。根据这些估算结果,经济下滑的程度并没有20世纪30年代大萧条时期那么严重,而且到1843—1844年时,那场危机最严重的阶段已经过去。麦格雷恩和诺思都认为,这场危机最多持续了六七年。麦格雷恩指出,1844年后,经济状况已经稳定,整个国家的注意力被转移到一些与经济无关的问题上,例如吞并得克萨斯州和墨西哥与美国之间的战争。

然而,我们不能仅靠总体经济数据来衡量一场危机的严重程度。这是本书三个主要议题之一。1836—1848年经济危机还是一个政治和文化现象。经济的不确定性和滞胀引发史无前例的政治和社会动荡。参与投票的人数之多前所未有,在此之后的选民参与率再也没有超过当时的顶峰水平。在任的政客们被狂热的民众抬出办公室,他们不幸的继任者也遭受同样的待遇。有计划或无计划的反政府暴力活动遍及全国。人们普遍认为这个国家已经丧失方向。19世纪30年代中期经济繁荣时期后的经济滑坡被视作道德缺失的一个佐证。总而言之,如果我们根据一场危机引发的政治、文化冲击和经济错位的程度来衡量这场危机的严重程度,那么1836—1848年危机显然比20世纪30年代的大萧条更为严重。

本书的第二个主要议题与美国如何在危机中自救有关。每一个用词都是经过斟酌的。在新民主中,经济危机会打乱现有秩序,同时会令现有秩序的构成部分分崩离析。这种影响存在于社会的各个层面。美国人普遍疑惑,自己的国家到底为什么会在短时间内从高峰坠到谷底;在宏观的国家政策方面,危机导致南北方之间脆弱的协议开始瓦解;对于那些发生债务违约或拒付债务的州,一个带有道德意味又很现实的关键问题是,通过民主方式选举出的政府能否做到起码的自律,履行对海外投资者的承诺,从而避免被踢出全球经济。在更小范围的地方政府层面,暴乱和武装反抗对社会秩序带来显著挑战。人们担忧道德丧失,也担心政治瓦解。美国最为核心的特质似乎也在分崩离析。

从危机中复苏需要重建秩序,这对于一个尊重人民主权和个体自由的国家来说并不容易。很多刚刚获得选举权的选民们被要求接受限制政府行为的措施,例如像当时

导言
回到未来

的很多其他国家那样，制定限制支出和借款的措施。很多时候，选民们需要为了"更普遍的利益"而被迫做出妥协，例如在工会中妥协以保住工会；与英国妥协，尽管其是美国在领土和市场方面的竞争对手，但英国也是毫无疑问的军事和经济大国。有时候，公众分歧面临更残酷的制约。美国东北部主要城市都在这一时期建立起警察力量并非巧合。

谨慎使用军事力量也在一定程度上帮助解决了1836年开始的危机。墨西哥和美国之间的战争并非像史学家雷金纳德·麦格雷恩所说的是一个不相关的问题。从很多角度而言，这场战争在巩固美国的经济复苏方面起到了决定性作用，捍卫了美国对加州新发现的金矿的控制权。通过招募士兵，联邦政府缓解了与北部城市中贫民的紧张关系。而美国在战争中获胜又鼓舞了民众的爱国情绪，立刻促进了国家统一。美国对于做出反击的决定非常谨慎，在危机期间，尽管大众普遍对英国抱有反感情绪，美国的领导者们仍然尽量避免与英国产生公开冲突。但与墨西哥的战争则有利于美国，相比之下，墨西哥军事力量更弱，经济上也没有那么重要。

读者可能会对这个故事中本土政治和国际政治之间错综复杂的关系感到惊讶。我们习惯于认为美国的本土政治是独立的，在这个体系中美国人自己决定每天面对的重大事项，然后独立解决。国际事务也许会带来一些影响,在一些非常时期,例如一场重要的战争可能会在某些方面影响到美国本土的政治方向,但一般来说,国际事务和本土政治并无关系,而且对美国人来说是次要的问题。本土政策和海外政策就像两个不同的盒子上的标签,前者远比后者来得重要。

对于一个国际贸易和金融相对不重要的国际大国来说,这么想或许有一定道理,然而在一个严重依赖国际贸易和金融,并且在国际秩序中仅占有次要地位的国家中,如果你还抱有这样的想法就大错特错了。这也正是本书的第三个主要议题。正如我们将会看到的,在第一次大萧条期间,本土事务和国际事务是相互纠缠、相互影响的。美国人做出政治决定时总要盯着英国人可能说什么或要做什么。确实,部分美国公民是站在英国那边的,比如拿工资的代理人,但其他一些人则是站在对立面的。有时候,两派人与英国的关系的特点就可以反映出美国内部的分歧。另一方面,英国人也深入参与到美国政治辩论中,政治对话某种程度上可以被视作两个国家之间持续的"喊话回应"过程,耗时两周横跨北大西洋的汽船则决定了双方的对话节奏。

当我们理解了危机时期美国的经济结构时,也就能够理解本土政治与国际政治之间的交互联系——实际上二者是无法分割的。事实上,如果我们考虑到美国经济融入英国经济的程度,"美国"经济这种说法也同样颇具误导性。英国是美国棉花的主要销售市场,同时也是美国资金和产成品的一个主要供应地。如果我们将美国经济看作高度一体化的北大西洋经济中的一个重要组成部分,这场危机就更容易理解。政治结构往往很自然地遵循经济结构,其他因素,诸如大量英国和爱尔兰移民,以及共同的语言和文化等也促成了本土政治和国际政治的融合。

这是对1836—1848年危机的一种打破常规的理解方式,这种看法之所以没有被更普遍地接受,主要有三个原因。首先是习惯问题。在现代,很多国家分析历史问题时都习惯性地将单个国家作为分析单位(这与人们借用历史赋予新成立的国家合法地位的标准做法有关,包括美国)。第二个原因是,美国历史的很大一部分是在美国成为世界大国之后编写的,人们倾向于认为过去的政治结构与近代类似,即本土事务与国际事务相互独立,并且前者占据主导地位。

第三个原因更加复杂。我更愿意将其解释为,当时的民主程序倾向于淡化本土事务中的国际因素。这是民主政治两大核心行为的自然结果:指责对方和邀功。反对党声称现任政府应当对"坏时代"负责,必须下台;现任政府则宣称自己创造了"好时代",应当继续留任。不可避免的结果是,这个体系内的每个人都夸大了政客对国家福祉的决定作用。当整个体系高度复杂,以至于人们无法轻易看清这个体系到底如何运作时,责任错配的条件就成熟了。领导者们被认为能够控制那些他们可能压根没有影响力的事情。

第一次大萧条时期,美国政客们面对着尴尬的困境。对内面对绝望、沮丧,有时暴力的选民,对外面对愤怒的投资者们;陷入坏时代的真实原因和复苏方案的不确定性缠绕着他们;国库空空,形式上的权力受到限制——在这种情况下,那些能够保住自己职位、维持基本的政治和社会秩序的官员已经认为自己非常幸运了。这就是在一个与全球经济紧密相连,但还没有力量主导全球经济的国家在经济危机时期的政治的特点。

第一章
经济繁荣与泡沫破裂

很多人可能认为第一次大萧条仅仅是一场经济危机,在危机初期,贸易、就业和投资这些经济方面因素的此起彼伏显然是最容易被注意到的。但这样严重的创伤不应当仅仅被视作一个经济现象。经济上的创伤很快引发其他问题,发展到后期,人们应当很容易看出大萧条已经演化为一场政治、文化和外交危机。然而,不论人们如何看待大萧条,都有一个共同的话题:超级大国英国对美国事务的广泛影响力。从这个角度出发,如果说英国人查尔斯·狄更斯(Charles Dickens)是当时对美国创伤观察最深入的人,也就显得合情合理了。在1842年到访美国时,狄更斯曾把美国描述为一个与英国紧密相连、严重依赖于英国经济的国家。

尽管在美国政客的鼓吹下,很多美国人相信,1835—

1836年的经济繁荣和1837—1839年的经济崩溃都是由美国这个商业和政治中心的商人和政客决定的,但实际上,真相却要复杂得多。在现实中,美国的繁荣与否深深地取决于大西洋对岸那些远离美国政治风暴的机构和商人的一言一行。

坏时代

>让我们一起痛苦。
>——世界改革者大会座右铭,1845年10月,纽约

1842年1月,狄更斯到达波士顿,这时的他年仅30岁,但早已凭借《雾都孤儿》《尼古拉斯·尼克贝》等著作闻名美国。丘纳德公司(Cunard)的汽船"大不列颠号"在波士顿码头刚一靠岸,受邀前来美国演讲的狄更斯就已经被粉丝们围得水泄不通。不过,当时的美国情绪并不算好。"他们显然不是一个幽默的民族,他们的性格总给我一种无聊、阴郁的印象,"狄更斯写道,"在大城市之外的地方,我总能强烈地感受到商业中弥漫着严峻、忧郁的气氛。"

3月初的一个晚上,狄更斯到达与纽约竞争美国金融中心地位的费城,从自己的酒店窗户望出去就可以看到街对面

第一章
经济繁荣与泡沫破裂

一幢外墙贴砌着白色大理石的优美建筑,看起来苍白无力、像鬼魂般沉寂。我想,这种阴森的感觉大概是黑夜在作怪,于是,早上日出后我再次望过去,期待着能在台阶和门廊看到进进出出、熙熙攘攘的人群。然而,大门依然紧闭,空气中依然弥漫着冰冷、萧条的感觉——我急切地要知道它的名字和用途,当得知答案时,我不再感到惊讶——它是无数财富的坟墓、是众多投资的地下墓穴,它就是著名的美国银行。

美利坚合众国第二银行宏大的总部大厦于1824年完工,模仿帕台农神殿建造,意喻为金融神庙。然而,仅仅8年后,安德鲁·杰克逊(Andrew Jackson)总统就拒绝延长其联邦特许状的有效期,计划关停该银行,但美利坚合众国第二银行不愿接受这一命运。行长尼古拉斯·比德尔(Nicholas Biddle)说服了宾夕法尼亚州议会颁发州政府特许状,允许美利坚合众国第二银行以州立银行的形式继续运作,这家银行仍然是当时美国最具影响力的金融机构。1841年2月,金融危机最终完成了杰克逊的工作,终结了这家银行。

"这家银行的停止运作及其带来的毁灭性的后果,"狄更斯写道,"让整个费城笼罩着忧郁的气氛(每个司机都这么告诉我),而它可能带来的更令人压抑、沮丧的后果还未到来。"在城市边缘地区,狄更斯看到了歌德学院(Girard

College)尚未完工的大理石框架。"工程已经停止了,"他说,"就像美国其他的很多伟大工程一样。"[1] 用于建造新学院的捐赠资金被大量投资于美国银行的股票。(歌德的捐赠资金中,余下部分基本上都投资于宾夕法尼亚州政府债券,在 1842 年 8 月宾州政府违约之前,这部分至少看起来还是保守的投资。)歌德学院的捐赠者成立的歌德银行(Girard Bank),很巧合地使用美利坚合众国第一银行的旧址作为办公地,在狄更斯到访美国的五周之后,这家银行因储户挤兑而倒闭。

这还不算当时美国经济最差的地区。4 月,狄更斯登上一艘从路易斯维尔开往圣路易斯的邮船,在从俄亥俄河开往密西西比河的航段上,狄更斯看到在船右舷方向的岸上

> 比之前所见更加荒凉的景象——在两条河的交汇处,地面平坦、海拔低且多沼泽,在一年里的部分季节,河水会淹至屋顶,这里是高烧、疟疾和死亡的滋生地——在一块湿淋淋的沼泽地上,建到一半的房子正在朽坏;周围星星点点地清理出几码长的地方;腐烂的蔬菜依次摆满,在简陋的棚子下,凄惨的流浪汉们奄奄一息,或是死去,地上摊着他们的白骨;可恨的密西西比河就在这恐怖的、黏糊糊的河岸面前翻腾,在向南流入墨西哥湾的途中扭转方向;这里是疾病的温

第一章
经济繁荣与泡沫破裂

床,是丑陋的坟墓,在这座坟墓中,任何一丝希望都会令其不快;无论空中、地面还是水中,这里都没有值得推荐的地方。

这里就是伊利诺伊州的开罗市。7年前,这里还什么都没有,随后,企业家达瑞斯·霍尔布鲁克(Darius Holbrook)提出建造一个新城市的宏伟计划,在两条河的交汇处建起"一个重要的商业和制造业中心"。[2] 1836年,霍尔布鲁克前往伦敦,说服著名的投资银行莱记洋行(Wright & Company)为他的计划提供巨额贷款。画着工厂、教堂、穹顶市政大厦和新城市熙熙攘攘街道的彩色图片引起了英国投资者的兴趣,他们买入价值数百万美元的开罗市政债券。1840年11月,莱记洋行宣告破产。就在狄更斯刚刚到达波士顿时,霍尔布鲁克、伊利诺伊州政府也宣告违约。很多英国人叫嚣着再也不来美国做生意。"一座充满金色希望的富矿,"狄更斯曾这样描述开罗,"利用投资者对野心勃勃的计划的信任进行投机,结果给人们带来毁灭性后果。"

美国人热衷于做"精明的交易",狄更斯说。但他们却不明白,自己的精明给这个国家的声誉和未来带来怎样的危害,"使海外投资者缺乏信心,外资投资的热情也因此降低"。

狄更斯对于美国领导者修复损害的能力也没有太多信心。3月份,他在华盛顿见到的约翰·泰勒(John

上：开罗市预期建成图，1838年。图片来源：芝加哥历史博物馆。
下：1841年伊利诺伊州开罗市景象。图片来源：国会图书馆。

图4　伊利诺伊州开罗市的两幅照片

Tyler)总统在上任一年后看起来已经"精疲力竭和焦虑不安"。"他可能，"狄更斯补充道，"陷入了与所有人的战争中。"而在众议院，狄更斯看到的是"用最低劣的工具制造出的正直、善良的政治机器的最卑微的堕落……换句话

第一章
经济繁荣与泡沫破裂

说,虚伪的人们以最腐败和最不知羞耻的方式,从拥挤的大厅的每一个角落投来火辣辣的目光"。

1842年5月,狄更斯离开美国。在到达美国的4个月之前,他曾急迫地渴望对美国能有更深入的了解。然而他的离开却悄无声息。"我不喜欢这个国家。"他对自己的朋友约翰·福斯特(John Foster)坦言,"在任何情况下,我都不愿在那里生活。我想任何一个英国人都无法在那里幸福地生活,一点可能性都没有。"[3]

那确实不是最好的时候。直到1836年秋天之前,美国经济仍在飞速增长,然而到1837年春天,始于金融业的恐慌摧毁了一切。1838年时,美国经济看似走向复苏,但到1839年末时,整个国家却陷入了不可自拔、无法逆转的大萧条中。两年后狄更斯对美国留下的印象虽然悲观,但已是普遍看法。

在费城,日记作者西德尼·乔治·费舍尔(Sidney George Fisher)一开始并不理会对经济崩溃的担忧。"资本主义者们是世上最容易感到恐惧的生物。"1837年时费舍尔写道,"少数投机者和不够谨慎的商人可能会破产,但暴风雨很快就会过去,空气将变得更加清新。"[4]费舍尔自己也是一个资本主义者,掌管着费城当时最大的家族产业之一,但他完全错判了即将到来的风暴。1842年7月,费舍尔终于接受了费城惨淡的前景,狄更斯在5个月前已经

看到这一切:

没有社会可言,没有生命力或活动,没有任何话题或兴趣。人人都变穷了,时代的灾难不仅摧毁了曾经愉悦的氛围,社交活动宣告终止,整个城市还弥漫着无法打破的阴郁气氛。街道变得荒凉,最大的房产都大门紧闭挂着出租的牌子,没有商业、没有钱,也没有信心和希望,警长每天都在以几年前估价的1/4的价格出售房产,人们无力偿还负债,无论穷人还是富人都在经历贫困的折磨,每个人都显得忧心忡忡、精疲力竭,整个社会都在焦虑地关注着华盛顿和哈里斯堡那些自私、腐败的政客的一举一动。

纽约市也未能幸免。华尔街上的生意少得可怜,"几乎为零,"《美国民主评论》(United States Democratic Review)写道,"价格已经连续数月下跌,过去在纽约足以养活80个甚至更多经纪人的交易量现在大幅萎缩,小到可以忽略。"[5]港口也很安静。"上一季度港口业务异常清淡。"《水手杂志》(Sailor's Magazine)报道称,"停靠在码头的大量船只中,很多连着几个月也没有一单生意,正是贸易完全停滞的真实写照。岸上数以千计的水手口袋里只有几美元,甚至不够支付他们在岸上两周的开销。"[6]

1839年,受狄更斯影响的小说家查尔斯·布里格斯

第一章
经济繁荣与泡沫破裂

(Charles F. Briggs)推出他的第一本小说《哈里·弗朗哥历险记》。小说的背景就设定在危机刚刚爆发几个月的纽约市,当"恐慌向毫无准备的人们袭来,直到自然爆发的动乱或逼近军营的人群引发突如其来的恐惧,最终冲击到城市的心脏"。[7]他的第二本小说《闹鬼的商人》于1843年出版,描述了一位破产的纽约商人的愤怒,"他在那个人人亏损的不幸年代破产,由于一些难以名状的原因,整个街区弥漫着穷困潦倒的感觉"。[8]布里格斯的小说影射了当时艰苦的现实。纽约市前市长菲利普·霍恩(Philip Hone)在其1842年7月的日记中记载了纽约市的联邦海关大厦的落成,这是另一座大理石建造的帕台农神殿式建筑,而其建造工程早在8年前美国经济还一片欣欣向荣时就已经开始了:

> 原计划从这个国家的商业活动中获得进口收入;但谁曾料到,它却见证了商业的衰败,政府根本无从获得收入。我们准备建造一座宏伟的水库,希望从中引出的水流能够浇灌周围的土地;但在完成所有准备工作之后,却发现水流竟然已经枯竭,这真是尴尬至极。现在的情况看起来就像是……笼子很精致,可鸟却已经飞走了那样糟糕……这个伟大的国家一定有办法重回往昔风采,可惜我在有生之年应该无缘目睹。[9]

伊利运河是纽约州的一大骄傲,这条360英里长的水路连接着哈得孙河和五大湖,大幅降低了从大西洋海岸到西部各州的水运成本。1825年竣工的伊利运河,在当时堪称技术和经济奇迹,运河的建成也带动了美国各地修建运河的热潮。1836年,纽约州议会批准了一个以债券融资的运河扩建项目,议会当时预期不断增加的运河过路费收入就足以还清有关负债。可惜6年后,从大西洋海岸前往西部各州的航运量缩减了40%,反方向的航运也同样停滞。1842年3月,议会不得不叫停运河扩建工程。

正如狄更斯所看到的,西部地区也深陷困境。1837年,霍勒斯·格里利(Horace Greeley)曾称其为"伟大的西部……",新移民们"真正的目的地"。但西部也已经风光不再。1942年,历史学家罗伊·罗宾斯(Roy Robbins)记录道,金融危机爆发后,西部变得"荒凉、混乱、一片废墟"。[10]一份报纸报道称,在辛辛那提,"劳动者们迫切地需要找到工作,没有任何工作需要他们——然而事实上,他们需要工作只不过是为了满足其在环河街边的食宿需求。这并非夸张,而是窘困的现实。一两天前在城上失火的两艘汽船据传是失业的人们放火烧着的,只为了获得重修船只的工作"。[11]

前任总统马丁·范布伦(Martin Van Buren)任内的海军部长雅各·吉尔克·保尔丁(James Kirke Paulding)

提供了有关西部困境的一些一手资料。1840年大选失败后,范布伦决定巡访西部以重建自己的政治资本,保尔丁陪同此行。1842年6月,范布伦和保尔丁在辛辛那提开始分头行动,保尔丁乘汽船顺着俄亥俄河到达密西西比河,然后向北到达圣路易斯,他的路线和两个月前狄更斯的路线一致。不过,保尔丁继续向北到达伊利诺伊河河口,然后顺着伊利诺伊河向上到达芝加哥。保尔丁发现,所到之处岸上的人们"几乎无一例外地抱怨这个坏时代"。粮食和家畜市场已经崩溃。"所有人都想卖,但没有人想买。"保尔丁写道。

越往北,衰退的程度越严重。1835年,伊利诺伊州议会批准了一项连接伊利诺伊河和密歇根湖的运河计划,根据计划将在秘鲁市和芝加哥市之间修建一条长100英里的运河。项目以发行州政府担保证券融资,大多卖给了英国投资者。密西西比河和密歇根湖之间直通的水运航道激发了运河两岸的地产投机热潮。然而,到1840年时,州政府财政状况恶化,以至于议会不得不叫停运河工程,当时距离连通芝加哥只剩下最后30英里。1842年1月,州政府最终违约,重启工程更加遥遥无期。运河无法通航的结果是给伊利诺伊州留下一系列鬼镇。这些只是"投机行为带来的阵痛",保尔丁说,有些地方立着几幢孤零零的房子,有的地方"除了名字和证明其存在的地图之外,什么都没有"。保尔丁总结指出,伊利诺伊州的人们"被从充满希望的高峰抛到债务累累、绝望至极的深渊中。在短时间内渴望财富增长的狂躁不安、轻率仓促和贪得无厌的心态,最终将伊利诺伊州以及其他州的人们置于破产边缘瑟瑟发抖的境地"。[12]

在运河另一端的芝加哥,"酒店门可罗雀,街道荒凉,商业像轻烟般消失得无影无踪,只剩下4 000名野心勃勃、资源丰富的人眼看着自己的资产缩水却无能为力"。[13]

距离芝加哥北部80英里的密尔沃基市的居民也同样面临困境。1842年时,詹姆斯·巴克(James Buck)在那里只待了6年,但已经是这个新兴城市里居住时间最久的居民之一。巴克原本是一名水手,1836年,他刚从加尔各答回到波士顿,在那里遇到了一个为边境线问题正在罢工的老同学。移民西部"就像一股热潮",巴克说。密尔沃基的房产售价已经高到"每一个买卖房产的人都感觉自己像是范德比尔特家族的一员。人人都确信自己的资产规模……达到史无前例的高峰;没有哪个西部城市以这种方式诞生"。然后一切陷入崩溃。巴克回忆道:

> 新移民越来越少。一股失望之情席卷整个小村子,人们心中充满伤痛,所有的希望都破灭了,为了生存下去,他们不得不尽可能耗尽自己所有的资源,甚至与他人抢食。人们以为自己曾经拥有的财富,像长

第一章
经济繁荣与泡沫破裂

了翅膀一样离去。在1836年时还能获得高价的地块现在变得毫无商业价值。面包和衣服是最渴望得到的东西,能够获得的人们无疑是幸运的。[14]

1836年,南部的棉花种植业是美国经济的引擎。然而现在,"人们一遍遍悲伤地抱怨着这个坏时代"[15]——当《南部耕种者》(*Southern Cultivator*)这么描述佐治亚州奥古斯塔市时,整个美国南部都能听到类似的声音。1842年3月,一名州议会议员在里士满说道:

> 遍及联邦各个角落、可能给社会的各个阶层带来毁灭性影响的金钱上的困窘,正如人们所抱怨的那样,是我们不得不面对的可恨的现实……这种困窘,让弗吉尼亚州西南部面对不断升级的暴力和关系紧张的压力。我们在这里收到的从那个地区每一个地方发出的每一封信中都包含着难以想象的煎熬、愤怒和悲痛之情。[16]

从利物浦寄出的信件带来了有关佐治亚棉花交易商威廉姆·詹纳(William Jenner)涉嫌谋杀以及企图自杀的消息。警察强行进入詹纳家中,发现他妻子死在厨房地上,头部连中数枪,他的孩子在楼上的卧室里奄奄一息。詹纳告诉警察,"他认为看着自己的妻儿死去,也比眼睁睁看着他们生活在贫困和绝望中好……在棉花投机交易中,他丧失了全部或者说近乎全部身家,此后一直在穷困中挣扎"。[17]

1842年1月,一名英国外交官在穿越整个新奥尔良时说,美国"给人一种枯竭、混乱不堪的印象"。[18] "现在,所有人都把坏时代挂在嘴边,一遍又一遍地重复着。"路易斯安那州圣玛丽市的一名种植园主记录道,"种植园的收成无一例外地差,自用都不够——最新的消息是新奥尔良的警长又关闭了6家银行"。[19] "我内心很绝望,"1842年6月,路易斯安那州另一名种植园的女主人瑞秋·奥康纳(Rachel O'Connor)写道,"我几乎无法缴纳税款,还要想办法给黑奴们准备食物。"[20] 种植园主们被迫出售黑奴来偿还债务,一些人甚至逃到西部以躲避债主。对违约债务人执行法庭命令的警长们只能将标记有"G. T."——"逃往得克萨斯州"的令状交回法庭。当时的一份报纸指出,"大量移民"从密西西比州迁往"不同方向,但主要是得克萨斯州"。[21] 但不是所有债务人都选择出逃,一些人留下来与债主抗争。在南部游历的一名英国旅行者詹姆斯·白金汉(James Buckingham)在1842年写道,在密西西比州,由于暴力反抗讨债,"所有的法律,无论民事或是刑事法律都暂时失效了"。[22]

"我们无法想象,美国未来还能有什么时候会再度深陷现在这样的泥潭中。"密西西比州维克斯堡市的《辉格

第一章
经济繁荣与泡沫破裂

党》(*Whig*)主编写道:

> 1837年最黑暗的时候,密西西比州的每一个小镇和每一个村子都是一样沉闷的景象,与现在相比,那时的密西西比州更加虚弱。大家真的都生活在废墟中,最有能力的人也无法赚到钱,除了那些以最具破坏性的方式牺牲他人利益的人……人们拿出自己所有的财产来偿还债务,眼看着自己的房产被警长或者执法官手里的锤子推倒,只能获得自己房产最低价值的1/4,然后沦落为乞丐……我们听说,很多土地和黑奴的售价不过其真正价值的1/5。
>
> 天知道这一切什么时候、在什么地方才会停止。我们不知道什么时候才能获得救济;不过,如果没有救济并且救济来得不够快,人们将在这片土地上看到前所未有的大面积的荒芜和废墟。只是想一想这样的场景就足以令人颤抖。[23]

衡量损失

> 我们的救济住房已经超负荷,城市里的医院已经满员,而外面还有大量因缺乏食物而生病的人……没有商业可言,一切都令人失望……泥瓦匠、工程师等

等都面临困境。自战后以来,可能还没有什么时候曾出现过这样波及所有行业的就业停滞。[24]

——《国闻报》(National Intelligencer)纽约记者,1840年1月

摸清危机的确切规模成为一种流行的消遣方式。1841年的一份估算数据认为,在最初阶段,危机导致3.3万个商业机构破产,带来约5亿美元的损失。《美国年历》(United States Almanac)计算的结果是,1837—1841年,房地产、股市和存款损失合计接近10亿美元。另一名匿名作者尝试估算出1837—1840年资产折旧金额及生产损失的价值,他认为,这一期间内危机带来的损失累计超过60亿美元。当然,得出以上结论所使用的方法值得推敲,我们现在难以知道得出这些最终结论到底使用了哪些数据。在今天看来,60亿美元并不是一个天文数字;即便假设在1841年时60亿美元还算天文数字,当时的美国人也无法以国家总体经济潜力来衡量这个数字的重要性。上述估算最重要的意义可能就是当时的人们留下了这些数字,美国人曾经试图"衡量这场可怕的浩劫"[25]带来的影响本身,就是这场危机曾对美国带来深远而又扑朔迷离的影响的证据。

1836—1848年危机期间,人们一直试图重建经济和社会秩序。当时,人们试图重建秩序的一个方法就是以更

加系统的方式来搜集商业行为的数据。在南北战争前的美国,准确、及时的经济数据并不容易获得,但这种情况随着危机的爆发而改变。在好时代,企业家们并不会特别关心自己公司的盛衰;但在坏时代,粗心大意可能带来致命一击。弗里曼·亨特(Freeman Hunt)充分挖掘了人们对信息的需求,1839年,他创办了《商人杂志》(*Merchants' Magazine*)。亨特的杂志不仅提供了大量商业统计数据,还同时呼吁开创一种新的"商业科学"[26],将"每一点细节"与"综合性数据"[27]结合起来。

亨特的杂志大受欢迎,但其中混乱的数字也反映出面临的问题。在危机的头六年里,染色棉质布料的进口量大跌85%,铁矿石和钢铁产品的进口量缩减50%,酒的进口量减少60%。新奥尔良的棉花均价下跌50%。在波士顿,猪肉批发价降低60%,牛肉价格跌50%,鳕鱼和面粉价格降低40%。1839—1842年,参与捕捞鳕鱼的船只吨位缩减25%,参与捕捞鲭鱼和鲸鱼的船只吨位分别下跌50%和15%。1836—1843年,特拉华州和哈德逊市的运河及铁路收入下降30%。1839—1843年,美国的银行总资本规模缩减超过40%。1842年,纽约的银行延展贷款规模比5年前下降1/3。

100年后,20世纪30年代的大萧条推动了一场类似的要求改进衡量国民经济统计方法的运动。这场危机给我们带来"宏观经济"这个词,宏观经济指对经济整体的研究,此外,也催生了宏观经济计划不可或缺的概念——例如"国民收入""总消费""总投资""通货膨胀率"和"失业率"等,并促使政府设立统计部门,定期跟踪测算所有指标。20世纪中叶美国在理论和行政架构上的这一成就,让我们有关经济状况的对话变得容易起来。2009年1月,我们已经知道(由于联邦政府告诉我们),自2008年的最后三个月里,美国的商品及服务总产出按年计下跌了3.8%,家庭消费总量下跌3.5%,商业投资缩减19%,物价下跌4.6%,失业率则超过7%。正是这样一个迅速获得数据的体系,才让经济学家们能够很快得出结论——2008年的经济衰退是自"二战"以来最严重、延续时间最久的一次。[28]

显然,在19世纪中叶,上述任何一种数据都不存在。不过,经济史学家们已经尝试利用今天的经济概念,对美国历史早期的经济状况做一次追溯估算。越往前推,估算的难度也就越大。无论如何,我们仍然可以在一个更长的时期内来衡量1836—1848年的这场危机。可以肯定的是,这并不是美国历史上第一次严重的经济崩溃。更早的一次是在1819年,那场危机也引发了持续三年的经济衰退,不过,1836—1848年危机的后果可能更加严重(一位史学家认为,1837年大恐慌引发了"一场足以超过以往任何一场金融混乱的极端经济危机"[29])。如果仅以其对国民收入的影响来计,1836—1848年危机也并非美国经历

第一章
经济繁荣与泡沫破裂

的最严重的经济衰退,从这个角度来衡量,20世纪30年代的大萧条更加严重,或许1873—1879年的长期萧条带来的影响更大。

然而,判断一场经济危机的影响时,不应当只关注少数经济指标。在用于描述经济活动严重下滑之前,"萧条"常被用来描述一种精神状态:深深地沮丧和丧失希望。在当时对1836—1848年危机的描述中,我们可以看出"萧条"的经济学概念和心理学概念是如何紧密交织在一起的。很多美国人无法理解,为什么19世纪30年代的好日子突然间就无影无踪,一些人认为经济下滑是对人们的自私和贪婪的惩罚。人们对于如何让商业重新焕发活力普遍感到迷茫。对很多人来说,在经历了长达5年的混乱和经济下滑后,仍不免疑惑到底是否有方法让这个国家脱离水深火热的状态——人们同时还感到恐惧:万一这个国家再也无法回到正轨,将会发生什么。

1836—1848年危机不仅让美国人变得意志消沉,这场危机还被看作是对美国尚在雏形的民主机制的一次检验。英国驻美大使阿什伯顿勋爵(Lord Ashburton)赞同狄更斯对美国政治前景的消极看法。1842年5月,在对英国外交大臣阿伯丁勋爵(Lord Aberdeen)吐露心声时说,美国就是"难以统治和管理的一团乱麻"。[30]同月,《伦敦时报》(*Times of London*)的一篇报道反映了英国投资者愤怒的心情:"现在还无法判断,怎样的耐心和决策才能够让美国的民主继续存活下去,并拯救这些自作自受的恶魔:对于一个连公共经济最简单的事实都会被议会轻易地否认,人们的狂热和偏见牺牲了整个社会最明显的利益的国家来说,美国人所接受的那些机构显然并不适合。"[31]不只是英国人怀疑美国的民主机制能否存活。"这个时代一片混乱,"1838年12月,在军队被调用来镇压宾夕法尼亚州哈里斯堡的州议会大厦前的暴乱后,菲利普·霍恩在他的日记中写道,"现在到了我们国家命运的关键时刻……美国被困难和危险所包围,比任何时候都更需要在纯粹的政党管理人和民众煽动者中,找到一股强大的力量、一个更具领导力的首脑和更纯粹的政治理念。"[32]

到1842年3月,国内政局动乱不堪,海军部长埃布尔·厄普舍(Abel Upshur)说他"如果听到所有大城市都爆发民众暴动也不会感到惊讶,即使人们绝望到敢于违背一切法律和规则也不足为奇"。[33]约翰·泰勒总统的竞争对手们似乎仍坚持达到自己的目的。"即便冒着引发革命的危险,"厄普舍写道,"如果这个国家的道德意识败给自己令人憎恶的那一面,那么就有足够证据说明,这个国家不具备保留自由体制的品性。"

之所以说1836—1848年危机[34]的影响深远,不仅因为它曾给美国造成巨额经济损失,还因为它威胁到既有的社会秩序和美国主要公共部门的信誉。正因如此,我们才把它称作美国的第一次大萧条。这场危机是检验美国政体成熟度的试金石。自建国之日起,美国就致力于建立一个分权制政府和推行普遍投票权。在1837年之前的20年里,这些原则已经深深根植于美国。但同时,美国还是一个开放经济体,容易受到来自海外的意外冲击,依赖于外国商人和债权人的亲善态度。问题在于,美国的政治文化和政治体制能否适应其在国际经济中的地位所带来的压力。从根本上来说,为了解决那些未能充分理解的经济问题,这个热衷对外扩张、越来越躁动不安的政体将不得不做出妥协。

泡沫

> 每一个与我交谈的人都会说,100%的回报率真的已经是一笔投资获得的最低的回报率了。从没有听说任何人因为买卖房地产而遭受损失。[35]
> ——巴尔的摩的一名投资者约翰·戈登(John M. Gordon)谈及密歇根南部的土地买卖,1836年

凭借有关美国为什么不同于欧洲的论调,历史学家弗雷德里克·杰克逊·特纳(Frederick Jackson Turner)开始声名远扬。1893年,在芝加哥世博会的一次学术会议上,特纳表示,与欧洲不同之处在于,整部美国历史从接受

既定的边境开始,然后不断扩张。美国的特点,或者说美式民主的个性是永不倦怠——导致这一特点的根源在于,美国的西部边境一直在"不断更新"[36],直到1890年美国最终弃用边境这个概念。

图片来源：S. E. Forman, *Advanced American History*, New York: The Century Company, 1919。

图5　1840年的美国

然而到了20世纪30年代,特纳的态度却发生了转变。"我们更像是欧洲,"他在1932年时说,"我们已经变成一个与欧洲各个方面都很相似的国家,划定的各个州相当于每一个欧洲国家。在这个意义上,我们是一个帝国,是一个由不同部分组成的联邦,是由各个潜在国家组成的联盟。"每一个州的文化、政治甚至核心利益都不同。和欧

第一章
经济繁荣与泡沫破裂

洲一样,在美国,政客们的主要任务就是协调不同组成部分,妥协、交涉,并且常常要"在关键问题上打太极"。[37]

从这个角度来思考美国的政治和经济结构的问题谈不上新鲜。在某种程度上,美国一直与欧洲相似。即便在19世纪30年代,美国也可以分成至少三部分。东北部各州(从缅因州到特拉华州)的核心利益越来越依赖于制造业、金融和海洋贸易,尽管小规模的农场仍然具有重要性。南部各州,尤其是海湾平原地区新成立的几个州,主要使用奴隶,从事棉花、大米、糖和烟草的大规模种植。西部地区,包括密西西比河上游和俄亥俄河河谷新成立的各个州,负责生产小麦、玉米、家畜,并生产面粉、玉米面、威士忌酒、牛肉和培根等衍生商品。一些人认为,美国这种经济组织方式产生了意想不到的和谐效果;三个部分互不相同又互相依赖。南部种植园消费西部农场的产出,北部工厂依赖于南部种植园的产品,西部和南部也同样依赖北部的制造业和金融业。这个国家各个部分"被交换行业产出……联系起来……不仅人们自身,就连不同的气候、土壤、职业和利益也得以统一"。[38]

这是展现美国经济的简单、欢乐但却带有误导性的画面。它忽略了经济的第四个组成部分,这个部分无疑比上述任何一部分都更具活力,也更容易理解它为什么是美国经济发展的真正引擎。加上这一组成部分后,不仅与欧洲相似,美国经济事实上正如特纳所说,就是欧洲。这个部分就是英国。

在19世纪上半叶,英国正经历一次重要的经济转型,资本主义者和发明家们携手,革命性地升级基础商品的生产过程。没有什么领域比棉花制造业——英国工业革命的"神奇行业"[39]的变化更加明显。一连串的技术突破——主要是在走锭细纱机、动力织布机、改进的蒸汽引擎和滚筒印花方面,让生产纯色及花色棉制品所需的劳动力数量大大减少。同时,英国企业家们还学会了如何把这些创新综合在同一个生产场地——一体化的纺织厂里。纺织厂本身就是一个奇迹。"这是现代社会最值得引以为豪的,人类科学驾驭自然力量的最令人震惊的例子。"[40]一位英国记者在1835年时感叹道。标准厂房一般是用防火砖或石头建造,有四到五层高,长约200英尺、宽50英尺。到1835年时,英国已经拥有超过1 200间这样的厂房,雇用至少33万人。

棉纺工业发展速度之快令人眼花缭乱。1820年,人们估计英国的工厂总共使用1.4万部动力织布机;到1833年,动力织布机的数量增加到10万部;到1850年时已经增加到25万部。在棉纺织生产方面,没有任何一个国家的规模和发展程度能够与英国媲美。"英国没有任何理由会丧失其现在的制造业龙头地位,"一位英国政治经济学家在1835年时吹嘘说,"美国的棉纺织生产无法给英

第一章
经济繁荣与泡沫破裂

国带来任何威胁。"[41] 到19世纪30年代晚期,英国纺织厂每年生产3亿磅棉制品,英国本土仍然是其棉制品最大的单一销售市场,并且保持快速增长:1801—1841年,英国人口增幅近80%,近一半产品销往海外的多个国家。1835年,约15%销往美国,30%销往中美及南美地区,欧洲大陆及东南亚地区分别占30%和15%。

棉纺织产业大多集中在英国西北部的兰开夏。"它给整个国家带来一场革命。"1844年,年轻的弗里得里希·恩格斯(Fredrich Engels)写道,"从一个混乱、死气沉沉的沼泽转变成一个忙碌、充满生机的地方,人口总数在8年内增长了9倍,诞生了利物浦、曼彻斯特这类大城市……好像被施了魔法般生机勃勃。"[42] 拥有100家纺织厂的曼彻斯特在当时被称作世界棉都。往西距离30英里的利物浦,则被称作继伦敦之后,"大英帝国,也是全世界最重要的商业中心"。[43] 这里的海港是当时英美贸易的必经之地。

其中包括1836年近3.3亿磅的美国棉花。英国棉制品生产商和美国棉花种植者之间的相互依存度日渐加深。19世纪30年代中叶,英国工厂里使用的棉花90%都是从美国进口,而美国的棉花总产出中60%都运到了利物浦。1836年,美国出口总值近50%——约5 500万美元都来自于向利物浦经纪出售棉花的收入。美国出口产品中第二重要的是烟草(1836年出口烟草价值1 000万美元),接下去依次是制造业产品(600万美元)、原木及木制品(400万美元)、面粉(400万美元)和大米(300万美元)。与利物浦之间的棉花交易远超其他出口产品。

很多美国人认为,马萨诸塞州的发明家伊莱·惠特尼(Eli Whitney)促成了美国南部地区的棉花革命。南部山地的棉花长势占优,但从其纤维中挑拣出种子却需要耗费大量时间,种植主需要雇用大量劳动力去清理棉花,即使是用成本很低的奴隶,在山地种植棉花仍然很不合算。1793年,在参观佐治亚州的一个种植园时,惠特尼设计了一种简单的机器——轧花机,大幅提高了清理棉花的效率。"在轧花机的帮助下,一个人一天就可以完成过去1000人的工作量。"[44]美国财政部长利瓦伊·伍德伯里(Levi Woodbury)1836年时表示。

19世纪,佐治亚州的一位历史学家曾说,惠特尼"让种植棉花成为南部最重要的产业"。[45]但这一论调并不完全正确。要实现大规模地生产棉花,需要一系列的技术和组织架构的创新,创造出对棉花的大量需求。惠特尼的发明只能算作南部棉花生产规模扩大的必要条件,而非充分条件。然而,不论是因为什么,19世纪早期,美国棉花生产确实以惊人的速度发展。1790年,棉花生产还无足轻重;到1800年,南部100万英亩的土地中,有1/3用于种植棉花;1830年时,棉花种植面积扩大到超过200万英亩;1840年时已经扩张至500万英亩,当时,美国的棉花

第一章
经济繁荣与泡沫破裂

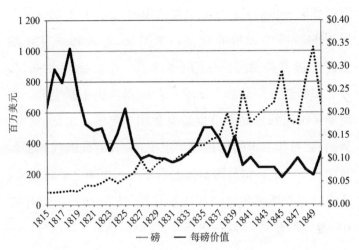

数据来源：众议院，第 49 号杂项记录，第 48 届国会第 1 次会议，1884 年，第二部分，表 2。

图 6　棉花出口，1815—1850 年

产量已经超过全球其他棉花生产国产量的总和。企业家们潮水般涌入南部新成立的各个州——亚拉巴马州、密西西比州、路易斯安那州和田纳西州，以低成本买下公共土地，改造成棉花种植地。到 19 世纪 30 年代中期，墨西哥湾附近几个州的棉花产量已经占据整个美国棉花产量的绝大部分。与此同时，种植园经济赖以生存的奴隶数量也在增加。1820—1840 年，美国的奴隶数量增加近 100 万人，主要分布在这些新成立的州。1825—1835 年，下田干活的奴隶价格近乎翻倍。

其他行业也受益于棉花经济的发展。"与土地相关的每一个行业……都从棉花经济中获得实实在在的帮助，"

43

财政部的一份研究指出,"就像太阳的光与热,上帝赐予其所爱的子民的无价的祝福带来温暖,遍及每一寸土地上。"[46]随着种植园规模的不断扩张,对于工具、粗布、其他北部制造业产品和北部航运业的需求也不断上升。海湾地区快速膨胀的人口也需要食物。在新奥尔良,猪肉、猪油、面粉和玉米的价格稳步上涨,沿着俄亥俄河和密西西比河而下进行贸易的新兴的西部各州也随之繁荣起来。从内陆运往新奥尔良的猪肉和培根,从1826—1830年的100万磅跃升到1831—1835年的500万磅。

大西洋两岸之间棉花经济的结构不但复杂,而且脆弱。为了建造纺织厂,英国的棉制品生产商累积起史无前例的资本规模,押注未来一年甚至更长时期内,棉制品的供需状况能够支撑其资本投入。纺织厂的老板们并不了解竞争对手的投资决定,因此,整个行业面临着不断出现的过度投资,以及诸如意外的消费者收入锐减等可能导致价格下滑的因素。美国的种植园经济同样是资本密集型,而且带有投机意味。种植园主用自己的土地、奴隶甚至未来的收成作为抵押去贷款,所有人都指望着棉花能卖出好价钱,但对有多少其他的种植园主为扩大产能做出了类似投资则一无所知。"买下一个种植园,"一个种植园主后来告诉弗雷德里克·劳·奥姆斯特德(Frederick Law Olmsted),"本质上就是赌博。"[47]

第一章
经济繁荣与泡沫破裂

距离远和通信缓慢令商业交易的难度加大。天气晴好时,从路易斯维尔沿着俄亥俄河和密西西比河到新奥尔良长达1500英里的路程,搭一艘快速汽船需要8天,但在1836年时,汽船还没有用于海上航行。一艘船从新奥尔良到纽约(距离1700英里)需要3周时间(紧急信息可以通过陆路从新奥尔良送到纽约,尽管只需要7天但成本非常高)。如果顺风,信件和货物从纽约运到利物浦还需要3周,不过这种情况并不常见。即便在1838年,北大西洋航线上开始使用汽船时,从纽约到达利物浦也需要两周时间。

市场跨度也让贸易在多个维度变得更加复杂。没有任何一个商人——无论是生产商、种植园主、农民还是金融家,能够在了解当时远方市场现价的情况下做出决定,他只能知道几天前或者几周前的价格水平。通常,商人们会在远方市场雇用代理人。例如,在新奥尔良买入棉花,再在利物浦卖出,或者在利物浦买进制造业产品然后在纽约卖出。但是,代理人可能被要求在货物到达最终目的地前就预付货款,这会占用流动资金。而且如果卖家要求以黄金或白银付款,买家还须自行承担运输这些黄金或白银的风险。

在实际操作中,这些问题可以通过签署书面买卖合同规避,买方一般会在合同中承诺其银行会提前两三个月付款,这种承诺就是汇票。卖方基本不会持票或者拿去兑现。汇票是一种资产：可以出售、用于还债或者作为贷款抵押品使用。在最终被拿到开票银行兑现之前，一张汇票可能转手好多次。

1836年，买卖汇票的生意——汇票经纪本身，已经成为规模庞大的跨大西洋产业，远超过其在10年前甚至2年前的规模。汇票经纪需要对承诺付款最终能够兑现的概率进行精确计算。说到底，这个市场的健康与否取决于英格兰银行从经纪手中买入汇票的意愿。("伦敦是整个商业世界的信贷体系中心，"1838年一位美国作家曾这样说，"英格兰银行就是这个体系的太阳。"[48])英格兰银行接受这些汇票时会有一个贴现额——汇票的票面价值与银行实际支付金额之间的差价，这就是其影响市场利率的主要机制。

汇票经纪并非迅速变化的金融体系中唯一的组成部分。在美国，贷款需求以及贷款业务可以轻松盈利的想法，令依据州法律成立的银行数量激增。1830年，美国有329家州立银行，6年后这个数字激增到713家。每一家银行都可以自行发行纸币，持有人可以将其兑换为铸币（即最可靠的货币形式——金币或银币）。当银行要扩大信贷规模时——无论是按照贴现率兑现汇票还是发放房产抵押贷款，通常都是以纸币的形式给到借款人。1834—1836年，美国人均纸币流通数量增长了40%。

当时，几乎没有美国人真正明白金融体系是如何运作

第一章
经济繁荣与泡沫破裂

的。10个美国人中只有1个在城市中生活,农业生活是大多数美国人所熟悉的生活模式,他们很少离开自己生活的区域。从这个角度来看,整个金融体系的运作模式似乎不太自然和略显随意。金融家们并不生产任何有形产品,也不持有铸币,他们所做的只是纸面承诺的复杂交易。对普通人来说,金融家们所联系和依赖的远方机构不过是一个抽象概念。

在坏时代,金融业给人的感觉就像是天气:难以理解、变化无常而且危险。在好时代,当所有人都在赚钱时,这些特质就很容易被忘记,而在1836年,对很多人来说,天气仍然晴好。"不论我们看向何方,"纽约编辑霍勒斯·格里利(Horace Greeley)曾说,"所见都是一片欣欣向荣的场景……每一年,国民财富都在以数百万美元的规模增加。"[49]

然而事实上,问题已经初现端倪。全国范围内,物价已经开始飞涨。根据某一指数,1835年1月至1836年4月期间,新奥尔良主要商品的批发价增幅超过30%;辛辛那提的商品价格增幅高达60%。东部城市的通胀也是五十步笑百步的程度——同期内,纽约和费城的物价上涨25%。城市工人的行为越来越有组织,罢工更加频繁,也更趋于暴力。"对穷人来说,这样极端的高物价实在是太糟糕了,"《纽约商业周刊》(*New York Journal of Commerce*)

表示,"他们需要富人们的慷慨救济。"[50]

物价涨幅尽管惊人,但与地价相比就不值一提了。南部和西部用于农业扩张的土地大部分都归联邦政府所有,19世纪30年代,联邦政府开始对公共资产进行私有化,这也是美国历史上最大规模的私有化进程之一。1830—1836年,联邦政府手中的土地减少了7.2万平方英里,其中大部分——相当于英格兰整体面积的5万平方英里——在1835年1月至1836年12月之间的24个月里就悉数售出。销售前线的土地办公室被那些想轻松捞钱的新移民和投机分子围得水泄不通。"争相购买土地的狂热之情……令人讶异,"俄亥俄的一名记者在1836年6月写道,"投机者们途经之处被扫荡一空,似乎毫不关心土地质量或市场环境。"[51]在举行拍卖的时候,土地办公室所在的小镇就会涌入大量潜在买家。酒吧和餐馆都被改造成了临时住房,小镇四处都搭起帐篷,仿佛一个军营。投机分子们常常买通土地官员先获得最好的地块,然后很快转手就能获得一笔可观的收益。在新奥尔良附近,从联邦政府手中以3.5万美元买下的一块城镇建设用地,9个月后转售价格就已经达到60万美元。在威斯康星州的马尼托沃克,地价在一周内就会上涨20倍。"投机者们每晚都抱着明天财富就会翻倍的喜悦之情入睡。"[52]

整个西部和南部沉浸在一夜暴富的幻想中。在北部的伊利诺伊州,推销者兰塞姆(A. C. Ransom)给远离西部

第一章
经济繁荣与泡沫破裂

和南部的投资者提供了买入兰塞姆堡(Ransomberg)大片土地的机会,吹嘘兰塞姆堡的小镇(在展示图中)"街道规划整齐、美丽……公园里有布置美妙的灌木丛、喷泉和雕塑"。[53]当然,事实上什么都不存在。同样,伊利诺伊州的高崖市(High Bluffs)展示给投资者的大型磨坊和仓库事实上也并不存在;密歇根的谢尔登港(Port Sheldon)也没有令人骄傲的灯塔;密苏里州的马里恩市也没有壮观的戏院——在1836年春天时,那里还不过是密西西比河下几英尺深处的一块土地。"然而,没有人看清这只是幻象,"19世纪著名的政治经济学家弗朗西斯·魏兰德(Francis Wayland)指出,"在当时,这个美梦太过真实了。"[54]

东部各州也未能躲过这场土地狂热。"投机狂热像传染病一样席卷全国。"[55] 1836年5月,盖茨堡《编纂者》(Compiler)指出。巴尔的摩《美国人报》(American)曾报道,该市附近的一块地在两年后转售时价格翻了一倍。"尽管如此,这还是一笔便宜的买卖。"[56]报纸写道。1836年,从水牛城来的一名记者报道称,每个人都在房地产生意上大赚:"我们听说了大量卖盘,全都溢价出售。"[57] 1834年,以1 200美元买入的一处房产转售时价格已经高达1.2万美元。在缅因州,人们热衷于购买森林地块。"这里的投机者们……胆大无畏,"《奈尔斯记事报》(Niles' Register)的一名记者说,"连100美元都没有的人,也敢买下一个小镇然后在一小时内就以小幅溢价转手卖掉,把利润收入袋中……这就是这块充满投机和事业的土地上,所谓'贸易和商业'的巨大秘密……今天以总价2500美元才买入的10块土地,在昨天就已按单价1 200美元标价售出……这样的事情每天都在班戈市上演。"[58]

这就是一个房地产泡沫,最终泡沫将会破裂。当它破裂时,很多美国人尝试着去理解泡沫是如何从一开始膨胀起来的。有人责怪州政府允许设立那么多新的银行;政府对银行的监管不力,使其可以随意发放贷款。(很多银行甚至向自己的职员或股东发放贷款)州立银行本应持有一定数量的铸币作为储备金,以防储户或纸币持有者兑换铸币的需求突然增加,同时,储备金要求也起到限制银行信贷扩张的作用。然而随着市场加速发展,银行对储备金不再那么关心。1835年,在海湾沿岸和西部各州,银行的铸币储备金规模占其负债额的21%,而到1836年时,这一比例已经降至15%。

还有些美国人认为杰克逊总统应当对泡沫负责。1832年,杰克逊拒绝延长美利坚合众国第二银行联邦特许状的有效期,特许状在1836年4月失效。美利坚合众国第二银行是一家具有影响力的机构,是当时唯一的国家银行,在全国范围内拥有28家分行,并负责为联邦政府管理收支。这家银行发行的纸币由联邦政府背书,更容易兑换铸币,比州立银行发行的纸币接纳度更高。但美利坚合

第一章
经济繁荣与泡沫破裂

众国第二银行本身在设计上也存在严重缺陷,尽管拥有很大权力,但几乎不受联邦政府控制。银行的 25 名董事中,只有 5 名由政府指派,而这 5 人对银行的行为鲜有影响力。当提出责任这个概念时,银行主席尼古拉斯·比德尔对联邦政府大发雷霆。另一方面,美利坚合众国第二银行也成为南部和西部地区民选领导人和民主选民的攻击目标,他们认为这家银行是东部富有的垄断政府的一个统治工具。

1833 年,杰克逊再给美利坚合众国第二银行一记重击——从该行取出联邦存款,并分散存入 30 家州立银行中。到 1835 年时,美利坚合众国第二银行的实力已经被削弱,存款规模在 3 年内骤减 50%,面临着自行解散的风险。1836 年 4 月,只剩下 5 家分行继续营运。

美利坚合众国第二银行的衰落从两方面帮助吹起了经济泡沫。在全盛时期,它接受了大量州立银行发行的纸币,并规定在这些州立银行要求兑换铸币时,迅速将收到的纸币交还给对应的发币行。因此,州立银行在发行纸币方面变得更加谨慎——或者换句话说,对应其在外流通的纸币,持有更多铸币储备。该行倒闭后,对州立银行的监管能力也随之消失。美利坚合众国第二银行不再是一个有效的"货币监管者",因此信贷扩张面临的约束不复存在。不仅如此,州立银行还获得更多信贷扩张的正面刺激。到 1836 年 4 月时,联邦政府在州立银行的储蓄规模超过3 000万美元,这些州立银行大都在西部和南部各州。(当时,州立银行私人储蓄总额只有8 000万美元。)由于联邦政府当时仍有大量财政盈余,要求立即提款的可能性很低。获得联邦存款的州立银行利用这些存款扩大贷款规模,贷款主要被用于购买房地产,而这些银行并没有必要的储备规模。

美国人从很早就认定杰克逊总统应为泡沫负责,而且这种看法持续了很长时间。"所有让人们遭受苦难的罪恶因素皆因杰克逊将军的实验,"马萨诸塞州民主党成员乔治·鲍特韦尔(George Boutwell)说,"因为这些罪恶因素与他的那些措施在时间上刚好吻合,于是那些措施也就被看作是罪恶之源。"[59]1924年,历史学家雷金纳德·麦格雷恩仍然坚持认为"杰克逊总统和比德尔之间的较量造成了1837年开始的坏时代"。[60]20年后,历史学家小阿瑟·施莱辛格(Arthur Schlesinger Jr.)在其具有里程碑意义的杰克逊传记中,仍然认为杰克逊对银行的政策"拿走了限制信贷扩张的那个脆弱的刹车闸……加速走向通货膨胀"。[61]人们倾向于认为本土危机应该主要由本土因素导致。

但当我们把注意力只集中在美国政策的错误上时,却忘记了美国的经济并非孤立的。美国只是整个紧密联系的跨大西洋金融贸易体系中的一个组成部分。美国经济之所以繁荣,很大程度上得益于规模大得多的英国经济在

第一章
经济繁荣与泡沫破裂

当时也是一片欣欣向荣,二者之间的联系非常紧密。英国对棉制品制造业的投资先增长起来。(对铁路等其他新科技的投资亦是如此。)这意味着对棉花的需求增多,并且美国棉花种植者也能以更高的价格出售棉花。如果市场对美国的棉花没有巨大需求,那么美国经济的繁荣,甚至经济泡沫都不会发生。

当时,人们认为英国经济繁荣是本国发明创造和企业家精神的基因决定的,但实际上,气象因素也同样发挥了作用。1832—1835 年,英国获得 4 次超级大丰收,小麦的价格因此在 1830—1835 年降低了 40%,小麦的价格低于此前半个世纪的价格。彼时的英国工人阶级家庭,2/3 的收入都用于购买食物,仅用于购买面包和面粉的开销就占用 1/3 收入,小麦价格降低让这部分家庭生活得以改善。在食物上节省下来的钱被用来购买衣服及其他产品,这让棉制品的价格能够在产量迅速增加的情况下维持在一定水平。而这又反过来支撑了对美国棉花的需求。

全球信贷体系的太阳——英格兰银行的宽松政策,无意间让美国经济进一步承压。英格兰银行关注的一个首要问题是保护其存放在伦敦总部金库中的黄金和铸币储备。当粮食收成变差,不得不进口食物时,英格兰银行的储备就会减少,因为需要用黄金与外国的小麦和面粉卖家进行结算。在这种情况下,英格兰银行就会对其储备充满保护欲,具体做法主要就是以更低的价格买入汇票,结果导致市场利率上涨。

当然,19世纪30年代中期时的情况并非如此。当时的收成还很不错,1835年时,英国从海外进口的小麦数量只相当于4年前进口量的1/3。直到1836年夏天,英格兰银行的储备都没有什么压力,因此,贷款也很容易。当我们现在回头去看,显然,英格兰银行低估了市场变化和储备被耗尽的速度,低利率时期持续了太久。尽管伦敦的低利率有利于英国制造业和铁路投资,同时也导致英国投资者去海外寻找更好的回报。美国经济正是一个极具吸引力的投资领域:经济快速增长、相似的语言和文化环境、与英国制造业和商业紧密相连,而且局势比拉丁美洲或印度这类投资地区更加稳定(或者说表面上是这样)。高评级的美国债券年息达5%~6%,而长期英国政府债券的年息仅略高于3%。

"有钱人在做投资选择时,"1836年,一份英国报纸写道,"明显偏爱美国证券,与欧洲的政府股票或其他形式的投资相比,美国证券能够提供更高的收益。"[62] 1834—1836年,英国对美国的贷款规模激增。1833年,美国的外币负债总额为1.1亿美元,与过去20年的平均水平相差不大,而到1836年时,这个数字已经翻番至2.2亿美元。这给美国经济带来巨大刺激作用,也是南部和西部各州出现狂热的投机氛围的一个重要原因。英国流入美国的资金规模远远超过联邦政府转存州立银行的资金总量。

第一章
经济繁荣与泡沫破裂

　　为什么美国人如此执着地认为本土因素带来了繁荣和泡沫？对此，有几种可能的解释。首先是美国政治领袖自身的行为，被国内报纸宣传、讨论，这些信息比海外投资者和金融机构更容易被人们了解到。就因为这些行为更容易被人们观察到，它们也更容易被随手拿来解释经济状态的变化。

　　当然，政治斗争令人们更倾向于强调国内政治决定对经济的影响。在经济滑坡前，杰克逊总统和他的支持者们有很强的动力，将整个国家的福祉归为自己的功劳。（"我们挚爱的国家的繁荣，"[63] 1834 年 12 月，杰克逊总统说，得益于他对银行做出的果断行动。很多人"开始相信眼前所看到的繁荣景象真的是受益于总统的果断决策"。[64]）而当经济开始崩溃，杰克逊的敌人们也有很强的动力，把责任都推到杰克逊一人身上。当时，已经有人注意到政治倾向于夸大本土决策的影响力。"我们无法准确衡量（杰克逊的决策）最直接的效果。"艾伯特·加勒廷（Albert Gallatin）在 1841 年时指出，"但政党利益显然过度夸大了这些政策的作用。"[65]

　　国家荣誉感同样影响了人们对复杂事实的理解。1836 年，美国还是一个新成立的国家，人们还在为国家的独立和经过两次艰苦的战争战胜一个强大的对手而深感自豪。任何一个美国政客都难以开口承认，这个国家的贸易和金融其实仍然依赖于在战争中被自己打败的、从其手中赢得政治独立的那个强大对手。一些民主党人士曾做出尝试。1837年,杰克逊总统的继任者马丁·范布伦试图指出,正在爆发的美国危机是因英国商业陷入困境而引发的。然而,一个美国总统在更强大的经济力量面前这样直接承认自己的无能为力并不合适。政治独立的原则要求本土问题也应当由本土因素引发。

金融体系本身的复杂性也让美国人更容易制造出一个强调本土因素的解释。正如一位经济学家在1840年指出的,带来经济繁荣和衰退的因素本身"就像一团乱麻,所以解释现象的人们无论站在哪一边,都可以自在地挑选符合自己目的的那些因素"。[66]在危机的最初阶段,这种复杂性本身甚至让美国人难以确定美国经济的真实状态。1836年春天,很多人还认为一切正常。但也有人认为终将走向一个糟糕的结局。

"土地投机是有限的。"《密尔沃基广告报》(*Milwaukee Advertiser*)警告说,"不到三年时间,很多投机者就会像今年急着买下土地那样忙着卖掉所有的土地了。"[67]

"除非即时扭正这股狂热之情,否则一定会给整个社会造成损失。"伊利诺伊州《观察家》(*Observer*)的评论员奥尔顿(Alton)声称,"年轻人的脑袋……被这种爆发式的、危险的致富方式所毒害,他们早已忘记了更踏实、更稳定的工业和经济发展模式。"[68]

"泡沫到底什么时候会破裂?"1836年4月7日,《晚报》(*Evening Post*)的纽约主编威廉姆·卡伦·布莱恩特(William Cullen Bryant)这样质问道,"银行所导致的大灾难什么时候会真正来临?"[69]

崩塌

> 显然,一场大灾难正向我们逼近。[70]
> ——《奈尔斯每周报道》(*Niles' Weekly Register*),1836年4月23日

1836年秋末,土地泡沫开始破裂。那一年的第四季度,联邦土地销售额比上一年同期平均水平大跌30%。1837年全年销售额还不及上一年狂热的第二季度单季的销售额。"公共土地的投机活动……全面停滞。"1837年初,《纽约先驱报》(*New York Herald*)称,"甚至土地所有者们也开始意识到,自己持有的土地数量远超过其能负担的水平。投机分子们手中的公共土地售价已经跌到最初的水平……去年,伊利诺伊州和印第安纳州每英亩价格飙至10美元的土地,现在每英亩价格已经降至3美元甚至更低。市场已经开始扭转,而且什么也阻止不了。"[71]

美国金融体系也开始摇摇欲坠。1836年10月末,纽约市的短期商业贷款利率已接近30%。"资金压力……越来越严重。"10月22日的《商业日报》(*Journal of Commerce*)

报道称,"这让有钱人可以大幅抬高汇票贴现率,勤恳的商业经营者成为'敲诈'的靶子……我们正面临严重的资金短缺问题。"[72] 11月3日,《纽约大观》(New York Spectator)报道称,很多商人濒临破产边缘:"很多人身处危险境地……在任何情况下,人们都不再拥有钱……我们对这样奇特的危机有什么解释?"[73]

很多人认为,杰克逊总统应当为此承担责任,就像他们认为他也一手制造了泡沫一样。1836年春,也曾有人提醒杰克逊总统和他的顾问们,应当留意席卷南部和西部的"疯狂的投机热潮"[74]。杰克逊总统之所以对美利坚合众国银行带有敌意,正是因为那股看起来能够通过操纵纸币产生影响的权力,但最终,因该行的衰落而逐渐发展起来的金融结构和那些硬通货的支持者一样让人憎恶。它同样还是"一个虚幻的信贷体系——飞来横财——一个充满泡沫的体系"。[75] 它的危害也越来越明显。1836年7月,财政部发布一项指令,旨在给土地狂热降温。该指令要求,联邦土地办公室对于8月15日之后支付的购买公共土地的款项,将不再接受纸币,仅接受金币或银币。这份指令,即众所周知的铸币流通令,立刻在南部和西部创造出对金币和银币的大量需求,进而导致东部银行的铸币储备规模大幅下降,纽约和费城的铸币大量流进"土地办公室的保险柜和西部边远各州的州立储蓄银行"。[76] 东部银行的贷款规模也随之下降,与此同时,纸币持有者和储

第一章
经济繁荣与泡沫破裂

户们也更有理由怀疑,东部的各家银行是否还能兑现它们兑换铸币服务的承诺。

1836年6月,国会的第二项政策让铸币流通令的影响进一步恶化。通过出售公共土地,联邦政府大发横财,国会因此决定将这些收入根据每个州的人口数量对应地分发到各个州。1837年,联邦政府做出首次分配,国会还命令增加接收联邦存款的银行的数量,并要求各个银行之间平均分配资金。所有这些要求都意味着,持有联邦资金的州立银行之间,以及持有联邦资金的州立银行与州政府指定的持有一定比例分配资金的其他银行之间,都需要进行一系列复杂的转账。结果自然导致失去联邦存款的银行承受压力,尤其是在纽约,而不确定性也随着混乱的交易过程产生。

不可否认,这些联邦行为对刺破泡沫起到了重大影响。"财政部在动议中提出的措施本是出于好意,但对于运作机制的严重误解,最终把所有的商业和交易利益都拖进混乱和令人沮丧的境地。"[77] 1836年12月,《波特茅斯日报》(Portsmouth Journal)抱怨道,"整个国家的货币市场'全身抽搐'。"1839年,被很多人认为是尼古拉斯·比德尔本人的一位匿名作者指出:

> 从有价值的使用方式中抽出的成百上千万的铸币被运往全国各个方向。铸币沿着同一条河上上

下,从东南西北各个方向来来往往。为了逐字逐句地满足分配法的要求,人们从正常、自然的渠道提取数百万的铸币,违背贸易资金流向,强行运到那些过去既不是联邦收入来源也从未获得过联邦资金的地方(除了少数情况下曾有限获得过联邦资金)。[78]

1836年,在联邦收入的主要来源地之一的纽约市,储备规模缩减的情况尤其严重。1836年8月,纽约银行持有600万美元铸币,4个月后就减少到了400万美元。在这个东部中心,钱变得越来越稀缺。

1836年总统大选年时,民主党的对手辉格党显然非常愿意把造成经济困境的责任扣在民主党候选人——副总统范布伦头上。不过,这一策略并未成功:当时危机还在萌芽阶段,范布伦干净利落地赢得大选。但当时,将经济滑坡的主要责任归结为杰克逊总统在1836年6月签署《分配法案》(*Distribution Act*)和在次月批准铸币流通令的传统已经开始形成(19世纪的一位经济学家曾把铸币流通令称作是"戳破泡沫的那根针"[79])。然而,这也并非是故事的全貌。数千英里之外,英格兰银行正要做出进一步引爆纽约金融危机的决定。

"1836年的压力,"当时的一位英国经济学家曾写道,"可以说是从那一年的5月开始。"[80]也就是说,是在美国

第一章
经济繁荣与泡沫破裂

签署《分配法案》和批准铸币流通令之前。1836年5月初,英格兰银行的黄金储备高达近800万英镑,但其储备规模已经开始以每月50万英镑的速度减少,这意味着到1837年某个时点,这些黄金储备就会被消耗殆尽。英格兰银行的前任行长霍斯利·帕尔默(Horsley Palmer)认为,储备规模缩减主要是由于当时人们投资美国的狂热,他表示:"在我们的市场上流通的美国纸币数量过多。"[81]

英格兰银行常常因政策的转变过于随意而受到批评。该行的很多董事并非有经验的银行家,而是富庶的商人,他们对理应受到监管的金融体系并没有深入的见解。董事们倾向于要求银行的储备保持在"不充足"的状态。贴现率长期保持在过低水平,当1836年春储备规模开始明显缩减的时候,英格兰银行也没能及时做出反应。最终在这一年的夏天,董事们决定紧急刹车,9月初时,银行贴现率被提高到5%的超高水平。

毫无疑问,英格兰银行做出如此决定的部分原因是出于对以下问题的担忧:美国市场稳定性,美国在1836年6月至7月制定的政策可能扰乱整个市场,以及这些因素可能对美国债务人偿债能力的影响。从这个角度而言,在先看清从华盛顿到伦敦再到纽约之间的这条因果链条后,1836年秋美国爆发的问题确实有美国自身的因素。但还应当看到,重要的不仅是联邦政府做了什么,同样重要的是,英格兰银行认为联邦政府做了什么。

出于对美国经济状况的担忧,英格兰银行曾试图限制对那些专门为英美贸易商提供融资的企业提供贷款,不过这一尝试以失败告终。当时,为英美贸易商提供融资的企业中,最著名的就是"3W"——怀尔兹(Wildes)、威金斯(Wiggins)和威尔逊(Wilson)公司。英格兰银行怀疑美国商人和这些公司串通一气,不断延展自己根本无力偿还的债务,因此计划叫停这类融资操作。8月26日,英格兰银行要求利物浦分行停止为与美国贸易有关的汇票提供贴现服务,这个笨拙的干预措施引发利物浦和曼彻斯特商人的愤怒声讨,4天后该行不得不取消这项要求。不过,经过此事,英国放贷者们在给3W延展债务时已经开始更加谨慎。

然而,对美国经济的担忧并非英格兰银行改变政策的唯一动因,它同样需要考虑本土问题。英国的银行业也在扩张,尽管不像其美国同行那样疯狂,这也令英格兰银行的董事们担心可能在本土市场吹起投机泡沫。1836年秋,英格兰银行的储备显然面临其他压力,贴现率骤升导致自家门口出现"混乱"。[82] 1836年10月时,储户大量提取在爱尔兰银行的存款,令该行急需英格兰银行的大力援助。11月,其他一些英国的银行也陷入困境,需要英格兰银行出手相助。1836年末时,银行储备规模已经降至400万英镑。

9月底,有关英格兰银行举动的消息传到美国。秋末

第一章
经济繁荣与泡沫破裂

时,美国的银行家和商人们已经陷入"两面夹击"[83]的状态中。联邦政策已经导致混乱,令重要的东部银行的储备处于紧绷状态。同时,英格兰银行的政策则让伦敦的贷款越来越难获得,尤其是对美国借款人来说。紧张的英国放贷者纷纷要求英美贸易公司用铸币偿还债务,这些公司又把压力传递到美国客户身上。事实上,一些当代作家认为"有效狙击"[84]了南部和西部土地投机行为的并非美国政策,而是英国的政策。他们认为,即便杰克逊总统撤销铸币流通令,投机同样会停止,因为英格兰银行钳紧了触发投机热情的信贷渠道。

1837年3月4日,是华盛顿的总统就职日。杰克逊总统和范布伦驱车前往国会山,这辆马车是用美国海军最有名的舰艇之一宪法号护卫舰上的木材制成。午后,在东面的门廊,首席大法官罗杰·托尼(Roger Taney)主持了新一届政府的宣誓就职仪式,范布伦则在这里做了他担任总统后的首次演讲。"在伟大、幸福、富庶的美国人的共同努力下,我们所生活的国家成为世界上最无与伦比的地方。"范布伦说,"我们的繁荣兴盛无以复加。"[85]

不过,英格兰银行的董事们并不这么看。就在就职典礼前几小时,几千英里之外,董事们在位于伦敦针线街的银行总部碰面。为英美贸易商提供融资的3W公司已经挣扎了几个月,到3月初时,3W已经处在破产边缘。3月

4日,英格兰银行的董事们在经过两天的争论,并向内阁私下咨询后,同意为3W之一的怀尔兹公司提供紧急救助,条件是该公司在清还救助款之前不得再开展任何新业务。4月底时,3W全都已经获得了英格兰银行同等条件的救助。

棉花价格意外下跌,又给经营困难的3W带来新一轮沉重打击。英国棉花需求减弱,令第二年头12周的棉花价格下跌30%。英国放贷者们期望美国债务人能从主要出口项目中获得足够资金来偿还债务的希望彻底破灭。

3月初,利物浦棉花价格急跌的消息传到了美国最大的棉花出口港——新奥尔良。"那些从事棉花投机交易的人,"《时代花絮报》(*Times-Picayune*)写道,"发现他们的需求很难,或者我们应该说几乎不可能得到满足。"[86]新奥尔良规模最大、最出名的棉花经纪商之一赫尔曼布里格斯公司(Hermann, Briggs)收入断流、无法贷款,就在范布伦宣誓就职前几小时宣布破产。整个城市迅速陷入瘫痪状态。"每天都有公司破产,"4月13日,《时代花絮报》称,"很多尚未破产的公司的状况也急速恶化。"[87]4月底时,新奥尔良已经到处是"悲凉的交易"[88]。5月2日,当地有名的商人希尔多尔·尼克雷特(Theodore Nicolet)"无法忍受眼看着自己的财富消失……冲到雷塞先生家,大约在中午时,他在那里对着自己的脑袋来了一枪"。[89]

3月17日,赫尔曼布里格斯公司破产的消息传到纽

第一章
经济繁荣与泡沫破裂

约市。破产时,这家新奥尔良的公司还欠着纽约市最大的汇票经纪商约瑟夫公司(Joseph & Co.)一大笔钱,当赫尔曼布里格斯公司破产的消息传来,后者也立刻宣布破产。一种恐惧感漫布于整个城市中。几天之后,纽约人又知道了3W在英格兰银行的救助下才勉强幸存。而在美国,联邦政府并没有提供任何救助,此时的美利坚合众国银行也已不再是联邦银行,而是根据宾夕法尼亚州颁发的特许状成为一家州立银行,尽管该行尝试凭借着自己在伦敦获得的信用额中尚未使用的部分,帮助美国商人和银行家获得资金,但效果甚微。

5月4日,纽约城中疯传谣言——技工银行(Mechanics' Bank)的主席自杀。尽管只是假消息——他死于"情绪过激"引发的心脏病——但这条消息足以令储户们争相提款。5月8日,纽约市少数获准持有联邦存款的银行之一干码头银行(Dry Dock Bank)也遭遇储户挤兑。第二天,恐慌情绪蔓延到纽约市的其他银行。5月10日营业时间结束时,所有银行不得不暂停将纸币兑换为铸币的服务。纽约市的官员召集来"大量武装军队……时刻准备行动"[90],不过暴力事件并未发生。因为随着纽约市所发生的一切传遍全国,其他银行也都停止兑换铸币。

绝对恐慌的时刻已经过去。"华尔街面对的是风暴之后死一般的沉寂,"前任纽约市市长菲利普·霍恩在5月11日的日记中写道,"一切都毫无生机,没有交易在进行,没有人在讨价还价,没有商业谈判……烧已经退了,但经过病痛的折磨和大剂量的用药后,病人还处在昏迷状态。"[91]

美国银行暂停兑换铸币业务的消息在 6 月中传到伦敦,这让债权人们愤怒不已,他们明白从现在开始,美国债务人偿还到期贷款时只会给出更多纸币,而不是黄金。"美国人实在是太狡猾了,"《伦敦时报》认为,"欧洲的债权人可能再也拿不回他们的钱了。"[92]

美国人同样对银行业感到不满,但事实上,在美国,债务人的数量远超过债权人,而对前者来说,暂停业务意味着货币救济。暂停业务的银行并没有立刻倒闭:它们只是停止提供纸币兑换铸币的服务,这一决定让银行和其他商人得以避免资产被低价处置,并按优先次序偿还债务。1837 年剩下的时间里,商业活动依然迟缓。手上持有铸币的人们把铸币囤起来,到处都是滥发纸币——日常交易中,不知道是否可靠的小面额纸币开始取代铸币。

在海外,英格兰银行已经为经济轻微复苏奠定基础。1837 年 12 月时,英格兰银行的政策已经开始产生预期效果,黄金储备规模也恢复到 900 万英镑,达到 5 年内的最高水平。因此,银行董事们决定降低贴现率,1838 年全年都维持在低位。几个月前在伦敦还稀缺的资金,再次变得"充裕和便宜"。[93]然而,英格兰银行的董事们并没有意识到,自己正将经济推向来年更严重的灾难中。

第一章
经济繁荣与泡沫破裂

注:这张纸币旨在嘲讽1837年5月银行停止付款后,市面上泛滥成灾的小额纸币,民主党中几个最出名的硬通货支持者都成了它的嘲讽对象。最上面是杰克逊总统1837年5月告别演说中的一句话:"我给这个伟大国家的人们带来了繁荣和幸福。"

图片来源:国会图书馆。

图7　60美分"假钞",1837年8月

在美国,1838年初最关键的问题是,美国的银行什么时候才会重新开始提供纸币兑换铸币业务。纽约暂停业务的银行已经违背州政府颁发的特许状,为期一年的法律特许期也将在1838年5月届满。但任何少数银行重启业务都是很危险的事情。美国的银行面临着一项复杂的协调任务,而在缺乏一个制定统一政策的中央银行或强有力的财政部的情况下,这项任务变得更加困难。最终,1838年5月,在重焕生机的英格兰银行提供100万美元铸币贷款的支持下,纽约的各家银行率先重启业务。美国大部分其他银行在1838年8月前也陆续重启业务。

1838年秋,美国经济看起来正走向全面复苏。随着伦敦的市场利率降至近2%,英国投资者再次涌向美国。

"大量资金涌入美国证券市场。任何种类的债券……都被摆上英国市场,都能找到如饥似渴的买家。"[94]美国主要城市的物价水平开始接近2年前的水平,利物浦的棉花价格表现更好。1838年12月,范布伦在年度演说时谈及市场恐慌已经像是在讲述历史。"过去深受影响的商业行为正在复苏,且更具活力,"范布伦对国会表示,"国内外市场都已重建信心,任何贸易活动都可以便利、轻松地进行。"[95]

然而,范布伦的断言为时尚早。英格兰银行的储备健康再次成为导火索。1839年1月之后,英格兰银行的储备规模再次骤减。第一季度,储备规模从900万英镑降至700万英镑,第二季度时再次下跌至400万英镑。突如其来的下跌,部分原因正是英国重新积极投资美国证券,尽管这并非导致储备减少的全部原因,另一个带来更大影响的因素是英国的天气。

1832—1835年,天时地利令英国连续获得大丰收,1836—1837年的收成差强人意,而1838年则成为近20年来最差的一年。这一年,英国又冷又湿,本土食物供给已经无法满足需求,英国不得不多年来首次进口大量小麦和面粉来填补供给缺口。1839年的天气依然很差——5月的伦敦居然下雪,结果收成同样令人失望,这一年小麦和面粉的进口量超出1831—1837年的全部进口量之和。随着英国的贸易失衡越来越严重,英格兰银行的储备加速流

第一章
经济繁荣与泡沫破裂

出。1839年5月之前,英格兰银行就决定采取措施保护其黄金储备,而由于已经拖延很久,措施的力度必须加大。8月,贴现率被提高至6%——这是英格兰银行144年历史上从未出现的高位。

评论家们对英格兰银行拖延采取保护储备措施的做法极为愤怒。"还要多久?"《伦敦纪事晨报》(*London Morning Chronicle*)质问,"民众就应该任由这样一个机构摆布吗?在符合自己利益的时候,就在各方面鼓励投机行为,当它需要让资金变得稀缺时,又在诱惑人们超出能力范围进行投资后突然收紧政策。"[96]但在当时的情况下,除了急刹车,英格兰银行并无其他选择,储备规模已经降到了300万英镑。"这个重大警告影响到整个社会。"[97]沃尔特·白芝浩(Walter Bagehot)后来写道。面对即将耗尽的黄金储备,英格兰银行不得不拉下脸与法兰西银行(Banque de France)商量是否可以提供紧急信贷协助。

英国和美国金融市场的短暂复苏就这样结束了。从8月到9月,伦敦的资金压力极为紧迫。商业贴现市场的情况"已经坏到极点……"[98]9月2日的《伦敦时报》写道。"资金市场面对史无前例的压力,"纽约《信使问询报》(*Courier and Enquirer*)指出,"银行之间毫无信任可言——它们互相没有好感,也无法协调行动。"[99]与此同时,棉花价格再次开始下跌,这一次,依然是因为收成情况未能好转。1839年时,英国的小麦价格已经比1835年时高出80％,其他食物的价格也差不多有同等涨幅。对收入主要用于购买食物的工薪阶级家庭来说,这意味着可供其购买棉制品和其他产品的资金大幅减少。1839年春,很多英国纺织厂已经开始缩减工时,这也就意味着对美国棉花的需求减少。1835—1836年,棉花每磅售价约15美分,但到1839年4月时已经跌至10美分以下。棉花交易兴盛时期扩建起来的棉花生产和制造规模,令供给过剩更为明显,棉花价格在很长一段时间内承受下跌压力。

经济形势的突变令美利坚合众国银行措手不及。1836—1837年,为维持自身的流动性及帮助其他美国银行和商人,该行曾大量从欧洲贷款。而为了筹集资金归还贷款,美利坚合众国银行制定了一项复杂的棉花投机交易计划,根据其计算,如果它能够以1837年较低的价格从受困的种植园主手中买入足够棉花,那么就能够操控利物浦的棉花价格。于是,轮到英国人,而不是杰克逊总统等民主党人抱怨"一股集权的金钱力量……正成为一个真正危险的垄断者"。[100]一开始,这项计划确实成功,并一直持续到1839年。然而,当棉花价格开始下跌时,银行的代理商们只剩下了一大堆没有卖出去的棉花。

在英国,美利坚合众国银行的这项计划尽人皆知。随着市场转向,伦敦的金融家们立刻意识到该银行将陷入困境,开始限制对其贷款。1839年7月和8月,美利坚合众

第一章
经济繁荣与泡沫破裂

国银行为了避免破产,更加孤注一掷。该行向美国投资者出售大量短期本票,并将出售所得作为存款存入纽约的各家银行。8月26日至27日,美利坚合众国银行突然要求提款,并且要求存款行支付铸币,目的就是要迫使纽约的各家银行暂停铸币兑换业务,再以其作为借口推脱自身债权人的还款要求。

结果事与愿违,纽约的各家银行出乎意料地满足了美利坚合众国银行提取铸币的要求。然而,几周之后,该行发行的大量本票就将到期。美利坚合众国银行在欧洲仓促融资——"问题关乎美利坚合众国银行的生死。"[101]该行在伦敦的代理商坦言。但该行仍然无法满足偿债要求,10月9日,美利坚合众国银行自身不得不暂停业务。中部大西洋、南部和西部各州的银行也相继暂停业务,只有新英格兰和纽约的银行得以幸免。到1840年时,近90%的银行都已暂停业务或彻底破产。

在10月暂停业务后,美利坚合众国银行再也没能活过来。经过前几个月操纵棉花价格事件的冲击后,银行的声誉在第二年被彻底摧毁。面对大量债权人发起的诉讼,银行自己起诉尼古拉斯·比德尔挪用资金,而宾夕法尼亚州政府则试图控告比德尔和其他前任管理层成员合谋贪污银行资金。1841年1月,美利坚合众国银行曾尝试重启铸币兑换业务,但已经无力支持,3周后该行彻底破产。曾有银行的董事这样说道:"当时感受到的敌意……实在太强烈,令人感到绝望。"[102]

美国的其他银行也尝试重启铸币兑换服务,但在1842年底之前无一成功。1842年底时,已经有200家银行彻底倒闭,在此之前经济活动也一度停摆,资金变得稀缺,物价和贸易直线下滑。

在10月暂停业务后的几周内,经济就开始陷入困境。"整个国家面临的问题相当严重,"1840年1月,亚拉巴马州莫比尔的一名记者称,"历史上从未见过这样的情况。"[103]"商业停摆,"《俄亥俄州报》(*Ohio State Journal*)在1840年3月初写道,"值得注意的是一切都处在崩溃边缘。"[104]辛辛那提市的大宗商品价格已经下跌30%,英国经济的复苏不可能再救一次美国,英国自身也面临经济衰退,尽管情况没美国那么糟糕。更差的收成、棉花制造业和其他行业的过剩产能以及英格兰银行混乱的政策夹杂在一起,彻底打破英国经济迅速复苏的希望。对美国棉花的需求降至冰点,英国投资者不可能再提供任何支持。第一次大萧条由此拉开序幕。

第二章
州政府的危机

第一次大萧条对美国的政府结构产生了深远影响,尤其是州政府。对于一个现代读者来说,这似乎有些奇怪。今天,当我们分析一个带有国际性质的问题时——例如如何处理北大西洋地区的经济危机时,我们的第一反应是这是联邦政府的责任。不过,要理解1836—1848年的危机,我们必须先把这种观念放到一边。当时——事实上,在20世纪30年代的大萧条前的美国历史上大部分时候,联邦政府的责任和机构规模都远小于州政府。此外,导致与英国关系迅速恶化的罪魁祸首也是州政府,而不是当时的联邦政府。

这个问题很直接。19世纪30年代,美国很多州政府从英国投资者手中大举借贷,用于设立银行和修建运河、铁路及其他工程。在经济崩盘时,州政府无力偿债,除非增加新税种(而它们并不愿意那么做)。很多州政府违约,愤怒至极的英国投资者无法在美国的法庭获得任何有效救济,只能通过言辞宣泄愤怒,并派出说客到各个州的首府游说政府偿还贷款。大西洋两边的人们脾气都越来越大,州政府面临一个选择题:是增税还是拒付债务?

政治主权和国际金融市场的预期之间存在直接冲突。19世纪20年代和30年代,正是投票权快速普及的时代,自律为人们所赞许。为了迎合这些政治变化,州政府接受了那些获得普遍支持,但实际上欠考虑的经济发展计划。而现在,愤怒的债权人们要求州政府承担责任。问题是,考虑到荣誉感和自身利益,立法者和选民们是否已经做好准备,接受对他们刚刚获得的政治自由施加限制。

州政府内部的争斗反映了本书的几个核心主题,从中可以看出,一场经济危机是如何快速演变为一场政治和社会危机,政治联盟分道扬镳,经济问题掺杂着荣誉感和国家自豪感。还可以看到,在一个开放型经济体中,本土政治和国际政治问题是如何彻底纠缠在一起。实际上,在这场有关州政府债务问题[1]——在第一次大萧条期间影响美国国际关系的最热的一个话题——的辩论中,联邦政府几乎是一个旁观者。正如当时很多美国和英国观察家所指出的,州政府内部的争斗反映出如何平衡自由和秩序的根本问题。美国的州政府会继续坚持自己的政治自治,还是顺应国际金融市场的要求?这场争论造就了时至今日的州政府结构，至今仍提醒我们美国在全球经济秩序中曾经只是一个弱小的角色。

州政府债务违约

> 我们必须拒付所有债务。没有道德准则要求我们要维护投资者对美元的信心。[2]
>
> ——《民主陈述者》(*Democratic Expounder*，马绍尔市，密歇根)，1841年11月17日

经济危机的一个严重后果就是，令美国州政府在全球金融市场的信誉丧失殆尽。1837年大恐慌前几年，州政府从欧洲投资者手中大量举债。1841年7月至1842年12月的18个月里，很多州发生债务违约，有些州甚至彻底拒付全部债务。

要理解州政府为什么要大量贷款，我们需要先质疑一个被普遍接受的观点——美国政府一直以来坚持放任自由原则，并严格限制自己对经济发展的干预。这并不适用于1836—1848年经济危机发生之前的美国州政府。事实上，正是危机本身才令州政府最终放弃积极干预的做法。

在危机之前，州政府通过两种方式参与到经济发展中去。一个是通过本地改造工程，即我们今天的交通基础设施建设。州政府提供资金，负责建造它们认为有利于贸易

发展的公路、运河和铁路。另一种方式是通过州政府支持或拥有的银行，尤其是在南部和西部各州。州政府为这些银行提供部分或全部营运资金，银行再利用资金为本地商业发展和农民及种植园主的生产扩张提供信贷支持。

联邦政策——或者更准确地说，联邦政策的失误鼓励了州政府的行为。联邦政府对本地改造工程抱着一种不冷不热的态度，尤其是在民主党总统任职期间更为明显，因为联邦政府担心这类行为会被认为是干预南部各州内部事务的先例。同样出于对中央集权的排斥，杰克逊总统才会拒绝为美利坚合众国第二银行的特许状续期。联邦政府的不作为，令政府支持经济发展的压力分散到各个州政府身上。南部民主党人士虽然反对联邦政府的干预行为，但却乐于看到州政府担当"提高整体福利水平和推动经济发展"[3]的职责。结果令州政府的行为涉及众多领域，相互之间缺乏协调，有时甚至相互竞争。

能够轻易获得的海外资本也鼓励了州政府的行为。站在政治角度，从海外贷款的难度远小于通过增税融资。伊利运河的巨大成功和看起来势不可挡的房地产热潮，让州政府的贷款看起来可以轻松通过运输收入和银行利润偿还。在政府担保的高收益的诱惑下，欧洲投资者们竞相购买州政府债券。

没有人知道州政府到底借了多少钱，直到1839年初，纽约检察官弗拉格（A. C. Flagg）才提交了一份对于其他

第二章
州政府的危机

州政府的调查报告,他对州政府债务的保守估计规模令人震惊。1820—1830年的10年间,美国州政府的贷款总额为2 600万美元;在接下来的5年内,新增贷款总额高达4 000万美元;再接下来的3年,即1836—1838年期间,贷款总额超过1亿美元。在极短时间内,美国州政府的累计债务规模已经相当于俄国、普鲁士和荷兰的债务总额。

当1839年经济局势不稳时,州政府债务的巨大增幅才引起人们的关注。1839年12月,伦敦债券交易员亚历山大·特洛特(Alexander Trotter)发布的一份长篇报告警告人们,很多美国州政府的工程可能无法产生足够收入来归还贷款:"这一天很可能正在接近,届时我们需要做出判断,预计州政府参与的各类项目可能产生部分坏账还是会彻底失败,面临这种境况的州政府应该会通过增税来维持其信用度。"投资者们谨慎看待"美国快速发展的民主原则"。[4]特洛特认为,大多数选民可能会忽视所在州的"真实利益",不愿接受增税。

美国和英国的金融家们还在努力增强人们对州政府债券不断减少的信心。在美利坚合众国银行主席比德尔和该行的伦敦代理人塞缪尔·若东(Samuel Jaudon)的鼓动以及伦敦巴林银行(Barings Bank)的资助下,马萨诸塞州参议员丹尼尔·韦伯斯特(Daniel Webster)在1839年年中开始了为期三个月的英国巡访。《纽约先驱报》曾预测,此次访问将会"有助于销售存货"。[5]但韦伯斯特前往伦敦还有其个人因素,他想要把自己在西部地区投资的1.5万英亩土地卖掉,其中包括一块位于伊利诺伊州新建的连接伊利诺伊河和密歇根湖运河口的土地——"这是一个非常重要的中心地带,"韦伯斯特对若东说,"日后必然会成为最重要的一个地区。"[6]

韦伯斯特安抚英国投资者称,违约"是对公众信任的公开违背,必然会遭受惩罚,落下不守信誉的臭名,这是任何一个州政府都不会允许发生的事情"。[7]在访问英国期间,韦伯斯特还卖掉了自己价值20万美元的资产。不过,对美国证券的需求依然疲软。1840年2月,当宾夕法尼亚州——当时被认为是实力较强的一个州——未能按期偿还贷款时,投资者的信心进一步动摇。在下一艘汽船带来宾夕法尼亚州已从美国银行贷款以偿付英国债权人的消息前,伦敦的投资者们感到"既意外又惊恐"。[8]

作为拉动市场信心的最后手段,巴林银行建议,若州政府债券违约,联邦政府应当为投资者提供担保。巴林银行认为,联邦政府的担保会令英国资本愿意安心投向美国。尽管辉格党友善地接受了这一建议,但该建议却遭到民主党的猛烈抨击,被指为让联邦政府承担外国银行损失的计谋。1840年3月,民主党占多数席位的参议院通过决议,否决了联邦政府为州政府负债兜底的建议。

1841年7月,州政府金融体系彻底崩溃。从密歇根开始,美国各州陆续爆发无法如期偿还贷款的情况。这与

第二章
州政府的危机

15个月前宾夕法尼亚州的延迟还款不同,即便在投资者被迫免除大部分债务后,密歇根州仍需要数年时间才能重新开始还款。在接下来的17个月里,又有7个州和1个领地(佛罗里达)相继发生违约。1842年12月时,整个美国有1/3的地区都拒绝向它们的债权人负责。

首先宣布违约的密歇根州,也是最后加入联邦的州。1837年1月被纳入联邦的密歇根州共有17.5万人,大部分人是在过去3年内刚迁徙到这里。1836年,"密歇根热潮"大行其道,那一年里,密歇根向定居者出售的公共土地数量比1833年整个国家的土地出售量还要多。密歇根州的新宪法明确要求州政府支持、鼓励本地改造工程,并指出议会有责任"尽快以立法形式确立公路、运河及航运线路有关改造工程的合适目标"。[9]

州议会议员的首要任务是在海拔较低的密歇根半岛地区修建公路,令伊利湖和密歇根湖之间可以实现快速运输。争论的焦点落在应当采用何种运输方式——铁路还是运河,以及运输路径应位于什么海拔高度。1837年3月,议员们以批准修建一条跨州运河和三条跨州铁路的方式,同时回避了两大争议——结果是,在长达100英里的带状区域内要修建四条运输路径,铁路和运河加起来有近1 000英里。工程预计花费500万美元,相比密歇根州的税基资产不过4 300万美元而言,500万美元是一个相当巨大的金额(而后来的实际花费比 500 万美元还要高出几百万美元)。不过,密歇根州的议员们并不打算用税款来修建这些工程,在伊利运河建立了成功范例后,他们可以通过贷款来筹集全部所需资金,再以运河和铁路的收入来偿还贷款。

不过,密歇根州决定冒险的时机并不算好。1837 年 3 月,美国金融市场刚刚经受大恐慌的冲击,当密歇根州州长史蒂文斯·梅森(Stevens T. Mason)抵达纽约市洽谈贷款时,根本没法找到有兴趣的投资者。伦敦和阿姆斯特丹传来的反馈也令人失望。直到 1838 年 6 月经济开始复苏时,密歇根州才终于等到再次出售债券的机会。该州选择尼古拉斯·比德尔的堂兄掌管的一家著名的新泽西银行——莫里斯运河和银行公司(Morris Cand and Banking Company)作为其债券销售的代理。在接来下的 6 个月里,密歇根州从该代理行手中拿到了从投资者手中融来的 130 万美元。1838 年 7 月 20 日清晨——"这一天将成为密歇根人史上最骄傲的一天。"[10]《底特律日报》(*Detroit Journal*)写道,人们鸣炮庆祝跨州运河的开通。

然而,1838 年的经济复苏并不稳固,这年秋天,梅森州长犯下了一个致命错误。莫里斯运河和银行公司报告称,英国的银行对美国证券的态度变得"很悲观",已经没法按原先的条款继续出售密歇根州债券。但美利坚合众国银行以及莫里斯运河和银行公司自身,对市场的看法仍

第二章
州政府的危机

然比较乐观,它们打算以面值买下剩余的 370 万美元债券,两家银行允诺在 4 年内分期支付款项。"这已经成为一个问题,"1839 年 1 月,梅森对密歇根州州议会表示,"我们是要接受这份合约,还是停下改造工程。"[11] 两个月后,梅森接受了合约。

不幸的是,东部的银行家们错判了市场形势。1839 年 10 月,当美利坚合众国银行宣布无法再兑换铸币时,该行已经明显很脆弱。梅森派密歇根州的银行监理前去费城取消 3 月接受的合约,并取回该州的债券,但为时已晚:美利坚合众国银行已经把债券抵押给英国和荷兰的银行以获得贷款,1841 年 2 月倒闭时也未能付清对密歇根州的应付款项。莫里斯运河和银行公司也卖出了其持有的密歇根州政府债券,但同样未能付清尾款。

1840 年末,密歇根州已经陷入困境。显然,该州没能收到两家银行允诺的款项。其他收入主要来自中部及南部铁路已经完工的部分,这些收入也大幅缩水。密歇根州已经采取措施削减支出,州议会放弃了运河和北部铁路工程,州政府以土地或州政府债券与承包商结清工程款。然而,密歇根州的金库已经空了。1841 年 7 月 1 日,当州政府债券 500 万美元的利息支付日到来时,密歇根州不得不宣布违约,1842 年 1 月,该州再次未能如期支付利息。

在密歇根州内部,很多人反对继续背负那部分融资额从未到账的债务。1842 年 2 月,赞成还款的议员们提出一项动议,要求废弃"拒付债务的原则",但未能通过。众议院承诺只对"至少提前一天……向州财政部提出的要求"[12]进行支付。一周后,州议会宣布密歇根州将不再对那些自己尚未获得款项的债务承担责任。

1841年7月,密歇根州的邻居——印第安纳州也宣布违约,该州加入联邦的时间更早一些——1816年被纳入,其开展本地改造工程的历史也更久。1825年伊利运河完工时,印第安纳州州议会即计划修建沃巴什—伊利运河,以连接莫米河和沃巴什河,令伊利湖和密西西比河可直接通航。1834年,这一运河工程正式启动。

然而,印第安纳州人怀揣着更大的野心。1836年,州议会通过了《猛犸象州内改造工程法案》(*Mammoth Internal Improvement Act*),建议修建其他运河、公路和铁路,形成覆盖整个州的运输网。类似于威斯康星计划——用三条铁路和一条运河覆盖低海拔的半岛,猛犸象体系也是州议员们互投赞成票的结果。之所以能够通过,是因为这项法案中,每一个重要选区都有一个项目,并且所有项目都在同一时间动工。"这项法案刚一通过,印第安纳波利斯是怎样一副场景啊!"一位印第安纳州州议员回忆道,"大家一片欢呼,到处灯火通明,人们涌上街头像在庆祝一个盛大的节日。在不同地区放烟火时,有两三个人不幸遇难,那是具有牺牲精神的奉献!几天之后,人们

第二章
州政府的危机

举行了盛大的舞会来庆祝法案的通过,人们沉浸在音乐、美酒美食中,尽情跳舞。"[13]

好景不长。印第安纳州也以惯常做法,通过发行1 000万美元州政府债券为猛犸象法案的实施提供资金,很大一部分出售给莫里斯运河和银行公司,再通过其转售到伦敦市场。当时有消息称,贷款安排中有腐败行为——负责的一位印第安纳政府官员同时是莫里斯运河和银行公司的股东,他从银行方面收取了一笔佣金,不过,这并非融资计划的唯一障碍。和密歇根州的情况一样,莫里斯运河和银行公司承诺以分期付款的形式支付购买债券的款项,而当该行破产时,仍然结欠印第安纳州超过200万美元。

随着收入急剧下滑,印第安纳州陷入危机。几乎所有运河和铁路工程被迫暂停,州政府以自己发行的债券而不是现金与承包商结算。与此同时,州议员也暂时同意提高税收。印第安纳州的情况要好于密歇根州,这里的人口和税基资产规模是密歇根州的3倍,但这里的人们同样反感增税。事实上,1839年,州议会为了安抚选民而将房产税税率减半。"我们应当尽可能地照顾我们的公民,"新当选的民主党州长塞缪尔·比格(Samuel Bigger)在1840年12月说,"直到他们解决自己的债务压力。"[14] 1841年,州议会被迫取消税收优惠,但却发现收上来的税款几乎全都是州政府发行的债券,而州政府没法用自己发行的债券向债券持有者支付利息或还款。

州议会决定,继续借款是偿付债券持有者的唯一方式,但不幸的是,当时的市场并不愿意接受以面值出售的印第安纳州政府债券。面值1美元的猛犸象债券,市场交易价格仅16美分,而如果以同样的折扣幅度出售新发的债券,将会导致州政府债务规模爆棚。于是,印第安纳州决定对现有债务违约。

比格州长坚持认为印第安纳州没有拒付债务。他说,"不应受到责备的无力偿付和为了逃避债务而做出的违约"[15]之间有很大不同。比格还提醒印第安纳州人,债务安排中爆出的腐败丑闻已经让债券发行变质,并声称该州是"事先策划的舞弊和强迫事件的受害者"。[16]比格认为,投资者也有错。毕竟,如果不是获得信贷如此容易,印第安纳州永远不可能这样随意地贷款。

和其他州一样,马里兰州的改造工程政策也是在可能落后于邻居的担忧的驱动下推出,州议会也一样不愿意在各项建议中做出困难的取舍。其他州带来的威胁显而易见。伊利运河已经让纽约市成为东部海岸的最重要的内陆贸易中心,宾夕法尼亚州议会的回应是,批准修建连接费城港口和匹兹堡俄亥俄河的铁路和运河工程。马里兰州需要类似的计划,让切萨皮克湾成为供内陆贸易选择的另一个东部中转港。

马里兰州政府支持的头两个重要工程就是切萨皮克

第二章
州政府的危机

和俄亥俄运河。计划是在马里兰西部,令切萨皮克海湾口至坎伯兰的波托马克河河段达到通航标准,然后在匹兹堡连接坎伯兰和俄亥俄河。这在马里兰州并不是一项新计划。早在 1828 年,切萨皮克和俄亥俄公司(Chesapeake and Ohio Company)就已经在联邦政府、马里兰州和弗吉尼亚州政府的资助下,着手推进该工程。然而,工程比预期的更加困难,1834 年,切萨皮克和俄亥俄公司破产。杰克逊政府拒绝提供更多资金,项目依靠马里兰州政府的 200 万美元贷款继续缓慢推进。

在切萨皮克湾北部的巴尔的摩,商人们把这条运河视作自己所在城市发展为贸易中心的威胁,因此,他们支持另一项计划:从俄亥俄河发源地往东到达巴尔的摩的铁路工程。州议会决定购买与运河工程投资额同等金额的巴尔的摩和俄亥俄铁路公司(Baltimore and Ohio Railroad Company)的股票,该铁路工程同样早在 1828 年就已经开工。铁路工程的情况比运河要好些,但仍然需要州议员们的进一步注资。

1836 年,公平对待的原则被进一步深入执行。运河公司也面临破产,要求马里兰州议会提供更多资金,预计连通坎伯兰的第一阶段工程需要 300 万美元才能完工。州议员们不愿意接受早期投资分文未赚的现实,于是批准提供新的资金。但议会政治要求铁路工程也应当获得同等对待,加上对其他公共工程的 200 万美元资助,州议会共提供了800万美元资金。

一开始,马里兰州的计划是出售政府债券,再以募得资金购买运河和铁路公司的股票或债券。然而,1837年6月,马里兰州的政府代表到达伦敦、阿姆斯特丹和巴黎时,距离市场恐慌刚刚爆发仅仅几周时间,他们根本无法找到买家。回到巴尔的摩,代表团想到了另一个解决方案:他们用政府债券交换运河和铁路公司的股票和债券。1838—1839年,两家公司自己在美国和欧洲把债券卖了出去,但基本都要提供很大幅度的折让。巴林银行是马里兰州政府债券的主要销售代理,它一再向投资者保证,两个工程都不会亏损,即便在最坏的情况下,马里兰州的纳税人也会全力以赴,接受增税。

到1841年时,马里兰州的负债规模已经达到1 400万美元,每年的利息负担高达60万美元,大约是州预算总额的2/3。人们原本期望州政府对运河和铁路公司的持股获得的收入足以负担这些支出,但1841年,州政府从这些投资中实际获得的收入只不过5万美元。仅仅依靠缩减政府开支已经无法筹措足够的资金来填补这一缺口。自1824年以来,州议会头一次批准征收少量房产税,但在实际征收时心有余而力不足。州政府只能继续借贷,直到市场不愿意再接受任何其发行的债券,1841年10月,马里兰州最终宣布违约。直到1848年1月,马里兰州才重新开始偿还债务。[17]

第二章
州政府的危机

阿肯色州也在1841年10月违约,它是第一个违约的南部州政府。紧随密歇根州,1836年,阿肯色州也被纳入联邦,并且和密歇根州一样,该州宪法也规定州议会应积极干预经济发展——通过允许设立两家州政府支持的银行。阿肯色州银行(The State Bank of Arkansas)是该州的金融媒介,承担着"在每一个县根据议会代表人数"提供贷款的责任,而阿肯色州房地产银行(Real Estate Bank of Arkansas)则负责推广该州"重要的农业利益"。[18]两个银行获准通过出售州政府担保债券筹集300万美元作为营运资金。

这在当时被视为一项无风险建议。正如一个议会委员会在1836年所指出的,两家银行本质上是阿肯色州的赚钱机器:"从外国投资者那里套取财富已经成为其他州的政策……我们认为,如果没有更好的条款,阿肯色州起码也能够以年息5%的成本借到所需资金。以8%年息贷出的资金,能够让州政府赚到3%的差价……不到20年,这中间的累计差价就足以偿还全部本金。"[19]1837年,阿肯色州房地产银行董事长向州议会保证,该银行"永远不会被要求偿还这些债券的本金或利息"。[20]该行的资产,包括土地抵押贷款都是"全美国质量最高的,并且这一地区的棉花生产必定会让这些资产继续增值"。[21]

"设立这家银行的绅士们,"1906年,一位阿肯色州金融家表示,"忽略了一个事实——银行体系受到冲击后,花费数年时间仍未完全复苏。"[22]开始的计划是让两家银行在伦敦出售它们的债券,但在1837年这根本是不可能完成的任务。当1838年市场状况略微好转,大部分债券都出售给了一家纽约银行——北美信托和银行公司(North American Trust and Banking Company)。1839年10月时,阿肯色州的两家银行都已陷入困境,挣扎着支付其债券的首期利息。急于改善流动性的阿肯色州房地产银行把大部分余下债券折价卖给了北美信托和银行公司,尽管此举已经违反州法律。

北美信托和银行公司把自己持有的阿肯色州债券再转售给英国投资者,这些债券被包装成"优先偿付……有一个年轻、充满活力和成功的州政府的支持和资产担保"。[23]然而,1840年,当阿肯色州的两家银行无法如期支付利息时,投资者们非常沮丧。1841年初,两家银行均违约(两家银行均在1843年由州议会进行破产清算)。银行不愿意通过对其违约客户(贷款者)采取行动,因为那些抵押的土地现在已经不值一文。发行更多债券融资来支付利息的方案遭到银行的债券持有者们断然拒绝,他们转向州政府,要求其履行担保责任。

州长阿奇博尔德·耶尔(Archibald Yell)拒绝满足投资者的需求。耶尔是杰克逊派的坚定拥护者,于1840年当选,承诺终止银行体系对普通民众之"无情无义的暴行"。1841年10月,他告诉债券持有者们,州政府的担保

第二章
州政府的危机

已经失效,因为阿肯色州的银行误导了州议会,并且其行为已经违反州法律。"你误解了民众,"耶尔在给一位从北美信托和银行公司手中购买了阿肯色州房地产银行债券的英国银行家的信中写道,"如果你真的认为他们能冷静地接受增加税收,用税款来偿付证券交易经纪手上的担保债务,好让银行可以继续不受法律监管地、违背其职能地进行投机。"[24]"耶尔准则,"1842年,《伦敦时报》(*Times of London*)写道,"拒付债务的学名。"[25]

1841年10月,伊利诺伊州也宣布违约,这时,该州已经停止伊利诺伊和密歇根运河的施工。1839年曾把自己的土地兜售给伦敦投资者的丹尼尔·韦伯斯特,曾经承诺这项工程会给这片土地带来巨大增值。伊利诺伊州同时叫停了所有其他公共工程,但这些措施仍然无法避免违约。

改造工程的规模太大。1837年2月,伊利诺伊州议会批准了连接伊利诺伊和密歇根运河的南北铁路,以及连接南北主干的东西向铁路。州政府还获得授权,可以贷款800万美元,所有的改造工程同时进行。这就像一年前印第安纳州的猛犸象法案,不过,伊利诺伊州走得更远。抱着与阿肯色州一样的想法——通过海外低价融资再高价在本土市场贷出轻松赚取利润,该州还承诺对两家州立银行投资300万美元。反对政府管理公共工程和银行体系的州长约瑟夫·邓肯(Joseph Duncan)否决了整个计划,但又被州议会推翻。

市场的恐慌情绪打乱了伊利诺伊州出售1 100万美元债券的计划。1837年7月,邓肯以危机为理由,要求州议会废除改造工程的法条,但州议员们坚决反对。("我们希望,到此为止,以后不要再对我们值得骄傲的改造工程提出反对意见。"[26]斯普林菲尔德的《州志》(*State Register*)写道。亚伯拉罕·林肯(Abraham Lincoln)也是当时反对邓肯否决议案和废除法案的建议的议员之一。)邓肯的继任者托马斯·卡林(Thomas Carlin)私下里曾表示他"显然知道……改造工程最终会以失败告终"。[27]但对于是否要公开挑战州议员们,他仍然很犹豫。1838年,州议会再批准100万美元的公共工程投资。州政府官员亲自去纽约和伦敦讨贷款,常常要接受低于面值的售价。

1839年12月,卡林最终决定敦促州议会叫停工程。1840年1月,州议会极不情愿地默许了这一要求。这时,伊利诺伊州已经深陷1 000美元债务和60万美元的年利息之中,债息总额高达该州一般支出规模的6倍。从1840年至1841年,州议会一直在折腾——尝试出售州政府持有的土地、以州政府债券支付承包商、在纽约和伦敦安排短期贷款来支付利息。但到1841年10月时,州政府已经没有选择,只能宣布违约。伊利诺伊州各地的公共集会上,人们都在呼吁拒付债务。1842年12月,卡林州长

第二章
州政府的危机

在州议会的最后一次发言时警告债权人,伊利诺伊州无法履行其债务责任:"所有的贸易渠道全面受阻,各种商业活动几乎绝迹……这个国家的产品无法以任何价格出售……现在增税无疑只会让人颜面尽失和造成更多困难,并强加给人们根本无法负担的重负。"[28] 卡林说,伊利诺伊州甚至都无法偿付利息,债主们不得不接受他们永远无法收回本金的现实。

佛罗里达领地的经济发展主要依赖银行的支持。1835年,该领地批准为彭萨科拉银行(Bank of Pensacola)的一笔50万美元的新贷款提供政府担保,这样银行自身就可以买入刚获准建设的亚拉巴马、佛罗里达和佐治亚铁路的股票。1833—1838年,佛罗里达领地还批准佛罗里达联合银行(Union Bank of Florida)通过出售300万美元的领地债券来筹集营运资金。佛罗里达联合银行的主要目的是为种植园扩张提供支持,就像在南部各州一样,这被看作是一项简单、无风险的业务。在经济崩溃后,一位著名的佛罗里达人回忆说:"你想知道它是怎么运作的?……任何一个人都可以把自己的土地或者黑奴抵押,从银行获得相当于抵押品价值2/3的资金,再把资金投资到更多的土地和黑奴身上。棉花收成一两次就可以还上银行的贷款;所以你看,只要能正常周转就再好不过了,一觉醒来就富了。"[29]

1838年6月,佛罗里达联合银行的主席远赴欧洲,向伦敦和阿姆斯特丹的投资者出售最后一笔也是最大一笔佛罗里达债券。这笔债券得到了美利坚合众国银行的强力支持,该行向投资者们保证,佛罗里达的债券"和市场上的任何一笔债券一样稳健和值得投资"。[30]韦伯斯特代表领地议会为债券做出背书。美国银行家们允诺,贷款者抵押的资产价值是经过保守评估的,日后肯定会继续增值。"无论从哪个角度来衡量,现在的债券持有者都可以获得充分保障,"1839年2月,伦敦《纪事晨报》(*Morning Chronicle*)的金融记者总结道,"毫无疑问,佛罗里达是一个经济繁荣、正在起飞的地方。"[31]

但事实上,彭萨科拉银行和佛罗里达联合银行的管理都存在严重问题。贷款抵押资产的价值被大幅高估,贷款者自己常常浪费他们获得的贷款。一个议会委员会在1840年指出:"要想暴富,就把自己的土地、黑奴和马车装备都抵押出去吧……这就像在现实中经历科幻剧情。"[32]1840年1月,彭萨科拉银行宣布违约,佛罗里达联合银行则挣扎到1842年1月。欧洲债权人只能向领地政府寻求补偿。

但佛罗里达的议员们拒绝提供帮助。批准担保的领地政府由总统任命的州长和一个民选的小型委员会组成。1838年,委员会由规模更大的两院制议会机构取代。这一改变增加了反对金融家们的人数,也给议员们提供了拒

第二章
州政府的危机

绝承认担保的托词。1840年,新的众议院司法委员会解释称,向投资者做出承诺的领地政府实际上只是联邦政府的一个代理人,并没有反映佛罗里达人的真实意愿。领地政府试图"以佛罗里达人的名义行事,是篡权的表现,"委员会表示,"这些决定对佛罗里达人没有任何约束力。"1842年,佛罗里达议会的两院均表明姿态:领地议会从未"授权领地政府对投资者对领地的信心做出担保……任何已经做出的类似担保都是无效的"。[33]

有关州政府债务最充满仇恨的争论发生在密西西比州。近乎一个世纪之后,外国投资者们还在指责该州的行为,并试图通过法庭就拖欠债务的行为寻求补偿。密西西比的问题源自对州立银行的支持。1830年,该州批准设立种植园主银行(Planters' Bank),并以200万美元政府债券买入其大部分股份。1837年1月,密西西比州议会又批准设立第二家银行——联合银行(Union Bank),并投资了1 500万美元州政府债券。密西西比州宪法禁止州政府发行债券,除非1837年11月选出的下一届州议会再次批准同样的法案。1837年3月爆发的市场恐慌也没能说服选民或者议员们放弃,1838年1月,法案第二次通过。

1838年8月,新成立的联合银行向美利坚合众国银行出售了500万美元的密西西比州政府债券。当债券出售的消息传到密西西比州首府时,"人们极度兴奋,彻夜狂欢。夜晚被篝火和灯光照亮得像白天,枪鸣声、鼓声、喇叭声和疯狂的人群的叫喊声混杂在一起,让夜晚变得让人厌恶"。[34]大部分债券卖到欧洲,出售给那里的投资者或者被美利坚合众国银行作为贷款抵押品。

在密西西比州,人们的情绪极易受到猛烈的市场变化的影响。几年前,现在这些庆祝美利坚合众国银行购买州政府债券的人还一边倒地支持该行的死对头杰克逊总统。1839年底,当密西西比州的经济及两家州立银行濒临倒闭时,公众的情绪再次转变。州长亚历山大·麦克纳特(Alexander McNutt)的态度也随着充满挑战的政治氛围的变化而转变。1838年,麦克纳特不仅签署了设立联合银行的法案,还同意将州政府债券出售给美利坚合众国银行。然而,1839年末,麦克纳特开始指责种植园主银行和联合银行玩忽职守,要求其破产清算,并警告称州政府可能不会履行对两家银行出售的债券的担保。

第二年,麦克纳特攻击银行的行为进一步升级。1840年3月,他发出一份公告称联合银行违背了州政府设定的销售条款,因此州政府不会承认其出售的债券。1841年1月,麦克纳特重申其拒付债务的决定,他表示,密西西比州人永远不会支持那些打算通过征税来筹集资金偿还债务的人去代表他们的利益。无论如何,偿还债务的争议也只是密西西比州的银行及其海外债权人(例如罗斯柴尔德家

第二章
州政府的危机

族)之间的问题。麦克纳特对州议员表示,联合银行

> 已经把这些债券拿去抵押,以从罗斯柴尔德男爵那里获得贷款;他的身体里流淌着犹大和夏洛克的血液,并且比他们中的任何一个都更狠。他手上既有以墨西哥银矿为抵押品的贷款,也有以西班牙的水银矿为抵押品的贷款。他曾借款给高门(奥斯陆帝国),以圣城耶路撒冷和圣墓作为抵押品。因此,人们质疑他是否应该持有以我们的棉花种植地作为抵押品的贷款,让我们的孩子变成农奴。让男爵称一称若东先生和美利坚合众国银行的这块肉有没有够一磅,再让后者这个"我们国家的银行"称一称密西西比联合银行这块肉。密西西比州人不会牺牲自己的荣誉、公正和尊严掺和到银行家们的战争中去![35]

1841年,当两家州立银行都停止偿债时,争议上升到白热化阶段。7月,麦克纳特告诉荷兰投资机构希望公司(Hope and Company),密西西比州"永远不会偿还该州1838年6月发行的500万美元州政府债券,也不会再支付任何与之相关的到期利息"。[36]1841年11月选举期间,麦克纳特提出对拒付债务进行公投,最终赢得一个反对偿付债务的议员占多数席位的州议会。1842年3月底,定期邮船牛津号把消息带到了利物浦——密西西比州的议

员们在五周前投票决定拒付债务。

宾夕法尼亚州的违约是最轰动的。1841年末,该州背负的债务规模已经高达4 000万美元,超过任何一个州,仅每年的利息就高达200万美元,而整个州的收入还不足100万美元。

在危机到来前,宾夕法尼亚州已经深深沉浸在与纽约州争夺内陆贸易控制权的致命竞争中。历史学家艾弗里·毕晓普(Avery Bishop)在1907年写道,伊利运河的成功,"激发了其他州为保护自身利益而启动类似工程的需求"。1826—1835年,宾夕法尼亚州为修建公路、铁路和运河组成的交通网,共贷款2 500万美元,建成后这些运河将连接东部的费城和匹兹堡的俄亥俄河。但纽约州的地理优势"令宾夕法尼亚州从一开始就注定会输"。[37] 即使是在1835年,宾夕法尼亚州通过改造工程获得的收入就已经不足以支付利息费用。

1837年的恐慌气氛扰乱了宾夕法尼亚州的财政状况,导致利息被短暂延期支付,1838年,司库警告州政府该州再次面临赤字,但州议员们仍在继续借贷。杰克逊总统与美利坚合众国银行的战争让州议员更坚持故意与总统作对,继续贷款;1836年,当美利坚合众国银行需要州许可证代替即将过期的联邦许可证时,宾夕法尼亚州的议员们抓住了这个机会,以许可证换取该行再购买600万美

第二章
州政府的危机

元州政府债券的承诺。

宾夕法尼亚州比其他很多州更早尝试通过增税来偿还不断堆积的利息。1842年，该州的税收收入已经是1835年的两倍，但要解决财政问题仍然是杯水车薪。宾夕法尼亚州也曾尝试其他方法来避免违约。1840年4月，州议员强迫州立银行同意贷款300万美元，以填补财政赤字，但这时银行本身已经濒临破产。一年后，州财政部开始用小额救济券偿债，很多救济券再被拿来交税而回到州政府手中，偿付海外债务的能力丝毫没有改善。

1841年底，宾夕法尼亚州已经陷入绝望。费城商人西德尼·费舍尔（Sidney Fisher）在12月初的日记中记道："拒付债务的做法迅速普及，很多媒体和重要的政客们公开大胆地为其辩护。"[38]12月晚些时候，在费城法庭所在地召集的一场公共集会上通过了一项决议，否认宾夕法尼亚州担负着偿还"所谓的州政府债务"的任何"道德、法律或政治责任"[39]。1842年初，州政府从1月份破产的美利坚合众国银行的资产中挤出一部分如期支付了利息。1842年8月时，财政部手里除了自己发行的救济券什么也没剩下，宾夕法尼亚州最终违约。"整个州被吞噬得干干净净，"宾夕法尼亚州斯梅斯波特当地报刊的一名记者写道，"只能眼睁睁地拒付债务。"[40]

在9个违约的州中，路易斯安那州是在债务规模最大的宾夕法尼亚之后最后一个宣布违约的州,1842年时,该州负债规模高达2 400万美元。大部分债券都销往欧洲,筹集的资金用于支持三家州立金融机构:种植园主联盟(Consolidated Association of Planters)、公民银行(Citizens Bank)和联合银行(Union Bank)。这些银行受到经济危机的冲击,但直到1842年11月,《伦敦时报》还称赞这三家银行"挣扎着支付了它们的分红"。[41]报道称,州长安德烈·罗马(Andre Roman)已经向债权人保证他们"永远不会后悔对路易斯安那州的信任"。[42]

《伦敦时报》的赞许显然给错了对象,这份报纸并不知道,1842年10月,路易斯安那州政府就已经强行清算了种植园主联盟和公民银行。1843年1月,英国投资者得知没有一家银行有能力继续偿付债务。联合银行一直挣扎到1844年年中,彼时,它不得不通知巴林银行无法偿付来年11月到期的债券本金。英国投资银行认为银行违约之后,州政府应当立即担负起偿还债务的责任。但路易斯安那州议员们不这么认为,他们坚持认为投资者应首先从被清算的银行资产那里获得补偿。州议会后来考虑到银行未来起死回生的可能性,达成妥协方案,允许种植园主们以比较有利于他们的条款赎回抵押资产。州长罗马努力安抚债券持有者。"路易斯安那州不会在自己的责任面前退缩。"他在1843年1月时说,"我们必须维护本州的名誉。"[43]然而,在伦敦,巴林银行已经告诉投资者,路易斯安那州政府的行为对其债券持有者来说是"灾难性的"。[44]

1843年1月之后,再没有其他州违约,但在此前一年半时间里造成的伤害影响极大。1839年,丹尼尔·韦伯斯特曾向英国投资者保证,没有任何一个州会冒着"丧失名誉和蒙羞"的风险让债券违约。然而现在,9个政府——累计负债规模占私人持有的全美政府债务总额的2/3,全都无法按期支付利息、试图回避债权人或者干脆拒付债务。大西洋对岸的投资者们瞋目切齿。

在欧洲颜面尽失

洋基傻小子来借现金,
洋基傻小子花光了钱,
在借来的漂亮公寓里
他高兴地打着响指。
问他打算什么时候还钱,
他一点也不犹豫,
但说他会找到捷径,
那就是死不认账![45]

(《文学报》(*Literary Gazette*),伦敦,1845年1月)

当美国州政府一片混乱时,世界金融中心的情绪也很低落。"消息传来时我正在英格兰,立刻就被美国人无法支付自己债券利息的消息震惊了。"1843年,詹姆斯·汉密尔顿(James Hamilton)告诉一群密西西比人。汉密尔顿是南卡罗来纳州的前任州长,卸任后留在伦敦,成为负责出售新成立的得克萨斯共和国债券的代理人,而那时,没有人愿意购买,整个伦敦已经被恐慌情绪挟持。一位上了年纪、靠领退休金度日的英国人曾和汉密尔顿搭讪,他把全部积蓄都投在了密西西比债券上。"我安慰着这个退休的老人,突然间也变得像他一样敏感,我告诉他只要上帝还在,密西西比州政府债券的一分一毫,不论利息还是本金都一定会被还上。"[46] 汉密尔顿真的错了,密西西比州再也没有还过一分钱。

大批美国债券的投资者们"很自然地陷入极大的痛苦中",美国驻伦敦大使爱德华·埃弗里特称。"很多人因为投资美国债券,毕生所得和赖以生存的养老金都灰飞烟灭。人们很自然地希望通过媒体发泄内心感受。"[47]《伦敦时报》报道,"最完美无瑕的美国绅士也被拒绝进入伦敦最大的俱乐部,只因为他的国家没有履行自己的责任……不难想象,类似的例子还在其他地方发生。我们了解到,人们并不会区别对待个别个体,现在整个美国都已经沾满污点。"[48]

违约的州政府被禁止进入金融市场已是意料之中。但没有违约的州政府以及联邦政府本身,也面临可能无法

第二章
州政府的危机

获得贷款的状况。在最初的违约爆发后不久,约翰·泰勒总统在国会面前的首次年度演说中,敦促海外投资者注意到每一个州都是独立自治的,"不应影响到其他州的信誉……外国金融家们不应该仅因一个或多个州政府未能按时偿付他们的债务,就要对所有其他州政府的债券持警惕态度"。[49]

年度演说的内容很快传到伦敦,但投资者并未理会。1841年12月,伦敦巴林银行的美国贸易主管约书亚·贝茨(Joshua Bates)对该行在波士顿的代理透露,"悲痛万分的"英国投资者们"已经把所有美国证券拉入黑名单,我们大概永远都无法再卖出任何美国证券……因此我决定(可能最好不要公开)不再销售任何美国证券……再做下去只是浪费时间"。[50]巴林银行的头号竞争对手罗斯柴尔德家族对美国证券更加冷漠。这家家族银行伦敦分行的合伙人安东尼·罗斯柴尔德(Anthony de Rothschild)催促他的兄弟们出清所有美国投资。"赶紧远离那个该死的国家——尽量保证不要亏损。这是整个世界上最讨厌、最臭名昭著的国家,我们必须出清所有投资。"[51]

一些美国人相信,英国投资者是故意让美国所有的政府承担连带责任,即因未违约的州没能采取措施阻止其他州走向违约而有意惩罚前者。埃弗里特也认同这一论调,还有证据支持他的观点。佛罗里达威胁否认债务后不久,英国的一份地区报纸警告其他州政府应当"抗议、阻止这种不公正的罪行……我们能做的只是扔给他们一个暗示,即大西洋对岸的金融家们是不会去区分哪些是守信的州政府,哪些又是否认债务的州政府的"。[52]《伦敦时报》也表示赞同,"美国那些诚实守信的部分一再强调自己并未与否认债务的州政府同流合污是没有用的,这无法证明他们的清白,他们都是同一个国家的公民,而这个国家认为否认债务是无罪的行为"。[53]

对英国投资者的行为的一个更贴切的解释或许是,他们没有认识到美国债券之间的不同,或者说对于任何违约都感到同样绝望。巴林银行的美国代理托马斯·沃德(Thomas Ward)请求身在伦敦的贝茨看清不同州政府债券之间的区别,但贝茨表示这无关紧要。"远在英国,人们看不到那些本地的细微区别,他们会认为如果密西西比州会否认债务,那么马萨诸塞州也会一样,所以美国所有州和联邦政府都会因为同一个理由被摒弃。"[54]一位英国大使也承认大部分投资者并不会区别对待不同的州:"他们确实忽略了这些州之间存在不同,但这并不是也不可能是阴谋。"[55]即使是《伦敦时报》也承认,大部分投资者"甚至都不了解联邦政府下不同州政府之间最基本的区别……大多数人显然不会对此有所了解,但即便是那些购买外国证券的人也普遍忽略了这一点"。[56]

最低点在1842年到来,彼时,美国政府尝试向欧洲投资者出售自己的债券。联邦政府的信用记录无懈可击:

第二章
州政府的危机

如期还清了1812年战争期间累积的债务,在此后近10年时间里基本保持零负债。美国和英国媒体都把此次联邦债券销售看作是试水市场。"在这些纸片(债券)被欧洲接受之前,美国公民任何重塑其信用的努力都是徒劳的。"[57] "贷款的金额微不足道,"爱德华·埃弗里特说,但是"在这个全球金融市场中最重要的大都市"[58]没有一个人愿意下单。美国代理人"求遍了欧洲所有的交易所"[59],最后不得不绝望地放弃。罗斯柴尔德家族的拒绝尤其直接。"你可以回去告诉你的政府,"该家族法国银行的主管詹姆斯·罗斯柴尔德(James de Rothschild)说,"你已经见过欧洲金融市场的主事人,他已经告诉你,一美元,一美元也借不到。"[60] 这个故事在伦敦流传的版本让美国显得更加软弱无力。"他们不可能发起战争,"媒体报道引用罗斯柴尔德的话称,"因为他们一美元都借不到。"[61]

信用问题很快蔓延到其他领域,转变成深层次的文化问题。英国浪漫主义诗人威廉姆·华兹华斯(William Wordsworth)引领了这一变化。1839年12月,华兹华斯向费城的一位旧相识亨利·里德(Henry Reed)透露:"很多我最重要的朋友可能会受到美国经济混乱的影响。"华兹华斯自己家就投资了密西西比州政府债券。"在英国,眼光敏锐的人们普遍认为,在钱的问题上不能相信美国,我猜大概是因为美国人的荣誉感更加迟钝,他们的责任感被分割成了那么多份。从我自己而言,我并不支持绝对的独裁统治,不过如果独裁政府能更容易叫停工程以维护其信用,那就另当别论了。"华兹华斯甚至已经开始准备创作《西方世界的人们》(Men of the Western World),这首诗很快收录在他"献给自由和秩序的十四行诗"(sonnets dedicated to liberty and order)[62]中发表:

> 西方世界的人们！在命运的暗卷中
> 皆因翻开了这预言厄运的鄙俗章节
> 想想你们的英国祖先
> 心怀愤慨而背井离乡;
> 不屈的颈上缰绳荡动
> 是为了给后代心中的澎湃之情
> 换来更自由、更广阔的出口,
> 还是为了给暴政致命一击?[63]

这首诗1842年4月在纽约出现,被一本文学杂志称赞为"一种痛苦情绪的自由表达,反映出自由也可能倒退为放肆"。[64]华兹华斯所言对于美国文人拉尔夫·瓦尔多·爱默生(Ralph Waldo Emerson)影响重大——爱默生刚刚写下,在美国文坛"华兹华斯的名望是不争的事实"[65],很多人认为华兹华斯是同情支持美国的民主制度建设的。因此,《西方世界的人们》让人们感到震惊和无法接受。波士顿诗人帕克·本杰明(Park Benjamin)写了一

第二章
州政府的危机

首富有同情意味的回应诗:

> 如果宾夕法尼亚拒绝支付,
> 如果印第安纳做出遥遥无期的允诺,
> 如果伊利诺伊和密西西比
> 如大无畏的违约者般行事,忏悔现实,
> 如果马里兰暂停法律偿付20年甚至更久——
> 除了名义罪责,真正担责的并非他们,
> 尽管借款已为其贴上盲从之名。
> 我们是指责的对象,我们的声誉和荣誉尽失,
> 他们这些骗子让整个国家付出代价。[66]

这一回应并没起到多大的缓解作用。1843年,华兹华斯写信给维克斯堡的一位辉格党政客萨金特·普伦蒂斯(Seargent Prentiss),哀叹其家庭在密西西比州政府债券投资上遭受的损失:

> 我在这些债券投资上的个人利益,并不仅仅涉及投入的资金,还有这些资金的所有者的个人境况——华兹华斯夫人的一个哥哥和一个姐姐,两人均年事已高,其中一个还有一大家子要养活;而且因为种种不幸,两人现在的生活状况都很拮据。另一个投资者是我唯一的女儿,她也嫁给了一位运气不好的绅士……

> 除了耐心和希望,他们一无所有……对我的亲戚们来说,在这样的情况下,时间已经变得毫无意义,两个人最终最可能的结果只是安慰性的补偿,可怕的是他们可能等不到这笔补偿就已经去世了。[67]

华兹华斯写给在费城的里德的信中说,他尤其对宾夕法尼亚州的违约感到担忧:

> 它是世界上最富有的地区之一,而现在却整个深陷道德问题。绝大多数受过教育的人仍然真切地希望妥善对待债务问题,但他们的人数不及内心丑陋的多数普通大众,在一个像你们这样的民主机制中,后者总会有更明显的影响力……我深深地为这样的选举权普及而带来的耻辱,以及一国之中自治政府的发展产生的消极影响感到痛心。[68]

1845 年,现在被看作是英国桂冠诗人的华兹华斯又写了一首以秩序和自由为主题的十四行诗,内容更加尖刻。华兹华斯在《给宾夕法尼亚州》(*To the Pennsylvanians*)的诗中写道:

> 对宾夕法尼亚州怀有记忆的人们
> 为这片刻有他名字的森林而痛心,

第二章
州政府的危机

这带着高尚目的而深情地刻下的名字,
被文明倒退的人们所抛弃、否认。
州政府的耻辱气息已从猛犸象的丑恶洞穴
飘散到这片土地上空。[69]

不过,在1845年时,这还只是轻微的影响。英美文学领域的另一支重要力量已经对宾夕法尼亚州做出更加轰动的攻击。英国国教牧师西德尼·史密斯(Sydney Smith),是伦敦圣保罗大教堂的教士,同时也是辉格党中的改革派,是他那个时期最受尊重的作家之一——被一份美国杂志誉为"英国最机智的人"。[70] 史密斯也不幸地成为宾夕法尼亚州政府债券的持有者之一,1843年4月,他向美国国会提交了一份请愿书,请求就"毫无借口、史无前例地不守信用的行为"提供补偿。史密斯认为,美国人已经在整个欧洲大陆上引发对民主制度的敌意:

> 美国人,总是吹嘘自己改进了旧世界的体制,殊不知,其犯下的罪行也带来同等的坏影响。一个做出严重欺诈行为的伟大国家,无异于欧洲历史上最劣等的国家或者最臭名昭著的国王……遭到每一个欧洲国家的拒绝是何等哀伤的现实,没有人愿意与这个国家达成合约,因为你没有遵守合约的能力;社会生活充满不稳定因素,人们不知道什么叫遵守信用,人们

宁愿变得声名狼藉,不论臭名的影响有多恶劣,也不愿意承担任何税收压力,无论这税收增加幅度有多小。[71]

史密斯的请愿书被大量复印,在整个英国传播开来。一份著名的英国保守党杂志讽刺改革派,在美国这个"民主骗子"[72]身上蒙受损失。《庞奇》(*Punch*)发表了一首明显出自宾夕法尼亚州记者之手的诗:

> 看西德尼·史密斯,那可怜的笨蛋,
> 对我们充满了敌意,
> 要证明我们无可媲美的
> 借款计划是偷窃!
> 不过,就让他口出狂言吧,
> 我们明天会继续尝试,
> 谁还在做美梦
> 以为我们会偿还贷款?[73]

美国媒体也报道了史密斯的请愿书内容,不过美国人的反应是分裂的。很多政商界精英重视其与大西洋对岸的联系,史密斯的批评让他们如坐针毡,但打算承认事实正是如此。一个有利因素是,史密斯仍被视为具有同情心的自由主义者——正如一份美国杂志所言,是"这个国家

第二章
州政府的危机

长久以来的保护者"。[74]《银行家杂志》(Bankers' Magazine)总结说,史密斯做出了"一个最严重但合理的申诉"。[75]但大众传媒普遍反感史密斯的批评。1843年8月,《伦敦时报》的美国记者写道,史密斯的请愿书已经令"愤怒骤然迸发,遭到那些为生计而不得不迎合大众情绪的记者的唾弃"。[76]

批评史密斯的美国人做出了三点机智的回应。首先是史密斯错误地诋毁民主机制;毕竟,其他州政府仍然按时还款,而过去也有很多君主制国家发生违约的例子。第二点是史密斯实际上不过是一个不满的赌徒。英国债券风险更低,但回报只及美国债券的一半;史密斯不会不知道"(宾夕法尼亚州政府债券的)收益更高正是因为其风险更高"。[77]不过,事实上,也是第三点,史密斯大概并没有弄清楚自己到底把钱投到哪里去了。其实很显然,很多英国人并不明白美国的联邦制度到底是怎样的,他们按照对自己政府的理解来看待美国的联邦制度:单一、高度集权的政府。尽管泰勒总统在1841年演说时强调,联邦政府不为州政府的债务承担责任,但理应比大多数人获得更多信息的史密斯,仍然把请愿书交给了美国国会,而不是位于哈里斯堡的州议会。

史密斯的同胞们也犯了同样的错误,在他们的想象中,生活在没有违约的州的美国人一定会感到羞耻,或者有能力说服违约者改变做法。"我发现我自己和这个国家的其他人,遭到同样的指责,"一个波士顿人写道,"因为和我们组成同一个联邦的其他人,比如在宾夕法尼亚州和密西西比州的那些人拖欠债务。然而,我什么也做不了……你不能指望……一个州会为另一个州偿付债务,或者让联邦政府为任何一个州偿付债务。在借钱时,各个州之间的区别已经很清楚,有些州政府债券的利息明显更高。"[78]《伦敦时报》的一名驻美国记者也认同,联邦政府无法"有效干预州政府的行为……(美国人)并不能理解所谓的国家丑闻,因为对他们来说,并没有国家的概念;在一个纽约州的居民看来,密西西比州拒付债务对他所在的州毫无影响"。[79]

1843年末,史密斯私下里写道:"我的炸弹成功在美国引爆,死伤无数。每天我都会收到问询的信件,他们叫我怪兽、小偷、无神论者或者自然神论者等等。"[80]而在公众场合,他继续投掷手榴弹。"在伦敦,如果晚饭时让我遇到一个宾夕法尼亚州人,我总会有抓住他,把他五马分尸的冲动。"1843年11月,史密斯在《伦敦时报》上写道:

> 把他口袋里的手帕分给孤儿,把他的银表、百老汇戒指和他总揣在口袋里的伦敦指南送给寡妇。这样一个人怎么有脸在英国的餐厅里安然坐下,丝毫不觉得自己欠着周围每个人那么两三镑,我真的无法相信……事实是,所有资本家的注意力都已经从美国身

第二章
州政府的危机

上移开,他们(美国人)根本不懂商业经营……聪明的商人都在唾弃美国这个名字。

不仅如此,史密斯指出,美国目光短浅的做法也对其外交政策带来毁灭性影响。"每个国家的战斗力都取决于那3%(指发行债券融资)……而在世界上的任何一个角落,(美国人)都再也借不到一分钱,他们拔不出剑,因为压根没钱买剑。"[81]史密斯显然也听说了一年前詹姆斯·罗斯柴尔德对美国人的嘲笑。

现在,争议升级成为更高层次的外交问题。第二周,《伦敦时报》发表了达夫·格林(Duff Green)的反驳。格林是一个"粗鲁、粗俗、脸色发红的"[82]美国人,担任泰勒总统在伦敦的非正式外交大使。格林指责史密斯煽动对美国发起战争的情绪,并警告美国人已经准备好面对冲突,即便还无法从欧洲获得贷款:"在与相关富有的银行家们达成一致意见之前,欧洲各国的政府可能不会挑起战争;不过对美国来说就不一样了。"[83]史密斯反驳了格林的警告。"我所说的战争是指什么?"他回应说,"不是入侵加拿大——不是让大量士兵冲入俄勒冈州,而是持续四到五年,长期、单调的海上战争。谁会愚蠢地认为罗斯柴尔德与这样的战争无关?"[84]

史密斯的嘲讽传遍英国,也传到了美国,最终,美国驻英国大使爱德华·埃弗里特约见史密斯试图安抚他。史密斯说,埃弗里特几乎成功说服他相信宾夕法尼亚州会偿还债务——但这已经无关紧要了,因为史密斯已经以六折价格出售了债券。于是,他的口水战也由此结束。

另一个英国作家继续接棒。1843年,查尔斯·狄更斯一直在连载发行他的小说《马丁·瞿述伟》(*Martin Chuzzlewit*),小说也已在美国再版发行。1843年9月连载的这部分中,崭露头角的建筑师瞿述伟被一个美国代理欺骗,狄更斯笔下这个代理推销的城市一如他一年前到访的伊利诺伊州的城市开罗。两人看着一个虚构的城市——伊甸的模拟图:

> 多么繁荣的一个城市啊!充斥着各色建筑的城市!这里有银行、教堂、市场、工厂、酒店、高层建筑、大厦、码头、交易场所、戏院;在前往日报《伊甸蜇针》办公室的路上,还有各种各样的公共建筑;所有一切都真切地展现在两人面前的图上。
>
> "天啊!这真是一个最最重要的地方!"马丁叫道。
>
> "哦!它确实非常重要。"代理人看着马丁说道。
>
> "但是我有点担心,"马丁又看了一眼图上的那些公共建筑说,"可能没有什么我能够做的事情。"
>
> "哦,他们需要的不只是参与建造,"代理人回答说,"不全是。"

第二章
州政府的危机

10月,《民主评论》(*Democratic Review*)指出,《马丁·瞿述伟》"尖刻又恶毒……彻头彻尾地让人厌恶"。但狄更斯的批评还没有就此结束。1843年12月初,就在史密斯对格林最后一次笔伐的几天之后,狄更斯推出了自己的中篇小说《圣诞颂歌》(*A Christmas Carol*),在其中一章中,主人公艾柏纳泽·斯克鲁奇(Ebenezer Scrooge)在描述一张一文不值的商业票据时说道:"这就是一张美国证券。"[85]

限制州政府权力

> 一朝被蛇咬,十年怕井绳,而这个州的伤近乎致命。[86]
>
> ——印第安纳州制宪会议代表,约翰·佩蒂特(John Pettit),1850年11月

1840年底时,大部分违约的州政府已经重新开始偿还债务。宾夕法尼亚州、伊利诺伊州、印第安纳州和马里兰州分别在1845年、1846年、1847年和1848年再次开始偿债。1844年,路易斯安那州重新开始偿还部分债务,但再也没承认用于支持该州种植园主联盟银行发行的债券。密歇根州最终承认了那些已经收到全款的债券,但坚持对

其他债券持有人,仅偿还面值的 30%。密西西比州和佛罗里达州仍然坚持否认债务。阿肯色州也基本上站在同一阵营:该州否认了大部分债务,直到南北战争后才改变态度。

尽管因违约风险而要求更高的溢价,但欧洲投资者开始再次接受美国政府债券。宾夕法尼亚州政府年息 5%,面值 1 美元的债券,1842 年 9 月在伦敦的交易价格是 35 美分,1849 年 6 月时交易价格已涨到 80 美分,而印第安纳州政府面值 1 美元的债券,交易价格则从 1842 年 6 月的 20 美分涨到 1849 年 3 月的 52 美分。1846—1848 年与墨西哥的战争期间,联邦政府在欧洲出售债券融资已经毫无困难。不过,那些顽固的拒付债务的发行人仍然被金融市场拒之门外。

州政府重新开始偿还债务,对于激活伦敦和阿姆斯特丹的美国政府债市场起到非常重要的作用,不过,州政府的更进一步措施才最终重建海外投资者的信心。事实上,经济危机已经令州政府的结构发生重大变化,这种变化也不仅限于发生违约的各个州。随着美国人逐渐从经济危机中吸取教训,这些改变被反映在宪法、成文法以及政治文化上。海外投资者在美国政治秩序这场痛苦但重大的变革中也扮演着重要的角色。

这场变革的一个部分是州政府税收政策的改变。在

第二章
州政府的危机

危机前,州政府大部分的收入来自于其对银行、州内改造工程的投资、土地销售收入以及商业征费。美国人大都"反感"[88]房产税,因此多数州政府也尽量避免征收。马里兰州对"直接征税明显不满"[88],1824年,该州废除了房产税。1843年,一位社论作者注意到,马里兰州的"这一代"居民"根本不知道什么是州政府税收"。[89]这种现象不仅发生在马里兰州,其他很多州也没有房产税。在经济繁荣时期,被普遍接受的"无税收的州政府财政体系"[90]还算可行。

在大部分州,经济危机的到来,打破了大众反对系统性征收房产税的局面。典型的做法是,州议员们先制定很低的税率,只有在收入不足以偿债时才会提高税率。州政府的犹豫态度让投资者感到绝望,但即便是批评违约州政府的人也坦言,这种犹豫不决可能是无法避免的:"轮流执政的两党都意识到,突然大幅提高税收总会面临重重障碍。没有人会自愿接受,需要时间说服他们,让他们意识到这是必需的措施;他们需要时间去调整个人的事务和手上的资源以满足新的要求。"[91]

然而最终州政府的财政体系还是发生了全面变革。19世纪40年代,无论是违约还是未违约的州,房产税负担以及房产税占州政府财政收入的比例都大幅提高。"无税收体系"被彻底抛弃。

征收新的房产税为政府结构调整做了铺垫。1841—

1844年，由于州政府执行法律不力，马里兰州房产税的实际金额只是州议员预期金额的一半。收税的任务落在市、县政府身上，过去20年里，市政府和县政府都获得极大自治权。地方政府官员中，鲜有人积极完成收税这项工作，部分县政府甚至直接拒绝。马里兰州到处是反对征税的公共集议，他们声称征税"超出了人们可以承受的范围"。[92] 1844年，州议员们不得不赋予州政府更大的征税权力。在消极征税的县区，州长可以直接任命征税人员，并对拒绝征税的行为做出惩罚。收税的状况得以改善，尽管整个马里兰州仍然到处可见反对"毁灭性税收"[93]的抗议活动。

通过州政府主导的工程刺激经济发展的热情也逐渐减灭。起初还只是为了应对预算危机而做出的本能反应，而不是对政府角色审慎重估后做出的决定。因为没钱支付承包商，伊利诺伊和印第安纳等州很快停止运河和铁路工程，而路易斯安那州和阿肯色州则强迫州立银行破产清算来止损。部分州政府通过将公共工程私有化来解决政府的债务问题，但几乎没有工程能够以可观价格卖出。密歇根州用两条铁路来交换其富有争议的州政府债券。宾夕法尼亚州也出售了其在运河、铁路、付费公路和银行的股份，收回1/3的投资。

马里兰州提议，将州政府在运河和铁路的收益权交给债券持有者作为补偿，但遭到了投资者的拒绝。实际上，

第二章
州政府的危机

马里兰州政府要减持股权的行为本身已经反映出其对州政府投资企业经营不善的不满之情。1851年,马里兰州修改了州宪法,禁止州政府参与"州内改造工程或投资任何可能影响州政府信誉的企业"。[94]修订后的新宪法还禁止政府贷款,除非州议会已经批准足以偿债的新税收。其他五个违约的州也在宪法中明确了对贷款的限制。印第安纳州的限制最为严格,除非在战时,否则禁止任何形式贷款。其他州宪法规定了贷款限额,制定了批准贷款的特别程序,并且一般情况下禁止州政府为私人企业发行的债券提供担保。

不仅违约的州对州政府贷款做出这类限制。联邦中的其他8个州也在受到经济危机冲击时建立起对州政府贷款的限制,还有两个州也接近达成。"我希望可以看到州政府回归其基本、适当的职能,"1850年6月,参加俄亥俄宪法改革会议的一名代表说,"保护公民的权利但不要滥用权力。"[95] 1845—1861年间加入联邦的8个州中,有7个州都对政府贷款做出限制(坚决否认债务的佛罗里达是例外)。两个新成立的州——俄勒冈州和堪萨斯州,选择和马里兰州同样的做法,彻底禁止州政府参与州内的改造工程。南北战争爆发前夕,大家对州政府职能的理解已经发生翻天覆地的变化。经济危机令州内改造运动告一段落,诞生了一系列新的约束"令放任自由的原则在这片土地上流行开来"。[96]

是什么令州议会做出这样根本上的改变？有时，权益受到侵害的债权人可以请求法庭强制要求债务人履行还款义务；然而，持有美国州政府债券的债权人却不能这么做。他们的诉讼受到主权豁免原则的制约：正如大法官罗杰·托尼后来所解释的，这一原则令主权政府"不会在自己的法庭上被起诉……除非政府自己同意"。[97]

1839年，丹尼尔·韦伯斯特曾警告巴林银行，通常不可能在州法院提起诉讼要求州政府偿还债务。只有密西西比州和阿肯色州的法庭接受了这类诉讼，而即便是在这两个州，债权人获得的补偿也很有限。在密西西比州，法官是由民选产生，几乎不可能以友善的态度对待债权人，而在阿肯色州，债券持有人只有先把债券交给州政府官员保管才可以提起诉讼，但没有债券持有人会接受这一要求。

联邦法律的规定看似略微有利。美国宪法第三章授权联邦法庭受理涉及"一个州与其他州的公民之间"以及"一个州与外国政府、公民或其他主体之间的"争议。然而，宪法第11次修订案则禁止联邦法庭受理"其他州公民、外国公民或其他海外主体"对美国州政府提起的诉讼。这两项宪法规定明显矛盾。1821年在最高法院的一个案件中，大法官约翰·马歇尔（John Marshall）曾解释指，这主要是由于州政府在独立战争后负债累累，1787年美国宪法颁布后，大量债权人涌向联邦法庭请求补偿，激起州

第二章
州政府的危机

政府极大不满。1795年通过的第11次修订案的目的，正是要阻止债权人在联邦法庭对州政府提起诉讼。

1843年7月，已经与不复存在的美利坚合众国银行毫无关系的尼古拉斯·比德尔公开表示，根据宪法第三章和第11次修订案在用词上的细微差别，投资者可能有一种方法可以规避主权豁免原则。第三章承认联邦法庭可以受理两个州之间或美国的一个州和另一个国家之间的诉讼，而第11次修订案则只是剔除了其他州公民或者外国的公民提起的诉讼。比德尔认为，另一个政府可以从其公民手中收购债券，然后代其公民向美国联邦法院提起诉讼。如果持有债券的政府赢得官司，联邦政府就不得不对违约州政府采取措施，拍卖州政府资产来强制执行判决。比德尔指出，过去曾有这种联邦干预的先例：1794年，华盛顿总统曾派出1.3万名全副武装的人去宾夕法尼亚州征收联邦税。

不过，比德尔的计划从没被实践过，他在债权人那里已经信誉尽失。《伦敦时报》曾说他"在解决人们担忧的问题方面臭名昭著，几乎毁了所有与之相关的人"。[98]联邦法官似乎也不能容忍比德尔的言论。1821年，大法官马歇尔表示，第11次修订案之所以没有明确剔除政府间提起的诉讼，是因为"人们没有理由担心美国的一个州会对其他州政府或者外国政府欠下巨额债务"。[99]此外，联邦法庭可能也认为比德尔的计划是故意和第11次修订案对着干,因此很可能会拒绝做出需要大规模联邦军队强制执行的判决。

比德尔的计划还有最后一个问题:英国政府不会替债券持有者与美国斡旋。1841年,罗斯柴尔德家族曾请求英国外交大臣帕麦斯顿勋爵(Lord Palmerston)帮助解决其与密西西比州的争端。帕麦斯顿拒绝了其请求,并表示购买外国证券的英国个体"做出投资决定时应自行承担风险,也必须接受后果"。[100]帕麦斯顿的继任者,阿伯丁勋爵也同样执拗,1843年3月,他告诉投资者们,英国政府"并不关心有关证券,也无权强迫对方偿还"。[101]阿伯丁后来解释说,英国政府的政策是"不愿将英国投资者对未履行承诺的外国政府的不满升级为国家间的矛盾"。[102]

和法庭一样,大使馆也没法给债权人带来什么帮助。美国大使尽管对投资者深表同情,但却帮不上忙。问题在于,泰勒政府并不认为联邦政府应对违约承担任何责任。1843年2月,当900名投资者向美国驻英国大使爱德华·埃弗里特请愿时,联邦政府清楚地表明了这一立场。"迄今为止,我们当中大部分人的生活水平都远不及从前,"请愿者们说,"官员的收入减半,退休的职员、商人靠仅有的一点收入生活,还有那些年事已长的未婚女性和寡妇和孤儿。"[103]他们只是希望获得"起码的公平",请愿者们希望埃弗里特可以将他们的诉求转达给泰勒总统和美国国会。埃弗里特相信州政府为了维护名誉而偿还贷款,

第二章
州政府的危机

但他对请愿者们说,他无权为其转达诉求。"联邦政府并未参与个别州政府与投资者之间的合约,"埃弗里特指出,"这个问题并非总统的责任。"[104]

3个月后,6名荷兰投资者也向在海牙办公的美国驻荷兰大使克里斯托弗·修斯(Christopher Hughes)请愿,其中包括颇具影响力的希望与公司商业银行(Hope and Company)的老板阿德里安·范·德·霍普(Adriaan van der Hoop),他曾在40年前为路易斯安那购地案提供融资。修斯"以最高礼节接待了请愿的团体,并明确表示他相信请愿书中提出的问题是公正恰当的"。[105]然而即便如此,和英国的同行们相比,荷兰投资者遭到更坚决的拒绝。美国国务院要求修斯"以最正式、明确的方式"转告债券持有者们,"联邦政府已经明确决定,在任何情况下都不会为任何已经发生或潜在的违约行为承担任何责任,以后也不会改变这一决定"。[106]

既无法诉诸法庭,也无法获得联邦政府的帮助,外国债权人只能在每个州的首府直接参与到政治运动中以期获得补偿。"唯一的对策是,"1842年,一位波士顿律师建议投资者,"祈求他们的公正对待或就他们担忧之事提起上诉。"[107]参与其中的不只是外国债券持有人,还有希望扭转违约州政府政策的本地债券持有者和很多美国商人。但这次运动的一个显著特点体现在外国投资者的影响程度和提供的资助规模。违约迫使他们成为美国本土政治的积极参与者。

在宾夕法尼亚州和马里兰州,债券持有者的政治运动由巴林银行的美国代理托马斯·沃德领导,资金来源于许多伦敦大型银行筹建的共同基金。沃德及其副手直接与州议员谈判,在对其友善的政客身上投入超过数千美金的竞选资金和捐赠。沃德在伦敦的老板对这两个州使用的某些策略显示出"本能的恐惧"[108],他提醒沃德,不能让外界得知伦敦的银行对州政治的干预。沃德答应会谨慎对待,但同时告诉伦敦有时候"必须要收买"美国政客,"即便是出于高尚的理由,还是需要贿赂"。[109]

债券持有者们的政治运动不仅限于州政府。研究巴林银行的一位史学家表示,沃德还组织了"所谓的竞选宣传活动"。[110]即招募著名作家撰写匿名文章,支持偿付债务的观点,再付钱让报纸的编辑发表出来。其中一名作家就是美国驻伦敦大使的兄弟亚历山大·埃弗里特(Alexander Everett);另一个是1851年在最高法院任职的波士顿律师本杰明·柯蒂斯(Benjamin Curtis)。"我们所写的并没有冤枉马里兰州。"[111]受雇跟踪马里兰州投资者所做的努力的巴尔的摩律师约翰·拉特罗布(John Latrobe)说。但其措辞多少有些浮夸。柯蒂斯曾指出,摆在违约各州的公民面前的选择,是在荣誉和耻辱之间做出抉择。

沃德甚至邀请教士们支持债券持有人。其中一个盟

第二章
州政府的危机

友是浸信会牧师、布朗大学校长弗朗西斯·魏兰德,他也是南北战争前优秀的经济学家。魏兰德的观点融合了审慎因素和道德观念。在其1841年出版的政治经济学教科书中,魏兰德警告,令市场丧失信心的政府即便能够融到资金,融资成本也面临"毁灭性的溢价"。[112]在讲坛上,魏兰德表示,违约各州的每一名公民都会因此留下"个人信用的污点",除非他已经竭尽全力"说服世界,这个国家的信誉并未受损"。[113]

在密歇根州,伦敦银行的主要代言人是查尔斯·巴特勒(Charles Butler)。巴特勒是纽约的一名律师,与美国西北部的商界保持着良好关系。1843年1月,巴特勒到达底特律,立刻着手与州长及州议员进行长达两个月的私密谈判。"非常非常忙,"巴特勒在给妻子的信中写道,"这是常规的游说活动。"1845年冬,巴特勒在印第安纳波利斯再次担当起中介人的角色,在这里

> 他不断地参加各类谈判,昼夜不息、废寝忘食……我无法具体描述我在这里的工作,比我过去做过的任何一项工作都要伟大,也更多变。我要会见不同的成员,和他们交谈,还要兼顾印刷商的工作……伺候委员们,也要与辉格党和民主党保持联系,为两党同时提供咨询和建议,为所有人服务,需要无所不能。总而言之,我必须克制自己的脾气,这是最困难的部分。

作为一名虔诚的基督徒，巴特勒对于要在周日进行游说感到很痛苦，因为"拒付债务和打扰安息都应是这个国家的原罪"。巴特勒的斡旋手段也带有信仰色彩。他避免使用沃德在东部各州所采用的策略，甚至避免对州政府核心利益的声讨。他承认，一些政客之所以愿意坐下谈判，是因为无法获得资金将令密歇根州的经济陷入衰退中。然而，巴特勒主要还是依赖于"高高在上的道德约束……如果成功地激起人们的道德意识，金钱上的补偿自然很快会随之而来。这不仅仅是钱的问题"。[114]巴特勒得到了一位年轻的印第安纳波利斯传教士亨利·沃德·比彻（Henry Ward Beecher）的帮助，比彻提醒教区居民应抵制违约的恶行："当所有人因漠视公正而团结起来，合起伙来欺骗债权人，州与州之间竞相宣布拒绝偿付合理债务……这样一个本土事件就会令我们被心中的恶魔吞噬，令国家丧失声誉……当美国已经用不诚实的外衣把自己武装起来时，我们还需要去问为什么年轻人越来越不诚实，代理人之间越来越不互信吗？"[115]

债券持有人的代理们被与违约政府的磋商弄得精疲力竭。在伦敦的金融市场，人们普遍对民主政治表示悲观，代理人的信件也让人们更笃定其悲观看法。在密歇根州，巴特勒发现，州议会"不过是一个冲动任性的机构……对各种事情持有怪异的看法……所有事情的处理方式就

第二章
州政府的危机

像是买彩票一样随意"。印第安纳州也好不了多少,"铁石心肠、毫无原则的政客们"把这个州的重要事项都埋没在了"无聊的本地政治中"。[116]债券持有人在伊利诺伊州的代理人面对的情况更加糟糕。"你几乎无法理解西部地区卑劣的、偷偷摸摸、善于阴谋诡计的政客们,"他们在1845年给伦敦的信中写道:"煽动民心的政客……不计其数,就像在寻找尸体的食腐乌鸦。从他们身上,你可以看到任何一种阴谋、谎言和卑鄙的影子。"[117]另一封寄给巴林银行的信件解释称:

> 在这里,最伟大的艺术是学会什么是支配大众头脑最有效的方法,以及如何得到在投票时有利于自己的优势。谎言、虚假表述、错误的推理以及所有类似可以操纵公众观念的工具,在这个国家获得成功的概率远高于其他大部分地方,因为纠正或揭穿这些错误和谎言面临着重重障碍。[118]

这些无情的评价本身可能并不成熟。即便像他们所写的这样,很多州政府仍然不愿意征收新税和承认尚未偿还的债务。此外,这个国家的精英及民众对州政府职能的看法正处在重大转型的风口浪尖上。这些体现在制宪会议的讨论中,这些讨论令州政府的权力在1846年至南北战争开始前的这段时间受到限制。

就在 10 年前,大部分美国人还认可杰克逊总统的想法,认为民主政治有能力管理好自己的行为。"我们对美国公众和政府自治的德行、智慧和能力充满信心,"《民主评论》(*Democratic Review*)在 1838 年写道,"我们反对对公众意愿和观点的自由表达施加任何形式的、所谓的'健康的约束'。"[119] 在制宪会议内部,人们普遍认为,在州政府贷款和参与州内改造工程方面设立限制的动机有悖于这一信念。在印第安纳州,批评做出限制的人们抱怨说,这"显然是颠覆了少数服从多数的自证原则"。一位来自肯塔基的代表抗议说,肯塔基州的会议也要被迫损害"我们政府体系中重要的代表原则"。"公民是权力的来源,"爱荷华州的一位代表称,"如果公众愿意选择愚蠢的人代表他们利益,为其制定法律或做出不必要的支出,那也是他们自己的事情。我们不是被派来这里守护他们,评判他们的对错或者阻止他们做有利于自己的事情的。"

而到了 19 世纪 40 年代末,这已经成为小众观点,绝大多数人都转而支持限制民众主权。在制宪会议内,州政府干预行为能促进经济繁荣的看法遭到普遍反对。"人人都在做梦以为自己即将到达理想中的黄金国,"1851 年,一位马里兰州代表回忆说,"人们原以为这些工程会带来一波永不退去的繁荣和发展。"一位艾奥瓦州代表也还记得"这些暴富的美梦和通过立法和投票让自己富起来的乌托邦法则"。但大多数情况下,这些美梦什么也没带来,只

第二章
州政府的危机

留下一堆半成品和毁灭性的税收。"人们高估了迪·维特·克林顿(De Witt Clinton)。"1851年,俄亥俄州的一位改革家谈及这位在任内成功开通伊利运河的纽约州州长时表示,克林顿开创的这一模式成为很多其他改造工程竞相模仿的对象。"在两种促进经济发展的模式中,迪·维特·克林顿选了最差的那种,而人类在很多情况下,却总是会不加思索和深入了解就抄袭别人的做法。"

危机动摇了公众对州议会的信心,质疑其是否有能力制定明智的政策。此外,越来越多人认为,立法过程本身受到了一己私利和腐败的侵蚀。从某种意义而言,这种看法为选民们开脱责任。"错不在公众,而是议会,议会总是按照滚木立法(log-rolling)的原则做出决定。"1851年,一位印第安纳州代表说道。涉及改造工程的法案,例如印第安纳州1836年通过的猛犸象法案,常常被指责是"滚木立法和腐败行为带来的讨价还价和阴谋"的产物。一个纽约人批评纽约州的改造方案"充满自私和不恰当的元素"。按照州议员们的如意算盘,所有参与的个人都能够从中获得好处,然后他们再用擅长的"蛊惑人心的谎言"说服公众接受这些最终让自己发财的工程。

其他改革者们认为,选民们并不能这么轻易地为自己开脱责任。"公众表达自己的诉求,"另一个纽约人说,"州议会则顺应其需求给出决定。"肯塔基州一位前任州议员回忆道,他曾试图反对一项耗资巨大的改造工程,但"这项工程受到公众的极力推崇,他们几乎要把我轰出大厅"。参加密歇根州1851年制宪大会的一名代表曾说,"公众情绪要求"州政府必须申请5 000万美元的贷款,这笔贷款后来命运多舛,"州长和州议会都没有勇气拒绝。这在当时已经成为公众的普遍观点,但仅仅几个月后这一公众意见就被抛弃了"。

在制宪会议上,代表们普遍对公众意见有了全新的认识——公众意识也会是缺乏理性的。另一位前任肯塔基州议员回忆指,美国曾"深陷改造工程的狂热中"。他的一名同事也表示赞同,认为整个国家的公民"都在随大流"。选民们一度"被带来暴富的投机行为所诱惑",一位马里兰州的代表说,然后又突然纷纷反对投机行为。公众情绪变化无常,随时可能再次转向:"我们在这点上还没有吸取教训吗?"

实用主义者们总是可以利用经济危机的教训,来反驳公民主权不可违背的观点。宪法约束可能会成为"限制州议会权力的镣铐",一位肯塔基州代表坦言,但过往的经历又要求他们接受约束。批评俄亥俄州做出限制的人们把这一约束比作"苛政"。"我不管你叫它什么,"另一位俄亥俄人回应说,"如果增加这一限制能够让俄亥俄州的人们过上更繁荣、幸福的生活,我就会投出支持票。"宪法约束是"保障我们州保持安定的备用锚",一位艾奥瓦州代表也持同样观点,"而且我们应当支持"。

第二章
州政府的危机

"自治不再只是一个理论,它已经得到体现。"印第安纳州代表约翰·佩蒂特(John Pettit)表示,他同时任职于州议会和联邦议会。而时间已经让我们看到自治的缺陷:"我们对自己还没有那么完美的信心……我们需要在冷静、镇定的时候对自己的行为做出约束——保护我们自己,避免因一时头脑发热或偏见而做出危险的冲动行为……这是避免狂热和冲动激发内心的魔鬼,在心平气和的时候,约束自己,也约束我们的同胞。"[120]

很多州确实在危机后开始约束自己的行为,体现在宪法改革和新的税收政策,但是另一个更加重要的改变——不仅带来制度上的改变,还让这些改变更加持久——出现在政治文化方面。在经过了违约或者近乎违约的耻辱经历后,在气愤的债主们和新税收的巨大压力下,州政府纷纷抛弃了州内改造运动。他们乐观的民众主权观被更沉重的政治程序合理性的概念所取代。经济危机给他们上了一课:没有约束的自由必然带来毁灭。

第三章
联邦政府的危机

1837年春的恐慌揭开了第一次大萧条的序幕,金融家和商人之间的信用崩溃正是恐慌爆发的根源。与任何一次市场恐慌一样,没有人知道谁已经破产,谁还没有破产。"人和人之间普遍不信任,要求对方提供让自己信服的证据,"这是美国政治经济学家康迪·拉格特(Condy Raguet)眼中的19世纪早期的恐慌,"所有人都不敢相信自己的邻居。"[1]因此,商业活动完全无法进行。信任维系着商业体系的各个组成部分:当信任烟消云散,整个商业体系也就被瓦解溃散。

国家政治方面,也在上演类似的事情。1837年大恐慌的前夜,美国还是一个很脆弱的联邦,由不同的阶层和团体组成,它们又对中央政府在税收、支出和监管方面的角色持有截然不同的观点。即便是在经济繁荣时期,就这

第三章
联邦政府的危机

些差异进行沟通协商也并非易事,有时,对中央政权的反对过于激进,令人担忧联邦体制是否还能维持下去。在这种情况下,团结整个国家是对政治能力的考验,要求领导者不断与各方磋商、小心培养友善气氛,以最终达成法律协议或谅解。这些协议或谅解,正如弗雷德里克·杰克逊·特纳(Frederick Jackson Turner)后来指出的,"与欧洲各国之间通过外交会议达成的协议……惊人地相似"。[2]

经济繁荣让持异见的各方之间更容易就协议进行磋商。从蓬勃发展的经济中分享收益远比在衰退的经济中分担损失要容易。当经济面临困难时,华盛顿也更加难以维持平和的状态。商人之间信任破裂的过程在政治上再次上演。旧时的敌意取代了小心培养出的友善气氛,倾尽心力达成的停战协议就此废止。因此,经济萧条变成了对联邦政府调和不同团体、阶层矛盾的能力的长期、痛苦的考验。1842年,大恐慌爆发整整五年后,也就是狄更斯到访首都华盛顿的同一时间,美国迎来了最黑暗的时刻。狄更斯对华盛顿留下的可怕印象尽管犀利但并不夸张。和金融、商业体系一样,政府体系分崩离析。如何维持政治秩序和最起码的立法和执法能力,成为最重要的议题。[3]

如果说有任何一项议题能够获得大部分美国人的支持(至少在高度抽象意义上),那就是扩张领土和贸易领域。人们总是认为,美国是一个得到上天保佑而逐渐崛起的国家,在北美大陆的大部分地区拥有特别的权利,同时又渴望向全球市场发展。即便是在第一次大萧条时期,而且有时正是因为经济萧条,反而助长了美国人心中对领土扩张主义的狂热之情。但有些情况下,美国政客也需要小心控制主权民众的冲动情绪。美国扩张领土和市场的主要竞争对手——英国,同时也是美国一个重要的贸易伙伴和海外投资的主要资金来源,还是一个军事强国。其海军和陆军力量是陷入经济困境的美国望尘莫及的。在国际秩序中势力分布不利的背景下,这段时期的外交政策,夹杂着膨胀的公众野心与困难的现实之间微妙且不时让人不快的妥协。

华盛顿僵局

> 我们看着……一个伟大的国家从里到外都被煽动起来,就像暴风雨到来时海潮激涌的大海。[4]
>
> ——亨利·克莱(Henry Clay),1840年6月

1837年,马丁·范布伦正式就职时还以为,经过杰克逊时期的动乱后,他任期内的首要任务只是在民主党内重建秩序和凝聚力。但一些重大事件很快打乱了他的计划。3、4月时,美国经济开始摇摇欲坠,范布伦开始斟酌联邦政府能够做些什么提供救济(如果有可以做的),但并没找到答案。纽约商人派出一个60人的代表团前往华盛顿请

第三章
联邦政府的危机

愿,请求撤销铸币流通令,认为这将有助于缓解市场压力。范布伦私下里有所动摇,但仍决定坚持杰克逊总统的政策。

5月10日,纽约的几家银行破产后,已经不能再维持原来的政策。几天后,持反对意见的辉格党已经开始抨击执政党的不作为。5月15日,范布伦召集国会在9月召开特别会议。但当时,范布伦对于能提供给国会什么样的方案还很不清晰。政府的报纸《华盛顿环球报》(*Washington Globe*)的报道也反映出白宫内部的困惑,整个5月,该报的社论基调都"明显飘忽不定和前后不一",一份辉格党报抱怨道,"好像纯粹是把令人困惑的猜想表达出来……不遗余力地……每天发行的报纸内容,不是与前一天的内容相矛盾,就是令前一天的内容更神秘难懂,或者对前一天的内容进行解释,但结果是越解释越不靠谱。"[5]总统的支持者们也被政策的飘忽不定折磨得很沮丧。需要以"不可动摇的坚定"意念来行事,来自宾夕法尼亚州的参议员詹姆斯·布坎南(James Buchanan)在6月时提醒范布伦:"作为政党,我们下一步在公共收入方面采取的措施如果不成功,将会令我们自身一蹶不振,并让美利坚合众国银行得以重建。"[6]

范布伦需要费心处理的不仅是公众对于白宫优柔寡断的印象。联邦政府还面临预算危机。联邦政府的全部收入都存在州立银行中,而当时大部分州立银行不是已经暂停业务,就是已经破产。联邦政府手中"没有一美元的真金白银"![7]辉格党的《国闻报》(*National Intelligencer*)在 5 月时惊呼。范布伦政府的大使原计划搭乘独立号前往圣彼得堡,结果因没有足够的金币支付船员工资,独立号被困波士顿港。到 12 月时,财政部的账面结余有 3 400 万美元,但实际上只有 100 万美元可以用来满足政府营运支出,由于银行违约,账面余额的 1/5 都蒸发了。

到夏季中期,范布伦终于确定了一个方案:管理联邦政府资金的新方法,即独立财政制度,有时也称子财政制度。如果国会批准,联邦收入将由联邦政府下属机构而不是州立银行收集、持有和使用。用一个在未来 10 年主导联邦政治的词来形容,这就是"银行和政府彻底分离"。因为独立财政制度从州立银行手中收回资金,政府也同时失去了控制银行行为的工具。

财政部官员威廉姆·高吉(William Gouge)对独立财政制度做了进一步改善,高吉极力反对纸币。联邦政府的存款刺激了州立银行的盲目贷款,高吉认为,而以存款来控制这些银行效果并不显著。有效控制银行过度贷款的方法只有一个,即彻底取消联邦的支持。高吉认为,在任何情况下,联邦政府都没有责任监管依据州法律成立的银行。"监督每个州内的机构有序运作,"高吉表示,"是每个州政府和公民的责任。"高吉敦促政府在改革上坚持强硬路线。如果独立财政制度无法快速获得批准,美国将面临

第三章
联邦政府的危机

"比与全球最强大的国家竞争更惨烈"的灾难。"铸币和纸币之间的战争显然才刚刚拉开序幕，"1837年6月，高吉提出警示，"我们会看到很多叛徒，也会有很多改革者，但在这件事上没有中立的余地。"[8]

和高吉一样，范布伦也赞同监管州立银行是州政府的职责范围，因此拒绝将联邦政府的监管范围延伸到州立银行。而独立财政制度看起来也确实为联邦政府资金提供了更好的保护。高吉大胆的建议也有一定的政治优势，一方面，利用了公众对银行滥用权力和暂停业务的厌恶情绪；另一方面，也有助于转移公众的注意力，把引发1837年大恐慌的罪责从政府身上转向银行。银行家们滥用了自己的权力，因此他们会被摒弃。这就是独立财政制度要传达的关键信息。"我们的对手将困难……推给政府，"总统的盟友康涅狄格州参议员约翰·奈尔斯(John Niles)在1837年7月时说，"我们则认为应当是银行承担责任。这就是我们之间的问题。"[9]

对此不太关心的人可能曾预期，国会会在很短时间内对"离婚法案"(Divorce Bill)做出决定，因为独立财政制度的有关内容很快为人所知。民主党在国会上下两院均占据多数席位：参议院52个席位中占有35个；在众议院242个席位中也占有128个席位。不过，党派席位优势的印象其实具有误导性，尤其是在众议院。尽管激进的民主党人——又称摩擦火柴派——支持该法案，但很多支持州立银行的保守派民主党人则持反对意见。"这是对美国的银行们发起的战争,"纽约州民主党参议员纳撒尼尔·塔尔米奇(Nathaniel Tallmadge)表示,"这无异于是对整个银行体系发起的战争。"[10]

辉格党也坚定地反对"离婚",一些辉格党人认为危机是呼吁恢复美利坚合众国银行联邦银行身份的机会。当时,美利坚合众国银行正在宾夕法尼亚州政府的授权下,以州立银行的形式继续运营,该银行也竭尽全力地反对建立独立财政制度体系,希望恢复联邦银行的身份。这是"发起政治运动的机会",美利坚合众国银行主席尼古拉斯·比德尔在一封私人信件中说道,"武装政变也值得一试。"[11]但无论是保守派还是激进派,作为民主党人都不可能考虑背叛杰克逊总统——恢复该银行的联邦身份。

"眼下的情况可以这样简单总结,"9月16日——特别会议结束12天后,《伦敦纪事晨报》(Morning Chronicle)的一名记者写道,"独立财政制度完全没可能生效,因为众议院的多数议员似乎都持反对意见,联邦银行也因为同样的原因无法获得成立。在这种情况下,对于这两个引发极大关注的方案,国会都无法高效地做出决定……而不得不休会,无法提供任何实质性的救济。"[12]不出预料,国会在10月中休会,"离婚法案"被迫搁置,直到12月会议再次重启。大西洋两岸的商人都在观望,希望看到国会释放下一步举措的明确信号。"我们的贸易陷

第三章
联邦政府的危机

入停滞状,"1837 年 11 月,利物浦的一份报纸写道,"直到独立财政制度的命运最终确定并且被公众所知,我们无法期待有任何变化或者做任何冒险。抱着提心吊胆的期待,我们只能等待。"[13]

12 月,范布伦再次请求国会对其提交的立法建议加速审议。"对商业和几乎整个美国而言……其重要性显而易见,整个方案需要在一定程度上由现届会议……通过立法来清晰确立并进行监管。"[14]但是在 12 月份,曾在 9 月阻碍国会做出行动的因素产生的阻力更强,给联邦政策的方向带来一丝不确定性。"这项法案对货币市场产生危害,"1838 年 2 月,《伦敦时报》(*Times of London*)的驻美国记者写道,"这再次制造出一种恐慌氛围,而这种恐慌,或多或少会持续下去,直到这个问题以某种方式得以解决……法案最终会包括哪些内容带来的不确定性,和最终通过最差的版本,将给市场带来同等程度的危害。"[15]

围绕"离婚法案"的力量角逐持续了数月。眼看国会即将休会,1838 年 6 月,政府做出最后努力,希望在众议院赢得多数票支持法案,但再次宣告失败。两周后,国会休会至 12 月。很多商人感到开心,因为终于能有几个月时间不用再为国会的举动而焦虑。"国会休会让商界松了一口气,"1838 年 8 月,纽约一份报纸写道,"只要独立财政制度还悬而未决,公众的信心就无法恢复。而现在的结果让公众的情绪略有好转。"[16]大西洋对岸,人们的感觉也更好。最终,《伦敦时报》告诉自己的读者,"政府那些让人焦虑的政策带来的不确定性和挫败感"[17]终于结束。

这时,距离大恐慌已经过去一年多。范布伦冒着巨额损失的风险大胆一搏,结果除了政治斗争和商业停滞,什么也没带来。范布伦政府也没有与州立银行商讨其重启铸币支付服务的具体时间。1838年夏天,这个微妙的合作问题才最终得以解决,随着美国经济初显复苏迹象,在下一届国会会议上,人们对独立财政制度的议题也终于重燃些许热情。

另一方面,在很多州的选举中,这个议题对民主党也没带来什么帮助,反而令民主党内产生分歧,让辉格党背后的商业团体更加团结。"我强烈恳求您现在不要再谈这个最最伤脑筋的问题。"7月,弗吉尼亚州的民主党领导人在给范布伦的信中写道,"我们党内的分裂可能带来极其可怕的后果。"[18]辉格党在当年弗吉尼亚州的选举中大获全胜。

12月份在对国会的演说中,范布伦尽管再次重提其独立财政制度的建议,但其温吞吞的用词,让对手都不免觉得这项建议已经胎死腹中。范布伦已经"摒弃了推进独立财政制度的所有想法",伦敦的《时代报》(*Era*)12月写道。美国银行家们则已经开始放松贷款,"结果是(从英国进口的)制成品订单显著增加……贸易的各个方面都会重获新生"。[19]1839年1月,纽约州州长、辉格党人威廉姆·

第三章
联邦政府的危机

苏华德(William Seward)对州议员们说:"(自1837年)漫布全国的阴郁已经一扫而空,美国的企业正在复苏……在那个一团糟的时候,人们……散布恶毒的想法,以及采取仓促、放任的立法措施……的暴怒情绪已经消退。"[20]

1839年秋,随着第二波银行停业事件的爆发,市场情绪再度恶化。在12月国会次届会议上,范布伦再次提出独立财政制度。这时,距离总统选举只有一年,范布伦需要一份清晰的政纲,就像1837年夏天的那份。危机氛围再次站在范布伦这边,10月美利坚合众国银行破产后信誉扫地,以及部分保守派民主党在中期选举中落选也为范布伦营造了有利局势。

不过,要通过独立财政法案仍然要赢得势均力敌的博弈。1840年6月底,伦敦《考察报》(*Examiner*)的记者写道,独立财政法案"很可能"[21]永远无法成功立法。和前一年一样,法案早已在参议院获得多数票支持,但直到1840年7月3日国会休会前几天,众议院才最终点头。范布伦没有立刻签署法案,1840年7月4日法案才最终正式生效。这部法案就像是"第二份独立宣言",新罕布什尔州民主党人、众议院议员埃德蒙·伯克(Edmund Burke)说,"这是民主党会议的所有成果中最重要的一项举措"。[22]

在纽约市,两万名民主党人聚集在炮台公园的啤酒花园欢闹地庆祝新法案通过。人们鸣枪64响(代表美国独立64年)庆祝美国摆脱了"金钱势力和富人对穷人的贵族统治"。[23]"当时的场景太令人振奋了,"一名记者说,"阳光明媚、轻风拂面;国旗随风而起,孩子们欢快地叫嚷着,男人们大声叫好,鼓声隆隆,炮声轰鸣,女人们的裙角四处飞扬,玻璃杯碰撞着发出清脆的响声,人们大口喝着白兰地宾治和金司令,然后欢乐地干杯,枪声、鼓声和号声随之响起!哦,正像一名很少开口的老实的激进派民主党人所言,这真是'美国民主难忘的一天'!"[24]

稍后,纽约市一个"重要的商人会议"祝贺范布伦政府最终成功解决有关独立财政制度的争议。"在这个问题上的政党斗争令我们的贸易一度陷入困境……显然,如果再次爆发这样严重危害商业稳定的冲突,是有悖于任何一个行业的利益的"。[25]但其他商人对于未来则没那么乐观。1840年8月,《伦敦时报》的美国记者预期,在看到新法案真的会给贸易带来积极影响之前,胆小的投资者仍会选择"囤积资金"[26]。有些人也担心,如果辉格党在11月竞选中获胜的话,新法案就会被废除。"在大西洋的这一边,所有事情仍然和过去一样令人沮丧,"到夏季末期,一名纽约商人给英国同行的信中写道,"人们仍然缺乏信心,而且看起来人们已经下定决心,在总统选举有一个明确的结果之前什么都不会去做。独立财政法案已经通过……但并未改变现状……在我看来,范布伦能够连任的可能性很小。"[27]

美国已经卷入历史上最疯狂的总统竞选中。辉格党最终形成坚实的内部组织,并从民主党身上学会组织大规模的竞选活动。("他们至少从失败经验中学会了如何取胜,"《民主评论》(*Democratic Review*)感叹道,"我们教会了他们如何战胜我们!"[28])他们面对的是一个经过多年任期,已经疲惫不堪的民主党。"小范(布伦),"辉格党戏称道,并没有杰克逊那样的个人魅力。辉格党的竞选歌唱道,他是一个"精疲力竭的男人"。

范布伦还有个外号叫马丁·范·废墟(Martin Van Ruin),一个满目疮痍的经济体的领导者。失业、价格下跌、货币贬值、银行破产——所有都在范布伦在任期间发生,愤怒的公众不会让他逃脱罪责。辉格党将民主党竞选政纲的主要内容——独立财政法案锁定为攻击目标。辉格党的一份杂志警告说,这项法案会让美国工人"没落为……旧世界中仍然受压迫的工人阶级"。[29]与此同时,辉格党则避免自身政策表现出任何分歧,让人们对民主党的支持在绝望中耗尽。辉格党指责范布伦毫不关心美国面对的困难。美国工人"几乎因为没有面包要饿死了",辉格党众议员查尔斯·奥格尔(Charles Ogle)抱怨说,而总统还一边享受着"高薪",一边在"自己奢侈的大理石宫殿里"[30]用金盘子进餐。

随着选举日逼近,美国开始出现暴力事件。两年前,在宾夕法尼亚州,辉格党和民主党之间的关系高度紧张,以至于州长约瑟夫·里特纳(Joseph Ritner)都要向范布伦请求派遣联邦军队维持秩序。(范布伦回绝了这一请求,里特纳后来召集民兵来维持秩序。)"到处是高度兴奋的情绪,人们的头脑发热、几近疯狂,"1840年纽约市投票日前,辉格党商人菲利普·霍恩写道,"昨晚,几千名激进的民主党暴徒和组织一起上街游行,攻击、驱散了好几个辉格党的游行队伍。而警察似乎也不敢镇压伟大的'民主'。"[31]

第二天,一千名纽约的激进派民主党人攻击了辉格党在坚尼街的一个总部,砸碎了所有的窗户。在巴尔的摩的一次激进派民主党暴动中,"砖块像冰雹般乱飞,还开了好几枪"。[32]在辛辛那提市,辉格党的一小撮暴徒占据了上风,袭击一份民主党报刊的办公室。费城市长也在阻止激进派民主党人攻击辉格党总部时受伤,结果攻击未被阻止,其他几个人也同时受伤。在伊利诺伊州洛克波特,报告称发生"多起这类性质严重的暴力事件,严重到需要召集民兵对闹事者开火镇压,其中三个爱尔兰人被当场击毙"。[33]

辉格党已经预期到,凄惨的经济状况会令选民人数大增。"在经济困难时期,我们吸纳了很多我们这个阶层的人。"[34]1840年2月,哈里森(Harrison)曾说。但11月,参与投票的选民人数仍然非常惊人。据估计在1840年的

第三章
联邦政府的危机

选举中,80％成年男性白人参与投票,投票率之高史无前例。而在此前三次选举中——包括1828年令杰克逊总统当选的那次选举——参与率平均仅有57％。1828年选举曾被看作是美国历史上的转折点,"强大的民主党开始崛起"。[35]因为参与投票不再附加财产限制,杰克逊获得了这部分新增选民的支持。(1824年,只有27％成年男性白人参与投票。)但直到1840年,大部分通过这些选举权改革获得投票权的美国人才开始真正行使权利。经济困境迫使人们拿起投票权。1840年,40％的选民是初次行使投票权。

到11月中,范布伦已经明显全线溃败。"哈里森将军将成为下一任总统,只要他可以活到明年3月4日。"《哈得孙河纪事报》(*Hudson River Chronicle*)11月10日写道,"除了死亡,任何事情也阻止不了这一伟大时刻的到来。"[36]与此同时,民主党也开始丧失对参议院和众议院的控制。

随着选举结束,人们开始再次期望围绕独立财政制度的争议能够获得最终解决。"无论问题以何种方式解决,"《费城纪事》(*Philadelphia Ledger*)在计票期间写道,

> 结果将为某些行业增强信心……在过去两年里……整个国家都忙于总统选举……因为结果存在

不确定性,很多人已经不敢参与投资新企业;而做出新投资的人,则担心企业是否能继续正常经营;还有些人则为令人担忧的业绩焦虑不安,或者因不确定性而陷入迷茫,最终决定不再经营……谁能估算出这场斗争导致的道德水平倒退和斗争本身对工业部门造成的损失?……不过,现在这场斗争总算告一段落,无论结果如何,美国都将摆脱魔咒……这个国家终于可以自己庆祝下事件得以解决。[37]

《费城纪事》认为,如果认识到并没有支持重建美利坚合众国银行的呼声,辉格党很可能会直接妥协接受独立财政制度。其他报纸也持有类似观点。"独立财政法案已经通过成为法律,"《民主评论》指出,"其永久地位已经不会受到严重的危害。"[38]

亨利·克莱并不那么看。一个月之内,他在参议院发起一项建议,呼吁废除独立财政法案,他认为总统选举的结果相当于全民公投反对法案的继续存在。克莱认为这是一个重建全国性银行的机会,在他看来,哈里森容易受到外界影响,如果国会中占据多数席位的辉格党授权,哈里森就能被说服接受银行法案。一份评论说,克莱把自己当作是真正的"宫相"[39]。

年老体弱的哈里森,在坏天气下读完长篇的就职演说后得了急性肺炎,1841年4月初去世。副总统约翰·泰

第三章
联邦政府的危机

勒接替了总统一职,一开始看似继续执行哈里森的承诺。泰勒也认为1840年的总统选举相当于给独立财政制度投了反对票,但他也承认,1832年杰克逊总统拒绝延长美利坚合众国银行的特许状时,美国公众也曾表示支持,此后将联邦资金存放在州立银行的做法也曾广受非难。"我无法准确判断美国民众现在在这个问题上到底持怎样的态度。"[40]1841年7月,在请求国会对当时进退两难的困境给出解决方案时,泰勒对新任国会议员坦言。

实际上,泰勒在这个问题上的态度远比他在公众面前表现出的更坚定。和克莱一样,他也反对独立财政制度,他认为在管理联邦资金方面,这一制度赋予总统太大权力。但是泰勒同时也反对重建美利坚合众国银行,在他看来,该银行是违宪的,而且20年前该银行就已因其"累累罪行"[41]饱受批评。此外,泰勒还曾在1832年同意杰克逊拒绝延长该行特许状。实际上泰勒根本算不上是一个辉格党人。1832年,与杰克逊发生争议后,泰勒才加入辉格党,参加1840年竞选也只是为了争取南部选票的短期举措。正如很多辉格党人所说,泰勒就是一个意外当选的总统。

辉格党即将发生的内部分裂,比范布伦在位时的民主党的状况还要严重。8月的第一个星期,国会递交给泰勒两部法案,第一部法案废除了1840年独立财政法案,泰勒在8月13日签署生效。第二部法案创建了新的美国财政银行,继承了旧联邦银行的大部分权利。宪法允许总统在10天内否决立法,在等待泰勒做出决定期间,整个华盛顿都陷入"悬而未决的焦虑中"。[42] 8月16日,泰勒否决了该法案。国会中的辉格党人强烈愤慨。当晚,一群醉汉在短枪声、鼓声和喇叭声中,大喊着"克莱万岁!"[43]在白宫门口抗议。"即使在手上拿着这些武器的情况下,总统和他的朋友们还准备会见他们,"泰勒的儿子回忆道,"但这群人涌向白宫旁的小山,把总统的头像给烧了。"[44]没有怒气的地方,剩下的就只是困惑。旧法被推翻,但并没有新法取而代之。"我们还不知道现在存在的财政制度到底是什么制度,"8月18日,《农民之声》(*Farmers' Register*)驻华盛顿记者写道,"我们处在重大政治变革或是政党革命的前夜……非常重要的事件即将发生,尽管还没有人可以预见这个伟大结果到底是什么。"[45]

在华盛顿,温和派辉格党人尝试弥补泰勒和核心党团会议之间的裂缝。但对于同意签署法案的条件,泰勒发出的信号不够清晰,国会中的强硬派又继续要求泰勒承诺过多。9月3日,国会通过第二部建立银行的法案,这次创立的银行改名为美国财政公司。9月9日,泰勒再次否决该法案。

总统和国会的辉格党多数议员之间仅存于表面的团结现在也已荡然无存。9月11日,泰勒总统的内阁全数请辞——除了丹尼尔·韦伯斯特继续担任国务卿。两天

第三章
联邦政府的危机

后,随着第27届国会结束第一次会议,辉格党核心党团会议的50名成员宣布,泰勒不再是他们的政党领袖。美国到处悬吊着泰勒的头像。在纽约州的奥尔巴尼,泰勒的头像被吊在辉格党总部的旗杆上,挂着一块牌子"叛徒泰勒"。一天后,挂着的头像"在经过常规的发泄后,又被砍下、拖拽,被扯成四块"。[46]同一时间,民主党媒体也在宾夕法尼亚大街的两端攻击辉格党。"他们在国会占据绝对多数,"纽约州普拉茨堡的一份反对党报刊在议会休会前一晚表示,"但仍然难以通过一项决议……(独立财政法案)被废除后至今,国会还做成过什么?……难道不是所有的事情都变得更加令人困惑了吗?贸易不也是再次因这些鲁莽、神经质的政客制造出的恶劣运动受到不利影响?"[47]

泰勒和新组成的内阁磕磕绊绊地继续前行。1841年12月,国会休会结束时,他提出另一个受限的联邦银行模式,即现在我们所谓的财政部,但此时,国会中的辉格党人已无意妥协。新银行法案"没有一线希望"[48]能够通过,《伦敦时报》1842年初时报道。辉格党内部自相残杀和传统的党内竞争在国会山营造出一种有毒气氛。厌倦了众议院那渗透到大众媒体中的"困惑和吵闹"[49],《巴尔的摩简报》(*Baltimore Clipper*)质问国会成员,到底能否"真正怀揣着一颗美国心——显然他们的美国心与这个国家的利益并不一致……最重要的措施都没有经过认真讨论,随意地通过,国会成员们把时间浪费在毫无意义的关于政治秩序的争论中,或者沉迷于恶俗的政治指责中……他们更愿意做出那些令共和政体声名狼藉的事情,也不愿受到欧洲君主政治的一丁点影响"。[50]

华盛顿的政治僵局带来的一个意外结果是,最终令有关联邦政府与州立银行之间关系的联邦政策产生了一丝稳定性。联邦政策被锁定在 1835 年杰克逊决定从美利坚合众国银行取出联邦存款后的局面,后来,民主党和辉格党都曾指责当时的这一局面是:严重依赖州立银行托管联邦资金的"从未纳入法律轨道的制度"。[51]

杰克逊的这一政策存续了 3 年,直到华盛顿的政治秩序被彻底扭转。中期选举时,受够了华盛顿政治僵局的选民们纷纷抛弃辉格党,该党在中期选举后丧失了众议院的多数席位。但 1843 年,华盛顿的民主党众议员仍然需要面对在参议院中占据多数席位的辉格党和一个威胁将否决任何重建独立财政制度的法案的总统。直到 1845 年 3 月,民主党人同时控制了参众议院,并且民主党总统詹姆斯·波尔克(James Polk)入主白宫之后,才终于可以再次考虑改革。

"只要这些人还在华盛顿,我们就无从知晓每天会发生什么事情,而且要保持持续亢奋的状态。"[52] 1846 年初,纽约的一名股票经纪人抱怨说。但华盛顿的新民主党阵

第三章
联邦政府的危机

营比当初的辉格党要更团结。1846年8月,波尔克签署重建独立财政制度的法案。这次的改革更加坚定:独立财政制度得以存续下去,直到1913年被联邦储备制度取代。

国会最终的投票过程严格地反映出政党实力。而且,辩论过程也不像范布伦在任时那么充满恶意。波尔克政府比范布伦政府更加务实。1846年8月,美墨战争正在进行,波尔克政府也需要美国金融家们提供贷款,支持在里奥格兰德河的美国军队。辉格党媒体嘲笑向华尔街寻求帮助的财政部长罗伯特·沃克尔(Robert Walker):

> (波尔克政府)打着"银行和州政府分离"的旗号赢得政权……现在其全部金融理论和演讲却都在诱导银行或者银行家们给同样的政府提供数百万美元贷款。如果只看部分政府机构的行为,你可能会认为,"政府当局"的统治方式是让公众对美国的银行或者与银行的交易感到憎恶,但接下来,你却会听说财政部长沃克尔正周旋于银行之间,手上举着帽子,面带笑容,谦逊地问这些"腐败"和"没有灵魂"的垄断者借个500万或600万美元,花费在新奥尔良、得克萨斯州和向穷困的墨西哥挺进的美军身上。[53]

波尔克已经接受了妥协性措施,例如签署法律,允许商人延迟支付需要仓储的进口货物的关税。英国报纸称其是"对昂贵的库存和整体贸易问题带来积极影响"。[54]此后,沃克尔明确表示愿意以较高价格,用政府的黄金储备购买债券来支持金融市场,即便这需要先修订新独立财政法案。通过"把螺丝略微拧松一点",《密尔沃基哨兵报》(*Milwaukee Sentinel*)认为,沃克尔"成功地为纽约的商界提供了救济"。[55]"沃克尔实际上已经成为尼古拉斯·比德尔曾经想要成为的人,"《纽约先驱报》(*New York Tribune*)认为,"(他就是)金钱之王。他动一动手指就可以决定'放松'或'收紧'货币市场……他决定了商人的命运。"[56]银行和州政府已经正式办完离婚手续,但即便是民主党人也并不反对二者继续友好同居。

距离范布伦首次提出独立财政制度已经过去 10 年。在这期间,无论是民主党还是辉格党都曾尝试大胆改革或者警告可能发生灾难。但二者既未成功改革,对灾难的预言也并不准确。经济开始复苏。破产的银行不复存在,很多州政府通过了更严格的银行法,银行自身也开始采取更保守的做法。其他因素——一些最重要的因素源自海外,也促进贸易复苏。

这并不意味着联邦僵局得以改善。联邦政府在长达 10 年的时间里,几乎没有采取任何措施修补金融体系——即便是在州政府和银行之间发挥劝说和协调的作用——很多反对重建联邦银行的民主党人本应可以接受这一做法。经济困境令两党之间及各自内部都发生两极分化，其后果可以说是百害而无一利：长达10年的争吵和敌意、政治动荡、商业不稳。

破裂的国家协议

> 这个国家的统一流于表面，而且越来越失真。南部和北部之间的分歧越来越大，也愈发显著……这样的联邦仅靠利益维系，只要利益召唤，联邦成员之间那脆弱的纽带随时会被冲动的热情或者故意破坏撕得粉碎。[57]
>
> ——西德尼·乔治·费舍尔，1844年4月

1837年大恐慌的次年，华盛顿不仅要解决联邦收入应存放在哪里这个问题，还要面对与之相关，并且更加重要的税收及支出问题。19世纪30年代初，税收和支出问题引起异常激烈的派系矛盾，几乎威胁到联邦自身的存亡。杰克逊总统任期即将结束时，国会已经就税收和支出安排进行谈判，看似与北部、南部和西部达成妥协。但这项安排需要经济状况保持良好状态，随着经济环境变差，联邦收入不翼而飞，旧时的敌意再次浮上水面。

杰克逊有幸在经济蓬勃发展和联邦政府财政强健时期当选总统。1812年战争后，国会开始对英国进口纺织

品征收高额关税。1824年,这些关税税率上调,1828年再次上调。19世纪20年代末,应征关税进口商品的平均税率已经超过60%,是迄今为止美国历史上最高关税水平。其结果是令联邦收入激增。在杰克逊总统的首届任期内(1828—1832年),联邦政府的收入规模远超支出——在这四年间,收入平均比支出高出75%。

在联邦政府的金库爆满时,杰克逊政府很容易推行几项受欢迎的政策。其中一项是消除联邦负债。1828年时,美国政府负债规模最高的是联邦政府而不是州政府。

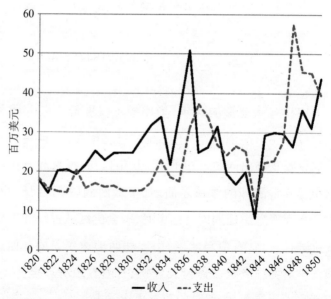

数据来源:Historical Statistics of the United States Millennial Edition Online, hsus.cambridge.org/。

图8 联邦政府收入及支出,1820—1850年

第三章
联邦政府的危机

1812年战争令联邦负债规模大幅膨胀,并在战后持续很长一段时间:在1828年杰克逊当选时,联邦负债仍高达700万美元——这在当时相当巨额。联邦债务居高不下,在杰克逊看来是道德堕落和政治失败的表现。杰克逊"痛恨负债"[58],其传记作者詹姆斯·帕顿(James Parton)1859年写道。美国的债务规模"与真正的独立格格不入"[59],杰克逊在其就职演说中表示,他承诺在1835年时还清全部债务:"届时,我们将成为全世界少有的伟大国家的典范——到处是幸福、安定的景象,不再负担任何债务。"[60]

杰克逊不是唯一一个厌恶联邦负债的人。他的同盟托马斯·哈特·本顿(Thomas Hart Benton)也认为国家负债是"所有美国公民的负担"[61]。在1828年大选中输给杰克逊的约翰·昆西·亚当斯(John Quincy Adams)也同意有必要"让整个国家从政府债务的枷锁中彻底解放"。"彻底消灭负债,"亚当斯1832年表示,是"从根本上将美国政府的信用度最大化"[62]。

正如其1831年的表态,杰克逊总统如期完成目标。1835年1月,财政部长利瓦伊·伍德伯里宣布,联邦债务已全数还清。美国已经"明显不同于其他国家,彰显出独一无二的特质……美国是全世界唯一一个零负债的政府"[63]。杰克逊的支持者们在华盛顿举办了一场盛大的酒宴来庆祝美国重获自由。"我们的政府负债为零,"托马斯·哈特·本顿告诉庆祝者们,"这几个字比一百艘整装备战的舰船或者十万名全副武装的士兵更强大、更有力。"[64](时间会证明这并不完全正确:从国防角度来看,真正重要的是一个国家对外借贷的能力,而不是现有的负债规模。)

健康的联邦预算也让杰克逊能够以平和的方式解决存有争议的关税问题。在这个问题上,强烈、深厚的分歧已经取代了短暂存续的共识。1816年关税在全国范围内得到广泛支持。就连南部各州也认可该关税,因为:联邦政府显然需要增加收入来减少1812年战争遗留的债务;南部各州希望关税可以刺激本地的工业发展;南部各州在美英之间的另一个冲突上与联邦政府持相同看法。约翰·卡尔霍恩(John Calhoun)批准了1816年关税,他认为如果一个国家过于依赖对外贸易,其贸易对象同时又是一个海军力量强大的国家,那么这个国家很难抵御"战争的冲击"。[65]

然而,就关税达成的共识很快消失,战争的威胁逐渐减弱。南部对关税拉动萌芽产业发展的期望逐渐消散,人们很快意识到南部的发展需要依赖英国市场——英国制造商是南部棉花和其他农作物的主要出口目的地。19世纪20年代,南部各州一直在抵制关税税率提高,敌意也越来越明显。到20年代末时,南部的人们已经意识到,自己对关税政策的经济利益的看法与西部和北部各州截然相

第三章
联邦政府的危机

反。当然,这样的结论把问题过于简单化了;事实上,西部和北部对关税的态度既不统一,前后也不一致。不过,这种简单的对立态度激起南部的分离主义冲动。"我们很快就不得不考量一下组成联邦的价值,"南卡罗来纳学院的校长托马斯·库珀(Thomas Cooper)在 1827 年时说,"当北方要求成为我们的主人,而我们只能成为他们的附庸时,我们是不是应当考虑下是否有必要维持联邦?"[66] 很多南部人士质疑,如果关税收入大多用于扶持北部工业,那么联邦政府是否有权征收。

杰克逊总统的首届任期过去一半时,南部地区问题已经到了一触即发的阶段。1831 年 12 月,来自弗吉尼亚州的国会议员查尔斯·约翰斯顿(Charles C. Johnston)来到华盛顿,他深信下一届国会"将引发一场危机,这将决定此届政府的政治命运,无论好坏,几年后将见分晓"。[67] 约翰·昆西·亚当斯警告北部地区的人们,"对于南部,他们要不放手,要不一战到底"。[68] 国会尝试调解南北矛盾。1832 年,降低税率的新关税法令不少南部州政府的战争情绪得以安抚,但南卡罗来纳依旧坚持,该州认为关税法违宪,并威胁如果联邦政府强行执行新关税法,南卡罗来纳州将退出联邦。在波士顿,前任参议员哈里森·格雷·欧提斯(Harrison Gray Otis)表示,感受到独立战争后就再未见过的"政府前景一片灰暗、不祥的预感和不确定性":"事实上,毫无疑问,我们当中有叛国者和暴乱分子。"[69]杰克逊给出大棒加胡萝卜的回应——既有威胁，也承诺进一步妥协。1833年3月，国会授予总统更多权力，包括允许总统在南卡罗来纳州动用武力征收联邦税款。但杰克逊同时也要求国会进一步降低关税税率。就在授权总统可动用武力的同一天，国会通过法例，承诺逐步但大幅地削减进口关税税率，直到降至10年前税率未上调时的水平。这些让步平息了南卡罗来纳州的冲突。南部地区的人们认为，到法律约定的日子，即1842年6月30日时保护性关税将最终被取消。

在关税问题上的妥协对于维持和平至关重要，而联邦政府之所以能够做出这样的妥协，则得益于健康的联邦预算。在南卡罗来纳州威胁退出联邦的两周后，杰克逊公开表示，"当政府各个部门都不缺钱时"[70]，高关税并不合理。当然，制造业希望关税可以保护其利益，不管收入最终如何使用，但当政府手握巨额财政盈余时，他们并没有足够的力量把关税包装成一个公众问题。支持保护主义的人们不得不承认"强行把钱从人们口袋里掏出来，结果只是把它们堆积在财库中"。[71]来自弗吉尼亚州的众议员约翰斯顿认为，"正是当前的财政状况——我们已经还清负债"[72]才让联邦政府有做出让步的空间。

做出让步的1833年关税法案只允诺逐步降低关税，而当时，联邦收入仍然大幅超过支出规模。联邦政府的金库中填满了出售政府土地带来的利润。1834年,土地收入已达1832年的两倍,到1835年时几近三倍,1836年时几乎再次翻番,这一年,联邦政府的土地收入甚至远高于关税收入。杰克逊政府手上的现金泛滥。

消耗财政盈余的一个方法是,把钱分给各个州。分配盈余其实是一个老办法,1805年时托马斯·杰斐逊(Thomas Jefferson)就曾提出。19世纪20年代,这种古老的办法再次盛行,也短暂获得杰克逊总统的钟爱。不过,杰克逊很快放弃了分配盈余的做法,因为南部各州抱怨这一机制将成为维持高关税的借口。但大家都明白,不可违背1833年做出的关税让步——"一定程度上是对宪法的临时修订,因此是很神圣的"[73]——所以在1836年时,不可能通过再降低关税税率来减少盈余。与此同时,西部各州要求分配盈余的呼声则越来越高。而杰克逊已经清楚表明,他反对联邦政府参与令西部各州受益的公路、运河或其他工程。州长们认为,分配盈余至少能让州政府完成联邦政府不愿插手的事情。

1836年6月,国会通过新法例,承诺自1837年1月1日起将联邦盈余分配给各个州,并分期支付。在机制设计上,财政部仍保留从各个州收回存款的权力,但在大众看来,这只是为了用来掩盖纯粹利益分配(杰克逊总统很可能不会同意简单的盈余分配方案)这个真相的借口。"显然,"肯塔基州州长对州议员们说,"国会的目的是对州政府做出永久分配,而不是提供短期贷款。"[74]杰克逊在范布伦的压力下签署了法案,后者担心否决法案会对其参加11月大选带来不利影响。

1837年3月,范布伦就职当天早上,可以说经过10年困难的协商终于达成了一份全国性的协议,以平衡各地相互冲突的利益。北部工业获得承诺——未来5年不会取消保护性关税。南部则获得允诺,低关税政策终将实现。西部各州可能曾对杰克逊反对联邦政府支持改造工程感到失望,但它们获得了分配盈余的承诺作为补偿。而兑现这些承诺都不必增加让人讨厌的联邦负债。但这份协议本身是脆弱的,完全倚赖于财政状况健康与否,1837年大恐慌后协议也随之破裂。出售土地和关税收入骤降,1837年,联邦收入只有上年同期的一半,联邦政府面临1812年战争以来首次巨额财政赤字。

财政状况恶化后,最先受到影响的就是分配盈余的政策。财政部曾计算出共有3 700万美元可供分配,到1837年秋,分期支付的款项3/4都已支付到各个州。最后一期付款本应在10月支付,但到夏季末期,联邦政府已经无法应付日常开支,更不用说要支付给州政府的最后一期合计900万美元的款项。"难以看出,"拉格特的《金融记事报》(*Financial Register*)1837年8月写道,"政府如何能在10月如期支付最后一期款项的同时继续正常运作。"[75]几周

第三章
联邦政府的危机

之内,国会就修改了有关法律,将最后一期款项的支付期限延后至1839年1月。显然,到1838年末时,联邦政府仍然无法如期支付,12月份,国会再次决定无限期延后支付时间。

坚信联邦政府会继续付款的州政府猝不及防。1838年12月,尽管国会刚刚决定延迟付款,宾夕法尼亚州州长仍催促州议会增加拨款。州议会提高支出额,强迫刚获得州政府授权的美利坚合众国银行为宾夕法尼亚州提供一笔短期贷款,并计划从即将到手的最后一期联邦分配款中拿出一部分在次年4月偿还贷款。然而,当国会决定无限期延后支付时间,使得宾夕法尼亚州的无担保债务规模高达当期支出总额的1/3。印第安纳州、密歇根州、密西西比州和纽约州也以未到账的最后一期分配款为抵押进行贷款,结果都面临资金缺口。纽约州州长威廉姆·苏华德指责联邦政府背信弃义。俄亥俄州议会谴责联邦政府"截取"了最后一期分配款——"无论联邦财政的需求有多紧急,都没有理由"[76]这么做。

然而现实是,联邦财政状况已经苦不堪言。1838年5月,范布伦告诉国会,国库中只剩下21.6万美元:仅够支撑政府正常运作两天。美国已经"颜面尽失",范布伦说,"政府无法迅速地、有信义地履行经济责任的危机迫在眉睫"。[77]摆在美国政府面前的残酷现实是,它将不得不通过贷款来兑现政府责任。而就在几个月前,民主党还在庆祝美国成为全世界唯一一个零负债的国家。"我们怀揣着能拥有无尽盈余的美好梦想,"参议员托马斯·哈特·本顿叹息道,"但惊醒时面对的却是现实中空空如也的国库。"[78]

民主党希望能保持过去联邦政府轻松如意并且零负债的统治模式。起初,范布伦政府请求国会授权发行联邦债券——一些小面额的票据,取代现金作为偿付债权人的新支付手段。态度强硬的民主党人坚持认为,如果美国只依赖于联邦债券融资,仍然相当于零负债;联邦债券只是应对收入短期下滑的一个权宜之计。但很多国会成员拒绝接受这个财政健康的假象,他们抗议范布伦政府并没有采取积极措施避免借贷。"没有采取或计划采取任何缩减开支的措施,"来自南卡罗来纳州的参议员威廉姆·普雷斯顿(William Preston)说道,"经济状况不是借口……从没有人提议削减任何奢侈的支出,在党内,也从未提出节俭的建议。"[79]

1837年,国会勉强通过发行联邦债券的计划。当1838年经济状况没有明显改善时,范布伦政府要求增发,国会也再次大发善心。"看,现在又是一个紧急情况——又是一场意料之外的危机,"参议员普雷斯顿指出,"我看财政状况大概总是处在紧急状况中。"[80]事实也差不多如此。财政部总是高估了第二年的财政收入,然后再通过短期融资弥补赤字。1839年、1840年和1841年,联邦政府又分别三次获准发行债券。1841年,财政支出比财政收

第三章
联邦政府的危机

入高出60%。

1841年3月之后,轮到辉格党执政,参众两院也在其控制之下。辉格党揭穿了民主党制造的财政状况假象——联邦政府只需发行联邦债券来填补短期融资缺口。1841年7月,国会授权一笔1 200万美元贷款,第二年4月,再授权500万美元的贷款。于是轮到民主党发出抗议,他们指责辉格党把杰克逊苦心消除的联邦负债又重新堆积起来。但前面四年执政期间的做法,已经令人们对民主党丧失信任。"直接开口贷款比不断发行几周或者几个月就要赎回的债券,更有男子气概。"[81]辉格党反驳道。

尽管赤字财政制度已经明显卷土重来,但当时的政府对于赤字规模仍有所限制。欧洲市场对联邦政府基本关闭,而美国市场自身仍存在严重问题。国会不得不两次放松联邦政府债券的销售条款。1842年发行的债券所支付的利息,是自1812年战争以来的最高水平。不过,在国家债务问题上,辉格党的政策还是宣告了杰克逊式政策的彻底终结。1843年时,联邦负债规模重回3 300万美元,基本与杰克逊就任前美国的联邦债务水平相当。"消灭国家负债的美好愿景被彻底打破——杰克逊政府曾经最钟爱的方向被摒弃了。"[82]

协议进一步瓦解。按照1833年达成的降低联邦关税的计划，1842年6月是计划完成的最后期限，在最后几个月，关税税率须做出最后一次大幅下调，此后，税率将降至能够满足联邦政府正常运作开支的最低水平。1833年，在进口量还很高并不断增加时，人们预期最终的关税税率将会很低。但到1840年底时，贸易规模已经急剧下降，这时如果关税还要降至南部原先预期的水平，联邦政府将无法获得足够收入来应付政府开支。尽管泰勒政府努力控制支出，但关税收入减少的速度更快。

这不是1833年协议面临瓦解的唯一原因。此时，很多陷入困境的州政府已经宣布违约，它们不断对联邦财政施压，要求其提供救助。尽管联邦政府手中已经没有可以分配给各个州的财政盈余，但州政府瞄上了联邦政府出售公共土地获得的些许收入，尽管这时的土地收入只是过去的一个零头——1841年，土地销售收入只是四年前收入的1/20。州政府有权分享联邦土地收入被看作是重要的原则问题，（公共土地是国家资产，由此产生的收益应当被广泛分享）同时也带来预算上的便利，"为那些负债累累的州提供一种救济措施"。[83] 在1842年1月宣布违约的伊利诺伊州，候选人们提醒选民，该州正面临着"史无前例的财政压力"。新分配政策则是"能够想到的最显然的（解决方式）"。[84]

与此同时，在北部，面对保护性关税将被取消的悲观现实，苦苦挣扎的制造商和工人越来越多地被激怒。1842

第三章
联邦政府的危机

年4月,在纽约最大的集会地——百老汇教堂举行了一次全国性集议,旨在组建起反自由贸易的主场联盟(Home League)。"数以千计的工程师和工人失业,舒适的生活模式被打破"[85],马里兰州的威廉姆·汉迪(William Handey)写道,南部各州的"自私"[86]政策——自由贸易——会让情况变得更糟,因为届时美国劳动力将被迫与"收入更低、工作量更大的欧洲劳动力"[87]竞争。组织者提醒参与会议的代表们,北部工业甚至可能利用国家内部的紧张局势来赢得救助:

> 现在,我们的制造商和劳工不愿接受没有保护性援助的状态。战争对他们可以起到保护作用。他们深知这一点……那么当政府拒绝提供保护时,你是不是还能期待……他们不会点燃战争的导火索(眼下已经一触即发),为自己赢得能够立即带来盈利和就业的强制保护状态?被抛弃的工人和丧失希望的劳动者们已经在悄悄讨论这个方案了。[88]

1841年3月,国会召开第27届会议,其头等大事就是满足各个州的要求。新的土地法案在两方面向州政府做出让步。在边境各州,新法案承诺,使用公共土地的新移民可以按折扣价买下土地所有权。面临经济困境的州则获得承诺,联邦政府将根据每个州的人口数量,将出售土地的收入分给各个州。分配制度最大的赢家亨利·克莱答应,如果1842年6月后的关税税率高于政府在1833年协议中向南部各州承诺的水平,土地收入分配将会暂停,南部各州的敌意因而得以缓和。1841年9月,泰勒总统签署了分配法案,穷困的州政府已经在忙着估算能够从联邦政府手中获得多少钱了。

土地法案对州政府很慷慨——实际上过于大方。当时,已经有迹象表明,联邦政府无法同时兑现其对西部各州的收入分配承诺和对南部各州的关税承诺。签署分配法案仅仅一周后,泰勒就签署了一项提高部分产品关税的法案,尽管该法案本身并未违反1833年协议,但却传递出联邦财政正迅速恶化的信号。1841年底时,泰勒已经在私下里承认,联邦政府已经不得不打破协议才能满足自身需求。这意味着分配政策也不得不暂停。不过,在公开场合,泰勒在措辞上仍然小心谨慎。他告诉国会,联邦政府正面临财政赤字,贷款申请已经小有成果,因此国会应考虑进行某些关税改革——最理想的情况是既不违背1833年协议也不抵触1841年的分配政策。1842年2月,克莱给出一份更清楚、内容更加具体的方案:明确放弃1833年协议和继续分配的承诺。

这时,泰勒对银行法案的否决已经令国会产生内部分歧,克莱的建议更是火上浇油,令国会陷入混乱。"国会已经丧失立法的能力。"[89]海军部长埃布尔·厄普舍私下里

第三章
联邦政府的危机

抱怨道。除了暂时砍掉全部国防支出,泰勒想不到其他拯救联邦财政的方法,1842 年 3 月,他终于不得不公开承认,即使按照他设想的那样废除分配政策,1833 年协议也无法兑现。他请求国会本着"和谐共处及各退一步的精神"[90]尽早做出决定。

但实际上,不论是泰勒还是国会,都无意妥协。6 月,国会提交给泰勒的一份法案,建议将 1833 年协议中承诺的最后一次关税下调推迟一个月,并保留分配政策。泰勒否决了这份法案——他认为这是北部各州希望保持高关税的阴谋,并命令海关按原定计划在 6 月 30 日最后一次下调关税。泰勒的做法激怒了国会中的辉格党多数,8 月,他们向泰勒提交了第二份法案,建议恢复高关税,并永久确立分配制度。泰勒再次否决法案,这已经是一年内的第四次否决。很多辉格党人怒火中烧,打算弹劾总统,列出的罪名包括"武断、暴君专制和滥用否决权"。[91]众议院的大部分辉格党人都支持弹劾,尽管最终人数还未达到启动正式调查所需的法定人数。

正如一份英国报纸所言"关税问题悬而未决"[92],令大西洋两岸的贸易暂停,令双方的经济停滞问题雪上加霜。"这个国家的状况实在太可怕了,"8 月 25 日,当再次否决的消息传到利物浦时,《伦敦纪事晨报》(*London Morning Chronicle*)表示,"无论怎么看,政府都已注定破产。"[93]国会最终屈从于泰勒的要求。8 月底,国会通过法案,同时摒弃分配政策和1833年协议,但提高关税税率,这次,泰勒签署了法案。法案在参众两院都仅以一票之差险胜。来自北部各州的众议员一边倒地支持法案,而南部各州的议员们则一边倒反对。

在北部各州,新的关税法案大受欢迎,人们称赞其为病入膏肓的经济注入新的活力。"1842年关税法案为我们创造了奇迹。"[94]保护主义宣传者卡尔文·科尔顿(Calvin Colton)写道。纺织厂和其他工厂重新开门,运河也变得繁忙起来。主场联盟的一位领袖表示,该组织对关税法案"十分满意……政府鲁莽的做法——牺牲我们最重要的利益来满足欧洲制造商的贪婪,或者拒绝不切实际的抽象派艺术家们的空想理论——终于得以阻止"。[95]然而在南部,"不切实际的抽象派艺术家们"正气得冒烟。南卡罗来纳州的卡尔霍恩直截了当地指出南部被背叛了。10年来,南部一直克制自己降低关税的要求,尊重1833年协议,"然而现在,终于等到这一天,等到我们收获果实的时候……(制造业利益集团)却改口了,公然冷酷地违背每一条有利于我们的条款"。[96]1842年12月,南卡罗来纳州议会通过一项决议,谴责关税法案背信弃义的同时,提醒人们新关税法案可能会重蹈1833年协议的覆辙。尽管如此,他们还是被说服,同意给众议院中新选出的民主党多数一个废除法案的机会。

当国会还是无动于衷时,南部的愤怒升级。1844年7

第三章
联邦政府的危机

月,南卡罗来纳州政客、后来成为联邦国会成员的罗伯特·雷特(Robert Rhett),大骂联邦政府是专制君主,呼吁大家脱离联邦。1833 年协议"实际上是手握武器的交战双方达成的一份停战协议",1844 年 11 月,南卡罗来纳州州长詹姆斯·哈蒙德(James Hammond)表示。1842 年的法案毫无道理地破坏了这份协议,哈蒙德认为联邦政府不会再废除该法案,"我们州被迫……接受这些措施,但也将调动道德层面、宪法层面甚至实物资源,全方位地与这项令我们的国家陷入贫困、令我们的政府爆发革命、令我们丧失自由的政策展开对抗"。[97]

陷入经济困境的州也并没有获得援助。联邦政府再次承诺分配收益,也再次食言。眼见分配制度再次破裂,一些州政府又开始动起主意,想让联邦政府接手其债务。已经违约的宾夕法尼亚州和马里兰州的呼声最高。但国会没有兴趣为最困难的州提供援助,那毕竟是它们自己酿下的苦果。"如果联邦政府为州政府提供援助,帮助它们摆脱现在的困境,"批评者认为,"它们肯定会再次欠下巨额债务。"[98]

1837 年大恐慌之前,最终导致美国爆发南北战争的压力就已经很明显。南北双方的经济模式差异越大,两边的核心利益也就愈发对立。南部和北部的人口增速也不同,加之西部地区的迅速崛起,给政治力量的平衡带来更多不确定性,与此同时,南部也越来越觉得自己脆弱。在涉及如何赚钱和如何花钱这个根本问题的联邦预算辩论中,这些压力显然会产生影响。

经济繁荣时期,私人财富不断增长,联邦财政也很充裕,尽管存在一定难度,但要满足相互冲突的各方利益和缓解地区担忧仍然相对容易。在商业蓬勃时,南部可以忍受推迟下调关税,北部也可以接受最终的低关税。西部可能会对联邦政府不愿参与改造工程感到有点失望,但至少会得到相应补偿。而且做出所有这些安排,都不需要让整个国家陷入联邦债务是好还是坏的争论中。

然而当经济衰退时,人们就会明显感受到经济政策是一个零和游戏:如果一方获胜,另一方的利益肯定受损。私人财富缩水令商人和劳动者们无法再接受额外的损失,即使是为了国家统一。国库干涸,主要借款人也纷纷回避,此时的联邦政府也无法通过为受损的地区提供补偿来协调各方利益。政治措辞沾染怒气,政治机制中的礼仪再次堕落。危机让这个国家看似一个"仅靠利益维系、像纸张般脆弱的"联盟,正如日记作者西德尼·乔治·费舍尔所说,"只要利益召唤,随时会解散"[99]。[100]

军备竞赛的输家

对任何一个人来说,比毫无意义的胡言乱语更为

第三章
联邦政府的危机

> 可怕的是,一个头脑清楚,思考问题时知道结合财政亏空这个现实的人,竟然在政府的两个军事部门进行介绍和提供建议时,使用"节省"和"经济"这样的字眼……即便在和平年代,一年的支出至少也要5 500万美元?[101]
>
> ——约翰·昆西·亚当斯,1842年11月

随着联邦财政耗尽,国会不得不开始寻求限制政府开支。整个预算体系合谋抵制国会。五大行政部门(国务院、财政部、邮政部、陆军和海军)的下属机构先负责起草和估算第二年预计支出额。这些下属机构有虚报需求的动机,已是尽人皆知的秘密。"他们报出的金额往往超过实际所需的量,"正如詹姆斯·波尔克总统后来所言,"他们已经考虑到国会将压低、削减其估算额。"[102]按照程序,机构负责人将费用清单交给内阁部长,由于人手常常不足,内阁部长只是把各项支出简单加总,就把总金额交给国会。在这个过程中,没有机构对整个政府建议的支出金额进行统一审核,也没有我们今天所熟知的总统预算案。最终,波尔克总统在1845年要求行使其权力,在递交国会之前先审核各个部门的预算,不过,即使是波尔克也没有能力判断这些支出要求是否合理。几年前,1839年,财政部长利瓦伊·伍德伯里曾对范布伦总统坦言,他无法理解各个部门的预算,"也无法判断最好削减哪部分支出"。[103]

国会也在这方面做出尝试,但也没能做得更好。众议院设立一个节俭特别委员会,研究如何削减开支。来自弗吉尼亚州的民主党人托马斯·吉尔默(Thomas Gilmer)担任委员会主席,因为对自己的工作过于认真投入,吉尔默后来在华盛顿落得节俭·吉尔默的称号。"省钱的热情高涨起来。"[104] 约翰·昆西·亚当斯回忆道。但在国会中,提倡节约的斗士们面临一个障碍——他们无法辨别哪些支出可以削减。亚当斯发现,国务卿丹尼尔·韦伯斯特"总体上对节约和经济表现出温和的姿态,但同时也温和地回避任何具体削减支出的安排"。[105] 1842年,节俭委员会要求各个部门指明哪些支出有下调的空间,但"得到回复基本都是要求增加人手"。[106]

国会的一己私利也令节约开支的任务更加复杂。1842年7月,众议员托马斯·阿诺德(Thomas Arnold)提议削减国会成员薪酬及差旅支出时,在众议院引发"热议"。[107] 提案最终被搁置,而阿诺德再次提出时则被当作是国会山的一个笑话。

国会在考虑削减邮政部开支时也同样矛盾。与国防部不同,迄今为止,邮政部是联邦预算中花费最高的一个项目,尽管很多时候费用是由部门自身的收入来负担。邮政部的雇员总数占联邦就业人数总量的3/4,而实际上,即使是这个数字也低估了其实际规模,邮政部雇来用马车、汽车、蒸汽船和铁路送信的2 000名合同工还没有被

第三章
联邦政府的危机

统计在内。

邮政部是美国的中央神经系统,是进行商业活动、传播新闻和国家治理的渠道。邮政网络的发展——邮局数量的稳定增长和邮路的延长——是一个需要特别关注、反映整个国家健康与否的指标。"没有什么数据能比邮局和邮路的增速更贴切地反映出美国经济增速之快。"1832年《巴尔的摩美国人》(*Baltimore American*)写道:"一个年轻的国家,从建国至今短短时间内就已经有能力实现这么多,我们完全有理由感到骄傲自豪。"[108]邮政体系营运获得的利润,被用于进一步扩展邮政网络。在经济繁盛期,邮局遍地都是。1835—1837年,邮政收入比支出高出20%,国会批准了一项史无前例的服务扩张计划,尤其在农村和边境地区。1836—1840年,邮路的新增规模相当于此前20年的发展之和。1840年,邮政部部长曾表示,邮局"受益于商业的蓬勃发展"。[109]而实际上,当时邮局已经面临着成本上涨和收入下滑的局面。1837年大恐慌后,邮政部开始入不敷出,到1840年时,所有的储蓄已经耗尽,需要国会提供补贴。

商业活动低迷并不是导致邮政部收入下降的唯一因素。邮政部还面临来自私有运输公司的竞争,由于后者无须照顾偏远地区和农村,往往能够在东部沿海城市给客户提供更低的价格。现有法律有意维持邮政部在邮件运输市场的垄断地位,1840年,邮政部第一次尝试根据法律起诉竞争对手。然而,结果却是灾难性的,由于法庭过于严格地解读法条,禁止竞争的要求实质上被废除,客户纷纷转投私有运输商。

在其拥护者看来,邮政部的困境似乎可以作为全美境况的一面镜子。整个国家最重要的、一直以国民增长和一体化为标志的这个机构,现在却处在破产边缘。私有运输公司和贪图低价的公民们,似乎下定决心"要联手一举摧毁邮政部"。缅因州的杰克逊派弗朗西斯·史密斯(Francis O. Smith)警告说,美国正面临着"彻底摒弃整个邮政运输体系的可能性"。[110]很快,邮政部就"比其他公共服务部门吸引了更多注意力,成为公众讨论的主题"[111],波士顿商人詹姆斯·惠顿(James Whiton)表示。国会内部对于彻底掉转1836—1838年间执行的扩张政策的方向有深深的抵触情绪,但此时的国会也无法再负担高额补贴。邮政部部长警告说,如果政府不采取措施,邮政部将无法生存下去。一种解决方法是,强化禁止竞争的法律要求,但支持私有企业发展的人们则反对在邮政服务领域强化政府"可恶的垄断地位"。

1845年,国会终于做出让步。尽管仍然不情愿大幅削减邮政路线,在信件运输业务上,国会决定送邮政部一身垄断盔甲。(承诺大幅降低信件的邮资给这颗苦药裹上了糖衣。)抑制私有部门的竞争会"让那些影响邮政部收入的因素统统消失"[112],1845年法案的起草者,民主党参议

第三章
联邦政府的危机

员威廉姆·梅里克(William Merrick)认为。马里兰州的参议员认为该法案在道德层面也是必需品。尽管法庭的判决不利于邮政部,但梅里克认为美国人心里应该已经很清楚邮政部一直以来就是垄断者。那些转用私有运输商的人们已经是在"公然挑战和不知羞耻地违背法律……反映出他们没有起码的爱国主义精神或者道德义愤"。[113] 强化邮政的垄断地位不仅关乎其收入问题,更是关系到能否维持正常的社会秩序。

在国防领域,预算压力迫使人们做出更痛苦的取舍。杰克逊政府在第二届执政期间,陆军和海军的支出之和占联邦政府支出总额的一半以上。1829年杰克逊总统刚上任时,曾对国防开支的需求表示怀疑,但环境的改变要求其转变思路。美国的领土和大规模的海洋贸易都需要安全保障。1842年时,扩充美国国防力量的主要障碍已经不仅仅是意识形态层面的因素。美国确实想要有更强大的军队,但问题是现在却无力负担。

美国陆军的常规军,还像1835年时那样弱小。过去15年里,陆军的人数基本没变——只有大概7 000人。美国陆军"不足挂齿",1832年,《北美评论》(*North American Review*)写道,"以小分队的形式分布在广阔的边境地区"。[114] 相比之下,经历拿破仑战争后规模大幅缩减的英国陆军,在19世纪最弱的时候——即1835年时,仍有 13 万全副武装的军人。当然,英国的军队也分布在辽阔的帝国领土上。即便如此,1812 年战争后,英国规定,始终在加拿大边境地区安排整装待发的驻军,其规模与整个美国的陆军规模相当。

美国陆军的生存状况相当恶劣。大部分军队被派驻在条件艰苦、环境危险的边境哨岗。1835 年,美国陆军最大的军事基地是位于阿肯色州的吉布森堡,和 500 名军人共同生活的主要是从东部移民来到此地的印第安人。资料显示,吉布森堡曾经历全美最高的气温,尼欧肖河上"最容易滋生疟疾"[115]的地方也在这里。1834—1835 年,142 人在吉布森堡丧生,高烧是主要死因。"这里……不是最好的军营选址。"美国陆军的军医总监坦言。但其他地方也同样危险。新兵的逃兵率高企不足为奇。即便是在西点军校接受训练的军官也不愿坚持服役。当时还没有老兵退伍机制,因此军官几乎没有升职机会,在经济繁荣时期,私营部门有大量诱人的发展机遇。从 1835—1836 年,超过 100 名军官(美国当时的军官总数只有 700 人)离开军队。

《陆军及海军纪事》(*Army and Navy Chronicle*)抱怨称,军队没有受到国会的重视。在很大程度上,国会是故意这么做。很多美国人相信,常备军规模太大会"威胁到政府的共和体制"。[116] 1829 年,杰克逊自己也曾表示,由州政府组织但联邦政府可以调用的民兵也是"国防的保障

第三章
联邦政府的危机

力量……100万全副武装的自由人在战争中绝不会输给外国敌人"。[117]当然,美国当时也并未面对任何迫在眉睫的威胁;即使1835年在北部边境沿线,英国也没有发出敌对警告。因此,吝啬的民主党政府仍然只给陆军花最少的钱。

1835年底,政策开始发生转变。在佛罗里达州,塞米诺尔印第安人拒绝接受杰克逊政府将其重新安置到密西西比州西部的安排,当年12月,一群塞米诺尔勇士袭击了110名常备军组成的纵队,110人中只有2人幸存。民兵未能有效镇压暴乱。1836年4月,美军指挥官温菲尔德·斯科特(Winfield Scott)将军请求华盛顿派出增援力量——"3 000名精良士兵(不要志愿者)"。在斯科特看来,民兵"在这样的远方战争中"毫无帮助,"他们的热情在一两周之后就会逐渐消散"。[118]尽管支持民兵发展的人感到不快,但常备军还是得到扩充。在接来下的5年里,常备军的平均规模为1.1万人。美国陆军支出也上涨到1812年战争后的最高点。

美国军队用了6年时间才终于控制住不到2 000名塞米诺尔勇士发起的暴乱。这6年中的大部分时间,范布伦仍然在位,1840年时,他还坚称"政府不可控的因素"[119]令暴乱持续了那么久。但其他人认为,造成长时间拉锯战的原因在于联邦军队,这场暴乱说明美国需要建立规模更大、组织更加精良的军队。"人们应从佛罗里达战争中吸取教训,"一位英国旅行者认为,"联邦政府弱到连自己的棺材都爬不进去。"[120]约翰·泰勒的新陆军部部长约翰·斯宾塞(John Spencer)敦促国会在塞米诺尔战争结束后继续保持军备开支的水平。然而,从1841年进入1842年的冬天,国会无心考虑斯宾塞的建议。收入"急剧缩水",宾夕法尼亚州的民主党人约瑟夫·弗南斯(Joseph Fornance)告诉众议院。"财政还有盈余时",陆军部"铺张浪费"[121],但现在,美国并未面临重大威胁,是时候改变方向了。1842年8月,国会削减1/3的军费支出,1843年再次减少。1844—1845年,军费支出只比15年前杰克逊政府首届任期期间略高一点。

西点军校也成为众矢之的。杰克逊派民主党人一直看不惯西点军校,在他们看来,这个学校沾染了贵族气息,与共和体制相抵触。但财政困境又给他们带来反对西点军校的新理由:它浪费了"大量钱财"。[122]1842年,国会中的共和党人不愿为西点军校的监察委员会(Board of Visitors)拨款,委员会是该校的一个管理机构,常发表一些有利于该校的学术报告。第二年,他们又力推一项彻底关闭西点军校的决议。决议最终未能通过,但众议院筹款委员会同意,斯宾塞部长应当"制订计划,逐渐缩减"[123]该校预算。西点军校险些关门。

在海军削减开支的难度更大。1837年3月,范布伦就职当天,美国海军共有21艘服役舰船。排在舰队首位

第三章
联邦政府的危机

的是海军北卡罗来纳号,它是一艘近 200 英尺长的三桅船,92 门炮分布在三层甲板。北卡罗来纳号是一艘战列级船舰,在 19 世纪早期,美国人的这个海上堡垒主要负责参加决定海洋控制权的重要侧舷战斗。尽管船身巨大,但年代已久——北卡罗来纳号最初是国会在 1812 年战争之后批准建造,于 1820 年建成。在就职典礼当天,北卡罗来纳号刚好到达里约热内卢——完成了从美国到达位于秘鲁卡亚俄的海军太平洋舰队长达 5 个月航程的一半。

紧随北卡罗来纳号,按照火力大小跟着五艘护卫舰。配有 44 门炮的宪法号,于 1797 年首次下水,1830 年,宪法号因适航性差险些在地中海里报废。同一年下水的星座号在加勒比海巡航。1812 年战争后建成的波托马克号,正在从巴西返回美国的途中,距离诺福克海军基地仅两天。1825 年下水的布兰迪万号,在完成太平洋海域长达 3 年的巡航后正在返回美国的途中。哥伦比亚号是最新的护卫舰,1836 年首次下水,正停靠在诺福克准备开始其首次亚洲巡航。15 艘更小的舰船为这 6 艘护卫舰提供支持服务,例如配有 18 门炮、与星座号一起在加勒比海域巡航的单桅船波士顿号;以及配有 12 门炮、与宪法号同在地中海海域的双桅船鲨鱼号,二者组成了美军在该海域的全部军事力量;还有配备 10 门炮、在南美洲东岸协助波托马克号的双桅船海豚号。

这支规模不大的美国舰队却承担着重大的责任。例如,在太平洋上,美国的海军实力很快将比以往任何时候都要强大,包括了战列舰北卡罗来纳号,两艘单桅船和两艘双桅船。"我们的力量得到明显增强。"[124]海军部长马伦·迪克森(Mahlon Dickerson)吹嘘道。但这五艘船承担着保护美国利益免受"所有美国西岸以西地区"[125]的威胁,包括从阿留申群岛的最南端向南一直到南极洲的广袤无垠的太平洋地区。从位于秘鲁的海军基地到旧金山,然后到夏威夷,最后回到秘鲁,长达1.2万海里。被分配到太平洋舰队的海员至少4年无法回家。

1837年大恐慌之前的20年里,美国海军政策一直摇摆不定。1812年战争促使海军加强实力。1813年,国会授权建造4艘大型战舰,全部在接下来的6年里陆续下水;1816年,国会再批准建造9艘战列舰和12艘护卫舰。"每个美国公民内心的想法,"1817年3月,总统詹姆斯·门罗(James Monroe)表示,"都是国家实力。"[126]然而到了1821年,这种情绪逐渐消退。更有经济头脑的国会拒绝为建造和维护由大型舰船组成的舰队拨款,在接下来的四年里,国会对海军的拨款金额比此前六年的拨款缩减了1/3。1824年时,1813年授权建成的所有大型舰船都已经退役。1816年批准的9艘大型舰船中,只有1艘仍在服役,2艘退役,另外6艘则还在船坞里——基本建成但从未下水。

这么做的理由是,这些船坞里或基本建成的舰船在极

第三章
联邦政府的危机

短时间内就能进入战斗状态。然而,由于缺乏恰当的维护,这些"鬼船"已经无法启用。1826年,英国海军军官弗雷德里克·鲁斯(Frederick de Roos)看到俄亥俄号时被惊呆了,这艘停靠在布鲁克林的舰船1820年建成下水,但从未真正参与服役。"我太惊愕了,怎么可以如此疏忽,让一艘制造精良的船在恶劣的天气下,遭受风吹雨打。"鲁斯写道,"它只有7年的历史,因为缺乏基本的维护和保养,已经加速折旧成一堆烂铁。"[127]在费城,鲁斯看到了躺在船坞里的宾夕法尼亚号巨大的船体。配备104门炮,排水量达3 000吨的宾夕法尼亚号原本应当是全世界最大的战舰。但其龙骨完工6年后,宾夕法尼亚号仍然没有建成,它已经成为英国海军嘲笑的对象。1812年战争的胜利让美国人变得"有点找不着北了",1838年,英国海军常务次官嘲讽道,于是他们就开始"按照巴别塔原则——让'自己闻名于世'的方式"[128]——来建造宾夕法尼亚号。1838年时,宾夕法尼亚号仍未开始服役,而英国已经打算建造一艘配有110门炮的更大的舰船——女王号。

控制军费支出的政策(如果不是疏忽)在杰克逊当选后并未改变,杰克逊的矛盾态度同时体现在海军和陆军常备军的发展上。缺少强大的舰队可能导致"部分地区遭受攻击,而且时不时地受到羞辱"[129],1829年,杰克逊坦言,但最终民兵总能拯救美国。联邦政府并没有决定建造新的舰船,相反,海军被要求大量贮备原木和其他材料,准备好在紧急状态下能够建造所需船只。联邦政府想要以这种方式来避免建造和维护大型舰队带来的高额成本。

政策的短视在杰克逊的第二届任期时变得更加明显。美国的商业舰队规模仅次于英国,居于全球第二位,而且和英国一样,美国当时也想扩大与中国这类新兴市场的贸易。这就要求美国需要具备足以击退海盗,以及令美国的协议对象刮目相看的海军力量。海军最终研究出一种计算其保护商业舰队的能力的公式:商业舰队上每10万吨货物需要战舰上多少门炮来保护。按照这种"每吨货物对应几门炮"的公式,美国看起来比任何一个欧洲国家都要弱小。

美国也开始担忧与法国爆发战争的可能性。杰克逊本人对法国未如约对美国在拿破仑战争期间的商业损失做出赔偿感到非常气愤,1834年12月,他对国会表示,美国可能要被迫俘获法国船只作为报复。法国国会议员也被杰克逊的态度激怒了,1835年一整年里,两个国家之间的冲突都好像随时可能爆发。杰克逊的一位朋友称这是他执政期间"最危险的时刻"。[130]事实是,法国的海军实力远超美国,其正在服役的大型舰船就有30艘,此外还有30艘舰船在闲置状态但随时可以投入使用,有超过100艘小型帆船和具有攻击力的汽船可随时调用。"试想一下,如果我们与法国之间的分歧最终引发战争,"1836年,《陆军及海军纪事》在争议解决后写道,"我们不得不面对

第三章
联邦政府的危机

现实,不论是贸易还是海军,可能顷刻间就会被比我们强大好几倍的法国海军彻底扫出海面。"[131]

杰克逊行将结束总统任期时,开始呼吁国会加强海军力量来保护贸易活动,"把危险阻挡在远方,让国防发挥最大的功效"。[132]民兵不再担当国防保障的任务。因为受到战争威胁,国会的态度也发生动摇,除了海军拨款金额提高60%,允许宾夕法尼亚号完工下水、修复俄亥俄号,国会还批准再建造两艘新护卫舰并测试三艘武装明轮汽船。

但这股扩张海军的热情很快被经济危机浇灭。面对收入压力,加之不愿对外贷款,范布伦开始满足于维持现状。1841年,美国海军的规模已经比10年前大了不少,但与欧洲舰队比起来,仍然小得可怜。在1840年至1841年发表的一系列匿名文章中,海军上尉马修·莫里(Matthew Maury)认为当时的美国海军捉襟见肘、杂乱无章、士气低落。1838年,"因自己的实力之弱而无地自容的"美军独立号舰长,不得不乞求法国战舰释放其俘获的参与非法封锁巴西港口的美国商人。在非洲沿海,英国巡洋舰截下参与非法奴隶贸易的美国船只,对"美国政府的不作为"做出无声的指责。国家荣誉要求政府做出改革,莫里说,"当商业已经发展成熟,航线和足迹遍布各个海域时,更迫切地需要一支组织形式新颖、规模更大的海军"。[133]

1841年9月,当泰勒总统任命埃布尔·厄普舍担任海军部长时,美国海军终于迎来最坚定的支持者。厄普舍是弗吉尼亚辉格党人,反英分子和领土、贸易扩张的坚定支持者。"海军的发展从未像现在这样顺利过。"《南方文学信使报》(Southern Literary Messenger)在1842年1月写道,"在国家领导层面拥有盟友,海军实力脆弱的问题将会得到关注,其需求也会被众人所知。"[134]

在上任几周内,厄普舍就向国会提交了一份提升海军实力的计划,他表示海军部应进行全面重整。1812年战争期间设立的冗繁的监督机构——海军委员会,将被负责管理海军五大不同事务的五个局级机构取代。此外,还将采取措施改善海军服役的专业程度,包括建立与西点军校匹敌的海军学院。海军舰队的规模也将显著扩大。1841年12月,厄普舍声称:

> 现在,政府在其职权范围内尽快提高海军实力已经是不容置疑的政策……在我们的海军实力还不及世界上最强大的海军实力的一半时,我们不能安心地停下增强海军实力的步伐……当我们的海军实力只有对方一半时,我们也许还能期望有机会把敌人从我们的海岸线上赶走。但如果连一半都不到,我们的舰队可能只有一个作用,就是满足敌人的贪婪,让他们的胜利欲更加膨胀。什么都没有可能都好过实力

第三章
联邦政府的危机

不足。[135]

这不但是一个野心勃勃的目标,当你考虑到英国海军力量的显著优势时,这还是一个野心与日俱增的目标——因为英国本身也在与法国竞争海上领导权。厄普舍希望让美国加入全球军备竞赛,约翰·昆西·亚当斯则认为其计划极其荒谬。亚当斯认为,要完成这项计划,美国的海军预算额要翻两番。1842年,厄普舍仅提议增加50%海军支出,即便如此,这也是美国独立之后最高的海军拨款额。

和陆军部部长斯宾塞一样,厄普舍所面对的国会也还在纠结在收入下滑的情况下,如何平衡收支。"现在是扩充海军实力的时候吗?"纽约民主党人费尔南多·伍德(Fernando Wood)问道,"政府刚刚在昨天停止运转,行政机器被迫停下,只因为需要少量营运资金……但昨天,华尔街和板栗街上的公众信心上下波动,政府哀求英国金主伸手相助……没有钱,也缺乏信用,颜面尽失、资金短缺——这是选择开口要几百万拨款的时机吗?"[136]

辉格党人也反对厄普舍的计划。米勒德·菲尔莫尔(Millard Fillmore)担任主席的众议院筹款委员会对海军部施压,要求其削减开支。"对于哪些开支可以节约这个问题,他们的回复是'没有',"5月份,菲尔莫尔向众议院汇报,"海军部坚持一分钱都不能省。"[137]

不出意料,厄普舍关于建立一所可与西点军校相匹敌的海军学院的建议也因要节约开支而被否决,毕竟就连西点军校也已经是攻击对象。尽管如此,厄普舍还是比陆军部长斯宾塞更加成功。调整海军部架构的建议成功通过,因为该提议承诺节省"数百万美元"[138]。最后,厄普舍还是拿到了用来扩充舰队规模的大部分资金。12月,泰勒宣布修缮处在闲置状态的舰船,令其可随时投入使用,并新增几艘"小型舰船"[139]。然而,这次小规模的扩张并未能顺利进行。明轮汽船密西西比号和密苏里号投入服役,但结果令人失望。这两艘船需要消耗大量煤炭,但在初期试验中,并不能达到其预期航速。1842年4月,密苏里号在波托马克河上进行测试时搁浅,在尝试移动它时,16人丧生。厄普舍决定,"在和平时期",这两艘船"一起服役的成本太高"[140],应终止其服役。密苏里号保住了面子:1843年8月停泊在直布罗陀时,密苏里号着火,弹药库爆炸后沉没。

6个月后,悲剧性的一幕在普林斯顿号身上再次上演。1843年9月建成下水的普林斯顿号,在设计上极具突破性,是全世界第一艘螺旋桨动力的战舰,其引擎效率也比任何一艘英国舰队中的舰船要高。普林斯顿号配备有杀伤力较大的锻铁枪,以及罗伯特·斯托克顿(Robert Stockton)设计的13吨重的长炮"和平者",斯托克顿曾夸口"和平者"具有"不可思议的毁灭性效果"。[141]1844年2

第三章
联邦政府的危机

月,无数满腔热情的美国人参观了停靠在华盛顿的普林斯顿号。2月的最后一天,斯托克顿邀请泰勒总统、厄普舍(已经是国务卿)、海军部部长托马斯·吉尔默(前任众议院节约委员会主席)以及其他300位嘉宾登上普林斯顿号,游波托马克河。在进行鸣炮礼仪时,"和平者"突然爆炸,厄普舍、吉尔默以及其他6名嘉宾被当场炸死,泰勒也险些丧命。

于是,普林斯顿号从举国庆祝的对象变成了全国默哀的罪魁祸首。华盛顿的一份报纸写道,白宫再次成为"死亡之地",这里曾在1841年见证了哈里森总统的逝世:

> 在这幢宏伟建筑的东翼,躺着五具尸体……阴暗的房间里,还可以看到那场可怕灾难留下的血迹和黑色的硝烟痕迹——这五个人都曾是总统最亲近的朋友,其中两人还是他内阁的成员,五具尸体全都被匆匆运离白宫……随后被运往(国会山)……一路上,挤满沉默不语前来送行的人们……街道两旁的建筑物门窗紧闭,一排排悬挂的黑纱让整个城市留下最令人悲痛和无法磨灭的记忆。[142]

尽管遭遇上述种种挫折,美国海军还是在厄普舍计划的推动下有所成长。1846年时,海军拥有一艘现役战列舰哥伦布号。如果时间充足,另外8艘闲置或未完成的船

图片来源：国会图书馆。

图9　美国普林斯顿号蒸汽战舰上的"和平者"发生可怕的爆炸。New York, N. Currier,1844

只（1816年开始建造的那批船）也可以进入战备状态。此外，美国还有另外25艘服役的战舰。"美国从未有过，"一位作家说，"如此强大的舰队。"[143]不过，与英国和法国相比，美国的海军的实力还是远远落后，1846年3月，海军部的一份表格数据一目了然（表1）。英国现役战列舰共17艘，75艘在役舰船，另有24艘舰船在建。此外，还有6艘在役的蒸汽动力护卫舰，12艘同样的舰船在建。美国海军远远未达到厄普舍定下的目标，实力仍不及英国的一半。事实上，美国距离这个目标还很遥远：1846年，英国在建的舰船火力就已经超过了现存或计划发展的美国舰队的实力。值得安慰的是——而且还是一个不小的安慰

第三章
联邦政府的危机

是——美国海军可以轻松击垮墨西哥海军。[144]

表1 各国海军规模(以门炮数量计),1846年

	现役	退役	在建	总数
美国	1 155	576	614	2 345
英国	4 583	9 933	3 165	17 681
法国	4 293	1 120	3 515	8 928
墨西哥	42	—	—	42

与超级大国和解

> 这两个国家之间毫无幽默感可言,任何一丝冲突都会把它们推向战争。[145]
>
> ——尼古拉斯·比德尔,1843年7月20日

如果有任何一项政策能让多数美国人点头,那一定是领土和贸易扩张。自共和体制确立早期,美国领导人就一直将其看作一项得到上帝庇佑的特别使命。美国是"一个正在崛起的国家",托马斯·杰斐逊在1801年时曾说,"幅员辽阔,物产丰富,周边海域提供了充沛的海产品"。[146]在最初的50年里,美国领土面积翻了一番,并建立起一支初具规模的商业舰队。即便在1837年大恐慌后,约翰·泰勒所言的"帝国扩张"[147]的热情也并未减退。纽约州州长威廉姆·苏华德相信,大众的扩张热情不可违背,领导者

必须尝试引导这种热情,但不可压制。"我们的国家反映了人类的进步,"1839年,《民主评论》的编辑约翰·苏利文(John O'Sullivan)写道,"谁或者什么能够阻挡我们前进的步伐?上帝与我们同在,没有任何力量能够阻挡我们。"[148]

美国人自己在更清醒的时候也不得不承认,这显然太过自负。当时的世界主导者是英国,而不是美国。"约翰·布尔(John Bull),"美国编辑老帕克·本杰明(Park Benjamin Sr.)说道,"在四面八方都布置了自己的军营和战舰。"[149]英国在美国北部边境布置的驻军规模,相当于分布在全美境内的美军总数,英国的海军实力也远超美国。此外,英国还是美国最重要的出口地和最主要的资金提供者。谈下购买路易斯安那州这笔买卖的虽然是杰斐逊,但资金却来自英国的巴林银行。美国处在奇特的境地——与一个军事力量强大、经济占据优势的国家争夺领土和市场。

经济危机令美国的困境雪上加霜。已经陷入绝境的南部种植主们无法再承受棉花贸易争端。银行家、商人和政府也都无法承受信贷紧缩。国库已空的联邦政府,几乎没有进行军备竞赛的能力。但公众的扩张热情依然不减——相反,爱国主义者们认为"帝国扩张"对一个被困难压抑的国家具有独特的吸引力。美国领导人的任务就是,协调主权民众的扩张野心、经济困境和现实的军事力量之

第三章
联邦政府的危机

间的冲突。

面对领土和市场扩张难题的联邦领导人,和需要决定是否宣布违约的州政府领导人面临类似的困难。二者都需要处理刚获得选举权的公民们的需求和实际上能够实现的目标——考虑到美国在世界秩序中的排位——之间的冲突。在华盛顿,管理这种紧张关系并不是一件容易的事,而且还常常事与愿违。有时候,美国政客会放大公众的需求,有些时候又试图压制或者操纵公众。他们时而恐吓英国,时而又向对方妥协。尽管最后,大部分人终于明白危机已经削弱了美国追寻自己命运的能力。美国不能在扩张情绪的支配下与军事和经济大国发生任何直接冲突。

1837年大恐慌还令美国北部边境产生国家安全危机。1837年11月,下加拿大省(现在的魁北克)爆发反抗英国殖民政府的叛乱,几周后,上加拿大省(现在的安大略)也爆发叛乱。两次叛乱都很快就被镇压下来,很多叛乱领导人逃到美国,他们在这里获得广泛的公众支持。在水牛城,12月中,起义者威廉姆·莱昂·麦肯齐(William Lyon Mackenzie)在热情的公众面前演讲,邀请美国人加入下一次对殖民政府的攻击。几百名美国支持者组成的"爱国军"很快在纽约州北部建立。"你的理由在这里很受欢迎,"1837年12月,奥尔巴尼邮局局长所罗门·凡·伦斯勒(Solomon Van Rensselaer)在给他担任爱国军领袖的儿子的信中写道,"这可能是与英国战争的导火索。"[150]

几天后,一支英国突击队进攻并击沉了叛军的卡洛琳号,他们用这艘汽船向位于尼亚加拉河的一个小岛的营地运送补给品。英军发起突击时,卡洛琳号正停靠在尼亚加拉河位于美国这边的河岸,一名美国人在事件中丧生。很快,纽约《先驱报》(*Herald*)所谓的"复仇的决心"[151]在整条边境线上沸腾起来。布法罗(Buffalo)市长提醒范布伦总统:"当局没有足够能力控制这些人,除非联邦政府介入,否则无法避免后果严重的暴乱。"[152]在密歇根州,叛军支持者拿走了存放在底特律监狱里的武器,并威胁攻下厄特堡的弹药库。尚普兰湖附近的一个美军军火库中有更多枪支失窃。

1837—1838年,纽约州是一个民主党州,反英情绪在民主党内部很盛行。当然,范布伦本身也是一个民主党总统。但范布伦很快意识到,美国不能对英国发动战争,他试图引导人们保持中立观点。范布伦要求英国对遭受攻击的卡洛琳号进行修缮,并请求国会拨款增强边境国防力量。然而,与此同时,他公开宣称美国不会干涉加拿大事务,建议州长逮捕叛党支持者,并要求州长温菲尔德·斯科特实地考察边境的情况,利用自己的影响力维持秩序。英国驻美大使亨利·福克斯告诉伦敦,范布伦的目的是保持边境的和平。

第三章
联邦政府的危机

范布伦的政策让很多支持者感到困惑。密苏里州的参议员托马斯·哈特·本顿认为范布伦"努力遏制对邻国的帮助和压制暗潮澎湃的自由,令其在边境各州失去很多支持"。[153]民主党报《华盛顿环球报》(*Washington Globe*)的一位编辑在给叛军领袖的信中表示,在民主党眼中,范布伦的政策"非常非常耻辱。没有一位民主党人,不论是北部还是南部……不发自内心地感到遗憾……那股燃烧的爱国主义热情,只要一点火花就能燎原的爱国主义热情,现在被埋葬在民主中……但现在你还能期望我们能做什么?……与英国交战对我们百害而无一利"。[154]来自南方各州的民主党人尤其这么认为,他们相信战争对棉花贸易来说将是灾难性的。

然而,事实上,范布伦"努力遏制"边境各州的能力有限。即便在国会通过一项授权处罚叛党支持者的中性法案后,对边境的控制能力也仍未得到改善。州政府和地方政府并不愿严格执法。联邦军队的震慑力并不比斯科特的随行人员强多少:只有几千士兵的美国军队,大部分还在佛罗里达忙于镇压塞米诺尔动乱。1838年5月,美国公民夺下并烧掉了一艘英国汽船——罗伯特·皮尔号,11月,另一股叛军力量在圣劳伦斯河上游发起突袭。英国驻美大使福克斯承认,范布伦"真的很努力,对于这样一个弱小的政府来说,要履行任何一项其本身应当承担的责任都要很努力"。但福克斯对于总统控制事态的能力表示质疑,"在这个国家,政府已经无力控制。我看不出他们最终怎么能避免与英国开战"。[155]

在缅因州和新不伦瑞克之间的边境线上,范布伦的控制权面临更严峻的考验。这里一直未划定明确的边境线,但因为发展缓慢,冲突得以避免。1839年,情况发生了改变,缅因州在这一年派出一个团体,与英国入侵者交涉争议土地问题。新不伦瑞克的殖民政府逮捕了缅因州的代表团,并威胁动用武力保护领土。1839年2月,缅因州议会决定派出1万名民兵北上。对于压制与英国的冲突,缅因州州长警告范布伦:"在这种情况下,你应该与我们作对吗——或者说缺乏热情、诚挚和一个真正的美国人该有的感情来支持我们,上帝也只知道这一结果注定是会产生政治影响的。"[156]在华盛顿,国会授权总统在有必要击退英军时,有权调动5.5万名士兵,这一举动更拨旺了火势。

范布伦再一次希望采取中立态度。他支持缅因州主张领土主权,同时又向福克斯保证避免冲突。但当两个国家尝试解决争端时,缅因州的民兵却并没有理会范布伦要求其解散的呼声。斯科特将军被派驻到缅因州,最终令州政府领导人同意——尽管他们并不那么情愿——从争议领土撤回美军和英军的计划。难得的和平得以再次重建。

然而,到1840年末,整条北部边境线上再度不安定起来。9月,布法罗当局逮捕了加拿大人亚历山大·麦克劳德(Alexander McLeod),当局称他在卡洛琳号袭击事件中

第三章
联邦政府的危机

杀死了一名美国人。范布伦有力回击了英国对逮捕事件的抗议,坚称他没有权力去干预根据州法律提起的诉讼。在 11 月份大选失败后,范布伦对于在这件事上采取拖延策略仍感到满意,直到他的继任者威廉姆·亨利·哈里森(William Henry Harrison)就职,联邦政府也未采取任何实质措施。与此同时,在东北部,试图允许在美国大选中对争议土地进行投票的做法,令缅因州边境争端死灰复燃。1841 年 3 月时,几个州议会已经通过决议,承诺支持缅因州把英国人从美国的土地上赶出去。

两个国家之间的硝烟味越来越浓。4 月,哈里森总统去世后,副总统约翰·泰勒在国会面前说:"在我到达华盛顿时,这个国家的和平局面……已经命悬一线。"[157]英国驻美大使福克斯收到通知,一旦亚历山大·麦克劳德被处决,立刻离开美国。身在伦敦的美国大使,民主党人安德鲁·史蒂文森(Andrew Stevenson)提醒新上任的国务卿丹尼尔·韦伯斯特,英国政府正在征兵送往加拿大。"这个国家的安静很快就会被打破了,"1841 年 9 月,伦敦巴林银行美国贸易主管约书亚·贝茨写下,"船、蒸汽和人都已经整装待发,与美国打一场战争也不会增加多少开支。"[158]

战争可能爆发令英美商界警醒。早在 1840 年,贝茨就已经直接提醒韦伯斯特,缅因州的争端"令所有从事商业贸易的人感到深深忧虑"。[159]本身与跨大西洋贸易活动有着紧密联系的韦伯斯特,几乎不需要别人来说服他和平的环境有多重要。被任命为国务卿后不久,他就开始游说英国新上台的保守党政府就造成英美关系紧张的问题进行磋商。

到1841年秋,两国的关系已经变得更加复杂。尽管阿奇博尔德·麦克劳德已经无罪释放,令纽约州边境地区的压力得以缓解,但又产生了另一个问题。11月,在巴哈马的英国当局为一些奴隶提供避风港并杀死了一名奴隶主,这些奴隶曾在美国的克里奥尔号发起反抗。南部的美国人要求英国当局把奴隶遣送回来,但两国之间的引渡协议已经在1807年失效,巴哈马法庭宣布奴隶们重获自由。

罗伯特·皮尔(Robert Peel)担任首相的政府也认为,大西洋两岸关系的恶化可能造成"最为灾难性的后果"[160],1841年12月,英国政府任命阿什伯顿勋爵担任特使,就两国间存在的一系列问题直接与韦伯斯特进行协商。(1842年1月,狄更斯乘坐的不列颠尼亚号到达波士顿时,带来了阿什伯顿获得任命的消息。)政治谈判很少会这样明显地表现出保护商业利益的目的。1835年获得贵族头衔之前,阿什伯顿还是亚历山大·巴林(Alexander Baring),他是"英国商界巨头"[161],并从1810年开始担任巴林银行总裁,直至1830年退休。他有一个美国妻子,还在缅因州拥有100万英亩土地(大约占缅因州面积的1/20,没有一块土地是在争议领土范围内),他坚信"两国

第三章
联邦政府的危机

之间重大的利益非常需要维持和平和友好的关系"。[162] 阿什伯顿的家族生意和韦伯斯特的关系也很密切。巴林银行聘用韦伯斯特作为长期法律顾问,并为他1839年从美国到伦敦的旅程买单。韦伯斯特在担任国务卿期间,游说英国政府的工作也大多是在巴林银行的协助下进行。"我宁愿自己是通过韦伯斯特的信件得知,"对于阿什伯顿的任命,约书亚·贝茨1842年1月表示,"但这一点肯定没有被提到。"[163]

一些美国人相信,即便在担任国务卿期间,韦伯斯特"仍然从伟大英国银行家——巴林银行那里获得收入"[164],在伦敦,有人则指控阿什伯顿为了确保协议获得通过,给韦伯斯特塞了数千美元。巨额贿赂的指控最终被证伪,但韦伯斯特确实在协议谈判期间从巴林银行获得了其他形式的利益。"我很乐意尽我所能为韦伯斯特提供一点帮助,如果他确实有需要的话。"1842年4月,巴林银行在波士顿的代理人托马斯·沃德在给伦敦的信中写道。1842年6月,韦伯斯特询问沃德,是否可以用自己在西部几个州的部分土地来偿还巴林银行的贷款,当时,西部各州已经陷入经济困境。"我大概知道,这些土地已经没有太高价值。"[165]沃德告诉伦敦。同年7月,伦敦办公室在没有过问土地的真正价值的情况下,就同意了这笔交易。

阿什伯顿获得任命的消息令伦敦股市立刻得到提振,美国股市也开始上涨。"没有人能比阿什伯顿更了解两国之间的贸易,"1842年1月,《伦敦时报》的驻纽约记者写道,"没有人能比'巴林先生'更深知,美英之间的战争会带来多么可怕的后果……美国商人极为信任他。"[166]

商业稳定对韦伯斯特来说非常重要,但还有其他迫在眉睫的原因令美国政府需要与英国达成协议。联邦政府的国库已经亏空,泰勒政府勉强维持运作。1841年10月,韦伯斯特询问沃德,巴林银行能否安排一笔1 200万美元的贷款——国会已经在7月批准这笔贷款,但不能在美国市场贷出。约书亚·贝茨立刻回复韦伯斯特,巴林银行可以着手安排这笔贷款,条件是"阿什伯顿勋爵的任务获得满意结果"。贝茨警告说,如果阿什伯顿的任务失败,"任何一个美国人都不要想在海外获得一分钱贷款"。[167]

韦伯斯特与范布伦面临着类似的挑战,他需要确保与英国谈判过程中的任何细节都能在美国本土得到支持。在获得泰勒的同意后,韦伯斯特开始部署其同盟所谓的解决民众支持问题的"新方式"。[168]国会授予总统一笔资金,允许其秘密地动用这笔资金来"支付美国和其他国家往来产生的或有费用"。[169]韦伯斯特将这笔钱用于一项秘密宣传活动,在缅因州"引导该党媒体的论调和方向,以及……公众情绪"。[170](几年后,泰勒曾说"政府没有对缅因州施加任何压力来强迫其接受政府的观点……只是希望缅因州能够聆听我们的声音"。[171])当韦伯斯特激动地否认花钱收买报纸以刊登支持与英国协商的文章的时候,他的代

第三章
联邦政府的危机

理人已经说服波特兰的《东部阿格斯》(*Eastern Argus*)——该州最著名的民主党报纸,放弃其支持战争的论调,并转而鼓励联邦政府与阿什伯顿进行磋商。《东部阿格斯》刊登的这篇文章在全国范围内翻印,结果在民主党内,人们对于边境争端中,究竟应坚持认可哪条边界线也开始困惑。

韦伯斯特还说服阿什伯顿让缅因州政府和马萨诸塞州政府的代表直接参与协议谈判。(马萨诸塞州是最初声称对争议领土拥有所有权的州;1820年,缅因州从马萨诸塞州独立出来。)如果两个州政府不同意,联邦政府与阿什伯顿达成的任何协议都无法持久。事实上,韦伯斯特似乎相信,最可能破坏协议的是两个州政府,而不是英国。"英国(应当)考虑到,我们的立法程序不同。"[172]沃德向伦敦解释。阿什伯顿同意让州政府参与谈判,但很快,缅因州的顽固和韦伯斯特无力掌控州政府代表让他越来越绝望。但实际上,韦伯斯特正在私下里把过去英美双方的磋商记录拿给州政府代表看,这些内容无一不支持英国对争议领土拥有所有权,他希望通过这种方式来软化州政府的立场。

尽管困难重重,8月初,双方就主要问题达成协议:东北部确立了一条新的边界线;就引渡及干涉美国奴隶船只的问题也订立了明确条款;与会者对卡洛琳号和麦克劳德事件的发生也表示遗憾。国会还通过法案,允许联邦政府将麦克劳德这类案件从州法庭移送联邦法庭处理。这是金融危机期间,为在国际事务中维护稳定局面,国会第二次增强联邦政府对州政府的控制权——第一次是1838年通过中立法案。

两周内,韦伯斯特—阿什伯顿协议获得参议院批准。对经济复苏的渴望战胜了对协议条款的疑虑。"和平是我们在当下最亟须的。"约翰·卡尔霍恩说,"我们的政府已经严重混乱,信誉受损,负债攀升,支出铺张浪费……和平稳定对于彻底的改革来说必不可少,而这一改革决定了政府能否存续。"[173] 很多美国人也表示赞成,"与英国的协议,"1842年8月底,《尼尔斯记事报》表示,"可能将拉开一个好时代的序幕。"[174]

韦伯斯特—阿什伯顿协议建立的和平环境很快受到桑威奇群岛(现在的夏威夷群岛)冲突的考验。桑威奇群岛当时还是独立国家,卡美哈美哈国王三世(King Kamehameha Ⅲ)在位,这一群岛对美国来说至关重要。该群岛在北太平洋是美国捕鲸船队的唯一港口,到19世纪40年代早期,美国的捕鲸船队包括100多艘船。而且,正如一位美国外交官在1843年所言,作为美国与中国、菲律宾和印度尼西亚之间快速发展的贸易的中转站,"夏威夷群岛的重要性怎么说都不为过"[175]。一些美国传教士也在岛上落户。

第三章
联邦政府的危机

然而,并不是只有美国人对这些群岛有兴趣,发现这些岛屿的欧洲国家——英国,在檀香山也有其外交官和商人。他们同样明白"这一串岛屿的位置,令其所有者可以完全掌控北太平洋的捕鲸活动"。[176]这也符合英国希望控制西太平洋的野心。1840年,新西兰成为英国殖民地;1842年,英国又通过第一次鸦片战争迫使中国打开港口通道。法国勉强跟上英国的步伐,1842年成为波利尼西亚群岛的保护国。此外,法国也希望在北太平洋地区露露脸,1839年,为了抗议天主教传教士在夏威夷群岛受到虐待,法国护卫舰阿泰米斯号封锁了檀香山。

尽管事关利益重大,泰勒政府仍然保持冷静,多次通过美国传教士和商人传达希望为卡美哈美哈国王提供保护的讯息。国务卿韦伯斯特可能曾被迫在与阿什伯顿谈判中提出夏威夷主权问题,令谈判进程更加复杂。直到韦伯斯特—阿什伯顿协议签署后,加之卡美哈美哈国王的代表声称夏威夷群岛可能考虑接受英国的保护以避免法国的掠夺,韦伯斯特和泰勒才被迫采取行动。

1842年12月30日,泰勒在给国会的报告中表示,美国"满足于"夏威夷政府"的独立状态",同时也"为其安全感到担忧"。他指出,其他国家试图夺取夏威夷群岛,"势必会引起美国的不满",这也让美国政府完全有理由"下定决心抗议"这类行为。同时,泰勒承诺,美国本身不会寻求对夏威夷群岛的"特权或者绝对控制"[177]。

一些历史学家习惯把泰勒的1842年报告和詹姆斯·门罗总统早前颁布的政策做比较。门罗曾警告欧洲人,干涉美国西部新独立的各州事务会被视作"威胁到和平和安全的因素……并且是对美国存有敌意的表现"[178],美国将以武力回应。但实际上,这种比较是很不恰当的。门罗态度的强硬和涉及范围之广,给听者留下深刻印象,门罗主义很快在美国和欧洲资本市场广为人知。与之相比,1842年报告并未被接受为泰勒主义,直到100年后,历史学家才给了它这么个称号。泰勒发出的警告影响力有限,结果也更加模棱两可。

原因显而易见。门罗主义主要是为了吓阻西班牙和俄罗斯入侵者,当时的英国是站在美国这边,尽管几乎从未公开承认,但人们都明白英国的海军力量会在必要时支持美国。相反,泰勒的报告是在挑战英国的利益。很多英国人相信"根据国际惯例",他们已经对夏威夷群岛拥有"排他所有权"。[179]而且,对美国来说,要阻止英国对这片岛屿宣布主权也很困难。(一位美国海军司令曾报告说,夏威夷群岛"没有可以抵御强大海军力量的防御性位置"。[180])正如《伦敦时报》的社评所言,英国对泰勒宣言的默许绝非因为"不具备权利或者能够维护权利的力量"。[181]

卡美哈美哈国王在华盛顿的代理人们显然认为他们实际从美国得到的还远远不及预期。韦伯斯特私下里告

第三章
联邦政府的危机

诉他们,泰勒认为没有必要签订协议确认夏威夷群岛的独立地位,并与之建立正式的外交关系。卡美哈美哈国王的代理人之一,威廉姆·理查兹(William Richards)在其日记中写道,韦伯斯特曾说"最好不要一次做太多"。[182]即便当泰勒对该群岛做出公开承诺时,韦伯斯特还在私下里向英国政府保证,美国本身无意控制夏威夷群岛。美国大使爱德华·埃弗里特同样告诉英国外交大臣阿伯丁勋爵,他私下里听说夏威夷群岛希望美国吞并该群岛,但"如果夏威夷群岛真的提出这样的请求,美国一定断然拒绝"。[183]桑威奇群岛的前任英国领事也相信,泰勒政府已经收到了这种请求,但美国人"明白英国绝不会眼睁睁看着这块属于自己的土地被分割出去"。[184]

总体而言,美国的政策显然不是因为对吞并做法感到反感。毕竟,泰勒总统本人极力支持吞并得克萨斯州,尽管墨西哥已经对其宣称拥有主权。1843年12月,泰勒公开嘲讽墨西哥人发出的警告——吞并会引发墨西哥对美国宣战。但当对手是英国时,则完全是两码事。美国对桑威奇群岛的政策希望能兼顾美国人的扩张主义倾向和实际面对的经济和军事现实。

很快,这一政策的尴尬之处尽显无遗。1843年2月,英国战舰卡里斯堡号驶进檀香山港,其指挥官乔治·保莱特勋爵(Lord George Paulet)威胁称,如果不对遭受虐待的英国官员和公民做出补偿,卡里斯堡号将对檀香山发起进攻。迫于威胁,卡美哈美哈国王向保莱特投降,桑威奇群岛处处挂起了英国国旗。卡美哈美哈国王请求伦敦宣布保莱特的行为无效,同时向华盛顿求助,希望美国帮助其恢复主权。保莱特的行为在美国引发反英怒潮。《民主评论》称其是"纯粹的、显而易见、彻头彻尾的掠夺行为……这是最离谱的暴行之一,让美国蒙受的耻辱不亚于在海军和贸易领域让强大的其他国家掌控"。[185]《商人志》(Merchants' Magazine)认为保莱特做出这样行为的动机来自"对所有美国的东西的憎恨"。[186]此外,这一挑衅被看作是对泰勒政府政策的考验。"还需要等待并观察,"1843年6月,《奈尔斯国家记事报》(Niles' National Register)表示,"美国政府是否会默许对美国工业发展造成如此重大伤害的行为"。[187]

泰勒政府没有做出任何可能进一步激起美国人怒火的表态。国务卿勒加雷(Legare)遵循泰勒的指示,写信给美国驻英国大使埃弗里特表示,美国在夏威夷群岛有重要的商业和政治利益,"即便以武力干预"以防止其落入欧洲国家之手,"也是不无道理的"。[188]但勒加雷并未要求埃弗里特把这种威胁传达给英国政府。相反,埃弗里特打算使用他"最大的努力"去联合法国和俄罗斯的外交官,劝阻英国政府继续坚持占领。

然而,当勒加雷的信送达伦敦时,英国政府已经化解了冲突。在完全不了解美国民愤的情况下,英国宣布保莱

第三章
联邦政府的危机

特占领夏威夷群岛是越权行为,并派出英国皇家海军帮助卡美哈美哈国王恢复主权。美国由此避免了表态支持夏威夷群岛独立的考验。勒加雷的继任者,国务卿埃布尔·厄普舍在1843年7月,直接去信英国驻美大使亨利·史蒂芬·福克斯。他在信中再次表示感到宽慰,并承诺美国不会通过侵害英国的利益而在夏威夷群岛为美国公民攫取不恰当的利益。

俄勒冈地区冲突,再一次形象地展示了公众施压希望看到激进的外交政策,与美国的商业及军事现实之间的矛盾。俄勒冈地区是位于落基山脉西部的荒野地带,包括现在的俄勒冈州、华盛顿以及加拿大的英属哥伦比亚省。美国和英国是争夺该地区所有权的两股主要势力。1819年,西班牙已经交出加利福尼亚北部地区的所有权;1825年,俄罗斯则放弃了阿拉斯加南部地区的主权。但英美两国在俄勒冈地区的主权主张却无法调和。直到1845年,美国声称对北纬49度以南地区拥有主权,英国就北纬49度以南、哥伦比亚河以北的地区与美国仍存在主权争议。争议地区包括皮吉特湾,除了还在墨西哥手中的旧金山湾和圣迭戈湾,皮吉特湾是当时西部海岸线上唯一一个良港。1818年和1827年,英美两次达成协议,同意暂缓提出争议解决方案,并共同占有俄勒冈的大部分地区。

随着时间推移,形势对英国越来越不利。来自北纬

49度以南的美国移民数量持续增加,尽管俄勒冈地区英美人口规模总体仍小,但美国移民数量已经超过英国移民。美国移民在这里建立起原始的政府机构。1845年,哈德逊湾公司(Hudson's Bay Company)的一名贸易商曾警告伦敦,如果英国再不做出积极干预,俄勒冈地区将注定落入美国人手中,"每年在这里落户的大量美国移民将令这里的政府机构带有越来越明显的美国特征,这些特征以后将很难抹去"。[189]

在韦伯斯特—阿什伯顿协议谈判期间,双方都未认真地谈及俄勒冈问题,主要因为韦伯斯特和阿什伯顿当时都认为解决东部的领土争端是更加迫在眉睫的任务。而一旦协议签订,两国都已经做好准备,讨论西部问题的终极解决方案。1842年10月,阿伯丁勋爵请求泰勒政府授权美国驻英大使爱德华·埃弗里特与他本人商讨如何解决俄勒冈地区的领土争议。埃弗里特告诉华盛顿,他确信英国"真的愿意接受合理的解决方案"。[190]阿伯丁勋爵的确也承认,美国有权使用皮吉特湾。1843年11月,埃弗里特向阿伯丁提出一个折中方案:沿着北纬49度线划定一条边界,向西延伸至海边,然后沿着胡安·德·富卡海峡的主水道向下。这样,美国人可以继续拥有皮吉特湾,而英国人则仍保留温哥华岛主权,并轻松进出温哥华。埃弗里特报告称,阿伯丁似乎对此方案持开放态度。几周后,阿伯丁私下里授意英国驻美大使,表示如果能够自由进出

第三章
联邦政府的危机

皮吉特湾的美国港口和哥伦比亚河沿岸,英国将准备考虑这一方案。简短会面后,埃弗里特和阿伯丁很快对如何解决俄勒冈问题达成一致,1846年6月,波尔克总统最终签署了双方在这次会面上达成的协议。但这次会面之后,直至双方最终协议达成还经过了一番波折——由于美国本土政治的影响,英美两国在1846年初再一次站在战争边缘。

起初,泰勒政府似乎接受与英国进行谈判。1842年11月,韦伯斯特告诉英国大使,泰勒总统"完全同意"[191]就有关问题立刻展开会谈。"我希望避免……我们一方采取任何可能让我们与英格兰发生冲突的行动。"[192] 1843年4月,泰勒私下里写道。为了保持良好关系,韦伯斯特压住了一支美国海军1842年提交的一份报告,其中曾建议在阿拉斯加边境以北的所有地区实施军事占领,以巩固美国对该地区的控制权。然而,1843年,双方并未进行任何实质性会谈。随后,韦伯斯特的一项注定不会成功的计划令事情变得更加复杂——他为自己争取到了奔赴伦敦商讨俄勒冈问题的特使一职。

阿伯丁希望,新上任的英国大使理查德·帕肯汉(Richard Pakenham)能够在1844年2月到达华盛顿后即刻与美方展开会谈。但1844年美国总统大选已经令俄勒冈纠纷更加错综复杂。反对派民主党认为纠纷是其争夺政治资本的好机会。1844年1月,俄亥俄民主党人会议做出决议,认为美国应当"立刻正式占领"[193]整个俄勒冈地区。4个月后在巴尔的摩召开的全国民主党大会上,俄亥俄民主党人赢得一次表达的机会,他们指出美国对俄勒冈地区的主权"是明确且不容置疑的,没有任何一部分领土应当割让给英国"。[194]民主党候选人詹姆斯·波尔克允诺,他绝不会让英国"占有任何一寸"[195]俄勒冈土地。"这个话题变得过热,"[196]1844年10月,阿伯丁勋爵向首相罗伯特·皮尔汇报时指出,"已经没有可能进行任何建设性的谈判。"

几周后当选总统的波尔克认为自己和老杰克逊一样直截了当。"对待约翰·布尔的唯一方式,"他说,"就是直面他……并且态度坚定、无畏。"[197]波尔克在公开场合似乎也对俄勒冈问题坚持采用这种态度。1845年3月,在其就职演说中,波尔克再次坚称美国对俄勒冈地区拥有清晰和不容置疑的主权,他承诺利用宪法允许的所有可能的手段来保护美国的权利。然而,人们很快看清波尔克的立场带来的后果——引发英美冲突。3月27日,当几小时后,波尔克的演讲内容传到伦敦,《伦敦时报》警告道:"英国绝不允许任何国家夺走本应属于英国的俄勒冈地区,除非通过战争。"[198]4月2日,首相皮尔和阿伯丁勋爵同意向西部地区派出间谍"从军事角度,总体掌握俄勒冈地区的实力,令英国能够做出快速反应,保护自己的权益"。[199]同时,英国下令让本国舰队开往俄勒冈海岸,"让美国人看

第三章
联邦政府的危机

清楚"[200]英国将坚决捍卫其对俄勒冈地区的主权。

4月4日,首相皮尔向下议院保证,如果谈判失败,政府已经"决意并做足准备"[201]捍卫英国的权益。在议会的强烈支持下,英国扣押了原定于当天早些时候从利物浦出发前往波士顿的汽船卡里多尼亚号,意在向美国传达"英国政府在俄勒冈领土问题上明确和坚定的立场"。[202]阿伯丁还给帕肯汉去信,提醒他"现在已经到了我们不得不为任何紧急情况做好准备的时候……我们绝不向任何势力或威胁妥协"。[203]

4月底,来自英国的消息传到华盛顿,同样激起持扩张主义主张的民主党人的强烈反弹。田纳西州的参议员霍普金斯·特尼(Hopkins Turney)表示,部分西部民主党人"在俄勒冈问题上几乎被逼疯了"。[204]伊利诺伊州参议员西德尼·布里斯(Sidney Breese)向其所在选区保证,他将坚决反对割让任何一部分土地。"我保证,不会放过任何一个建议向英国妥协一寸土地或一滴水的议员。"1845年12月,波尔克在向国会提交报告时再度火上浇油,他表示"坚决不会接受英国对俄勒冈地区任何一块土地主张主权",[205]并呼吁国会废除确立共同占有原则的1826年条约。民主党报《联合报》(*The Union*)把泰勒的政策简称为"整个俄勒冈或放弃全部"。[206]

如果说,白宫还曾怀疑这一政策是否意味着挑起美英战争,1846年1月,新任美国驻英大使路易斯·麦克莱恩

(Louis McLane)的一封口信彻底打消了白宫的任何疑虑。美国国务卿詹姆斯·布坎南(James Buchanan)要求麦克莱恩会见阿伯丁,摸清英国是否真的打算就俄勒冈问题发动战争。麦克莱恩回复称,无法弄清英国军队的真实动机,但他又警告说:

> 很显然,如果就眼下的问题无法与美国达成共识,英国将全面准备好面对战争,单单关系破裂这一点就足以令其决定为战争做好准备。英国将以最快的速度做出最有效的反击;我认为我有义务补充一点,当英美关系不可避免地破裂时,已经进入全面备战状态的英国政府将迅速地沉重打击我们国家和摧毁我们的利益,完全不会考虑在危机下这么做是否公平。[207]

"每个人都面对着"[208]战争一触即发的危急局势,《奈尔斯国家记事报》在1845年11月写道。这种不确定性给贸易带来毁灭性影响。1845年12月,巴林银行的伦敦办公室告诉南卡罗来纳州的一名银行家,"俄勒冈问题带来的不确定性"令美国证券的交易"陷入瘫痪状态。市场上找不到买家,只能忍痛割售"。[209](巴林银行在波士顿的代理人托马斯·沃德与波尔克会面,希望摸清其真实意图。沃德向波尔克保证他是"政治友好的,并且是美国政府的

第三章
联邦政府的危机

朋友",[210]波尔克总统在其日记中写道。但波尔克把沃德当作是英国政府的托儿打发走了,而且没说一句悦耳的话。)《奈尔斯国家记事报》报道称,美国资金短缺,整个市场上"充满了担忧的情绪"。[211]在印第安纳州,曾经受雇于伦敦的银行并就州政府违约问题进行谈判的纽约律师查尔斯·巴特勒担心"人们对战争爆发的忧虑愈发深重"[212]可能令他更难说服州议员兑付英国持有的债券。

在纽约,年事已高的艾伯特·加勒廷(他曾在杰斐逊总统和麦迪逊总统时期担任财政部长)担心,除了通过毁灭性的税收筹集资金,联邦政府可能没有其他途径筹集战争用款。"几个州政府的违约行为已经对联邦政府的信用度造成损害……我们已经没可能再从欧洲借钱。"[213]费城的一位匿名时事评论员表示同意,"我们的政府如何筹集战争所需的巨额资金?……大部分有钱人都认为,以战争方式夺取俄勒冈将对他们不利。"[214]而到了1846年,对波尔克的强硬立场表示质疑的已经不仅是有钱人。英美经济关系可能受损令南部民主党人开始反对就俄勒冈问题采取强硬态度。(西北部民主党人丹尼尔·韦伯斯特不难发现:"他们没有棉花也没有船只。"[215])1846年1月,大部分来自保有奴隶制各州的民主党参议员们加入了辉格党的行列,故意拖延应波尔克要求讨论废除1826年条约的议程。南部民主党人和辉格党人在众议院也形成类似的联盟。激进的扩张主义者、参议员托马斯·哈特·本顿最终告诉波尔克,他准备接受美国只能占有部分俄勒冈地区的结果。1846年5月,波尔克政府的副总统乔治·达拉斯(George Dallas)也敦促波尔克,放弃"不切实际的所有权问题"[216],坐下来与英国谈判。

一些美国人怀疑波尔克是否真的打算为了争夺整个俄勒冈地区,对英国宣战。也许他只是想虚张声势,但故意对选民和议员们隐瞒了自己的真实意图。不过,也许波尔克并没有像批评者们所称的那么狡猾。他是真的相信美国拥有全部俄勒冈地区的所有权,并认为自己对持有同样观点并帮助自己当上总统的强大选区负有责任。1845年12月,波尔克总统在自己的日记里写道,他"最大的危险"是如果对俄勒冈地区的主权做出让步,可能会面临本土力量对自己的攻击。波尔克担心,反对妥协的力量太过强大,"可能极端到要推翻政府"。[217]但波尔克也明白,英国也不会容忍割让整块俄勒冈地区——"英国在这点上态度强硬。"[218]1846年艾伯特·加勒廷写道——而现在美国的经济能力不比1838年好多少,仍然无法负担与英国交战的成本。

实际上,波尔克也曾尝试与英国谈判。1845年7月,波尔克向英国大使帕肯汉提议,以北纬49度线为界解决争端。但过去几年内,英国一直拒绝接受这一提议,早在1843年时,阿伯丁已经告诉埃弗里特英国不会接受简单地以北纬49度为界来解决问题。不仅如此,波尔克提出

第三章
联邦政府的危机

这一建议时还伴随着挑衅意味——美国同时还在强调其主权范围延伸至阿拉斯加地区——帕肯汉冷酷地拒绝了该提议。19世纪的一位历史学家曾总结说,波尔克"不可能认为这一建议是诚心诚意地提出的"。[219] 但事实是,他真的是诚心的。在遭到帕肯汉的回绝后,他在几个月内没有再做出尝试。

然而,到1846年2月,波尔克的强硬立场显然无法再继续下去。2月3日从伦敦发出的急件中,麦克莱恩向华盛顿汇报说,阿伯丁在一次对话中表示,英国已经准备好面对美国的"进攻"[220],包括即刻部署30艘战舰。波尔克及其内阁迅速达成一致,认为麦克莱恩需转告阿伯丁,双方进一步磋商的"大门并未关闭"[221],而且波尔克准备向参议院提交一份建议,放弃美国对整个温哥华岛和往来哥伦比亚河的控制权——与1843年11月,阿伯丁和埃弗里特磋商的条款基本一致。几周内,俄勒冈问题顺利解决。英国计划按照波尔克内阁在1846年6月6日接受的条款来解决争议;4天后,参议院原原本本地批准了这些条款;6月15日,总统签署条约。战争威胁瞬间消失。

俄勒冈争端提供了一个实实在在的例子——一个国家的野心需要在多大程度上向其实际的经济和军事实力妥协。如果是辉格党政府准备与英国进行谈判,这事恐怕还没有太大说服力。辉格党与美国的商业利益关系更加紧密,更容易受到亲英人士的影响。但波尔克和他的民主党后台则不同，他们不相信英国，从本质上不愿意与英国谈判。然而，当英国威胁开战时，除了谈判别无选择。

谈判就意味着妥协，而妥协则意味着波尔克的很多支持者会感到不满。一方面，白宫要求政党领袖镇压反对条约的示威，另一方面，官媒则努力强调总统的艰苦谈判为美国赢得史无前例的有利条款。即便如此，波尔克还是为美国放弃对整个俄勒冈地区的主权付出了沉重代价。克利夫兰《老实人报》(*The Plain Dealer*)抱怨称，总统愚弄了读者，"遭到南部民主党和亲英的辉格党形成的背信弃义的联盟的掠夺"。[222] 俄亥俄州参议员威廉姆·艾伦(William Allen)辞去了外交委员会主席的职务，这样他就可以"做巡回演说，并且否认"[223] 条约。到1846年夏天，参众两院的民主党人陷入混乱，令波尔克推行其他政策的能力被进一步削弱。在众议院，民主党三年前赢得的多数席位几近丧失。大西洋两岸的贸易和金融虽然得以保障，但代价却是美国本土的政治混乱。

第四章
法律与秩序

第一次大萧条始于金融行业的危机,随后演变为波及范围更广、更为复杂的危机。经济困境导致政治动荡。州政府和联邦政府机构挣扎着协调已经乱成一团麻的新旧矛盾——不同阶层、党派之间,债权人和债务人以及英美两国之间的敌对情绪。选民参与率激增,现任政府官员在位的时间越来越不确定,人们的脾气暴躁、合作空间缩减。美国年轻的民主机构就像是汽船上的锅炉一样。这些来自机构内部的压力能够被控制住,还是最终会导致整个体系毁于一旦,就像是哈得孙河和密西西比河上混乱的汽船那样?

对于政治问题最终可能引发暴力冲突的担心并非空穴来风。在整个国家,不论城市抑或农场,经济衰退唤醒了人们对经济和政治力量分配不均衡的不满情绪。经济向好时，农民和工人生活富足，人们可能会暂时忘掉这些问题。但当经济衰退时，这些问题就获得了新活力，对周遭不满的美国人更容易被组织起来要求变革。早期爆发出的抗议活动，常常冠以独立战争的名义。很多人确实极为认真地对待革命这个概念，对现状表现出强烈的反对。这在美国东北部尤为明显，这一地区的农民和工人不受到奴隶制度的约束，他们有能力组织起来表达其不满。

当时，这些反抗活动被普遍看作是美国政体的病症。暴力抗议抛出一些问题，例如公民是否有能力自我约束，以及一个民主国家是否有能力维持国内和平。危机的根本问题——如何平衡自由和秩序，以最赤裸裸的方式呈现出来。国内和国际事务再次纠缠在一起，欧洲的债权人不知道他们是否还能对自己在这块连和平都无法维持的土地上的投资继续保持信心。三个连续经历恶性暴力事件的州政府，都做出了类似的反应。维持秩序的临时措施最终被残酷无情的镇压所取代。必须坚决维护法律和秩序，而且，假如政府还不具备维持秩序的能力，那么就要想办法创造这一能力。历史证明，一个脆弱的开放型经济是否能够存活下去，其中一个必须具备的条件就是本土需建立强大的警察力量。

第四章
法律与秩序

罗德岛叛乱

> 那是一个战争时代,当权政府通过战争保全自身和消灭那些非法的反对声音。[1]
>
> ——首席大法官罗杰·托尼,《卢瑟诉博登案》(*Luther v. Borden*),1849年

托马斯·多尔(Thomas Dorr)看起来一点也不像是一个暴徒。多尔是普罗维登斯一名富商的儿子,毕业于菲利普斯埃克赛特学院,在哈佛大学以全班第二的成绩毕业。他跟着美国最著名的律师们实习,然后开始在罗德岛正式执业。丝绸帽子、披风外加手杖,是矮个子、秃顶、过于肥胖、下巴"被颏的肉包裹着"[2]的多尔出现在人们面前时的标配。他属于罗德岛的上层人士。然而,1844年6月,多尔在罗德岛最高法院被判叛国罪,处终身苦役,及终身单独监禁。这一判决也为多尔暴乱画上句号。

1842年长达两个月的时间里,罗德岛上并存着两个政府,其中一个就是由多尔领导,声称对罗德岛州有控制权,并且对罗德岛州的民兵拥有指挥权。暴乱发生在一个特殊时期——长期以来对投票权的不满和经济困境交织在一起。暴乱最终推动了长久以来需要见到的宪政改革,但同时也考验美国对于针对现有政权的公开挑衅的忍耐

度。正如约翰·泰勒总统在1842年夏派出军队帮助镇压暴乱前所说,不论暴乱发起者的诉求多有道理,暴乱本身都不能被容忍。对现状不满的人可以通过"常规途径表达不满,有必要时可以向当权政府多次表达诉求"[3],否则就必须武力镇压。

表面上看,多尔暴乱的起因是殖民时代的遗留产物——罗德岛宪法本身存在缺陷。与其他州不同,罗德岛在美国独立之后并没有颁布新的宪法,相反,该州的政府组织形式仍然建立在1663年查尔斯二世授予的皇家特许状的基础上。特许状有三个主要缺陷:拥有土地价值不低于134美元的公民才有投票权(而在1840年,该州人均收入大概只有100美元);1663年后,指定州内所有小镇拥有同等数量的代表;缺乏自我修正机制。

随着罗德岛州经济的发展,特许状的字面规定带来越来越多的问题。19世纪初的10年里,罗德岛是美国一个重要的制造业中心。从农业经济向工业经济的转变意味着有越来越多没有土地的工人,他们和很多爱尔兰或者法裔加拿大移民一样,没有投票权。与此同时,纳拉干海湾北部的工业化带动城镇发展,然而在州议会中,这些地区的代表数量则未有增长。1840年,黑石河—普罗维登斯地区工业社区的人口数量占整个罗德岛州人口的2/3,但州议会代表中只有1/3来自该区。

第四章
法律与秩序

1820—1840年,罗德岛州内部曾多次尝试通过扩大投票权和重新分配议会席位来改革宪政,但都以失败告终。托马斯·多尔是少数温和的自由主义者之一,他们希望推动改变,但无疾而终。可想而知,拥有土地的选民显然不愿放弃其政治垄断地位,当权者缺乏魄力,现状尚未引发普遍民愤,令改革者们也开始妥协。1834年,多尔和其他人组成的宪政党只存在了4年。

布朗大学校长、牧师弗朗西斯·魏兰德坚决反对扩大投票权,1842年时他说,"从未看出"在经济危机的背景下要求改革的声音"是来自民众的强烈诉求,也从未显示出有任何急迫性"。[4] "1840年之前,"持有相同看法的一位历史学家坦言,"公众并没有要做出改变的明确需求。"[5] 换句话说,即便在杰克逊时代的顶峰,罗德岛也拒绝接受投票权改革。当附近各州纷纷废除投票权上附着的土地要求时,罗德岛依然顽固坚持。1840年总统大选时,这一差别更加明显,这一年,在隔壁的康涅狄格州,75%成年白人参与投票;马萨诸塞州有66%成年白人投票,纽约州参与投票率达78%,新汉普郡则高达近90%。但在罗德岛,只有1/3的成年白人参与投票,是整个联邦中参与投票率最低的一个州,1840年,在全州10.9万人中只有8 622人投票。

1840年,罗德岛的情况终于发生改变。2月,一小撮人聚集在普罗维登斯再次提出选举权问题。他们并非早前提出改革的领导人——只是"一些既没钱也没有什么公众影响力的人"——但他们很快赢得拥护者。新选举权运动令公众情绪发生的转变让观察者们感到意外:"每周都不断有会议进行,参与者数量快速增加。然而,当权者……依然无动于衷,很长一段时间里几乎只有生活在社会下层的机械工人和普通劳动者参与运动。"[6]

1840年3月,罗德岛选举权协会在普罗维登斯成立,宣称"向最不公正的社会、政治权利分配模式屈服的日子已经过去了"。[7]几个月之内,州内几乎所有主要城镇都建立起自己的选举权团体。"到处都是严重的问题,"当时一位作家表示,"没有什么能阻止他们。"[8]很多在早期曾尝试推动改革的温和派自由主义者,例如多尔,最终也参与到新选举权运动中。但也有更多激进分子,其中一个就是赛斯·卢瑟(Seth Luther),当时在东北部地区,他已经以劳工煽动者之名而臭名昭著。他在1833年的《对新英格兰劳动者的致辞》(*Address to the Working Men of New England*)中,谴责制造业体系的残酷以及富有的制造商和工厂工人之间越来越大的差距。("在一个民主国家存在着太多不公平。"[9]卢瑟说。)他对于选举权也持有类似观点。"和平争取权利,但必要时也决不放弃武力!"[10]1841年初,卢瑟在争取选举权的集会上表示。

1840年11月,争取投票权团体的报纸《新时代》(*The New Age*)开始发行,他们的集会也继续吸引更多人参与。

第四章
法律与秩序

1841年4月17日,在普罗维登斯,一次原计划只有几百人参与的集会最终吸引了3 000人。教堂的钟声响彻整个城市,宣告集会的开始,然后是长达一英里的游行队伍,人们举着横幅,乐队演奏着特别组编的《自由投票权快步舞曲》(*Free Suffrage Quickstep*)。5月5日,纽波特举行了另一场大型集会,7月5日在普罗维登斯又举行第三场。在7月的这次集会上,普救派牧师威廉姆·史蒂文斯·鲍尔奇(William Stevens Balch)敦促大众:

> 也许有人会说这些观点是革命性的。接受它……而当一场革命能够让整个社会获得权利、公正、善良和平等时,它还是可怕的吗?……我们要消除所有不应存在的区别,取消任何一个不是根据能力或道德价值划分的等级,还民众自由和平等权利。叫它革命?那么我们就是革命者,我们为自己是革命者而自豪,我们将会非常高兴地看到这场革命顺利完成,看到它带来的美好结果![11]

宪政改革运动为何突然间重新焕发活力?经济危机无疑是一个重要因素。我们可以从贸易统计数据中看到罗德岛州经济快速下滑的蛛丝马迹。1837—1840年,罗德岛的进出口总值几乎减少50%,接下来的三年里也一直处于低迷状。制造业同样受到重创。该州很多新开业的棉花厂停止生产。刚刚起步的冶金工业也深受打击。金融业陷入停滞,大恐慌后的10年内,罗德岛没有一家新银行获准设立。没有选举权的劳动者们变得脆弱和易怒。

1840年的总统大选也催生了罗德岛的极端主义情绪。这一选举是美国早期历史上最难分胜负的一场竞争。在美国的其他地区,投票参与率达到史无前例的高点,而罗德岛的大部分成年白人却只能继续坐在旁观席上。他们眼看着其他各州的人们为自己国家的未来抗争,但却无法通过投票表达自己的偏好。虽然他们并没有投票权,但马丁·范布伦的落选也同样让罗德岛人陷入沮丧。

宪政改革还获得了第三个支撑因素。与此前的努力不同,1840年后争取投票权的运动获得全国关注,因为其他各州的民主党人和华盛顿都意识到,他们可以利用这次运动让公众对辉格党保持愤怒情绪。尤其是在冲突后期,罗德岛的兴事者认为自己站在全国舞台的中心,因而深受鼓舞。其他地区的民主党积极分子也在背后煽动暴乱,希望可以把冲突变成有利于自己的政治工具。

1841年11月,罗德岛议会承诺召开制宪会议,希望借此安抚主张扩大参政权的宪政改革派。然而,在选举与会代表时,州议会拒绝让没有土地的公民参选,也不愿根据每个城镇人口数量按比例分配代表数额。面对议会这样的主动提议,宪政改革派表示,拒绝接受任何在制宪会议上组成的政府。1841年10月,他们在普罗维登斯举行

第四章
法律与秩序

了自己的人民大会。

州议会召开的制宪会议又被称为"地主大会",会上提议对投票权做出的那些小幅修订,无论是保守派还是自由主义者都不满意,随后,这些建议在 1842 年 3 月公投时被驳回。与此同时,宪政改革派起草了《人民宪法》,批准在 1841 年 12 月举行临时选举,罗德岛州的任何男性公民和居民都可以参加投票。他们还宣布计划根据《人民宪法》举行州内选举,推举多尔作为宪政改革派的州长候选人。另一方面,宪政改革派还获得军事力量的支持。罗德岛州位于普罗维登斯四个连的主要民兵力量——独立志愿者、联合炮兵、国家新兵和晨光步兵,均表示支持《人民宪法》。宪政改革派还进一步挖掘"业余力量",打破南北战争前典型的民兵团体的组织架构。在普罗维登斯的很多区,志愿者们也全副武装"几乎每夜都巡视街道"。[12]

扩大选举权运动的力量引发罗德岛的社会和政治精英的关注。"争议主要存在于,"布朗大学哲学教授威廉姆·高德(William Goddard)表示,"罗德岛的农民和那些聚集在城市和工业区域的人们之间。"核心问题是"普罗维登斯、文索基特和切帕奇特的这些人是否会获得罗德岛州的统治权"并"彻底颠覆农业利益团体和其他所有保守派利益团体的政治权利"。[13]曾被巴林银行聘用来说服州政府不要拒认债务的弗朗西斯·魏兰德告诉罗德岛的教区居民,宪政改革派提出的问题"是关乎整个社会存亡的问题……最终是进入法治社会还是陷入无政府的混乱状态;如果不能在投票箱前和平地表达我们的意见,那么只能让炮口来决定究竟是宪法统治还是让目无法纪的军人把我们踩在脚下"。[14]

1842年3月,当宪政改革派忙于筹备选举时,罗德岛州的很多精英,不论是辉格党还是民主党,都聚集到普罗维登斯着手组建新的法律和秩序党。他们决定"若危机爆发需要协助时"[15]将向州议会提供支持。在法律和秩序党支持者非正式的请求下,罗德岛最高法院宣布《人民宪法》是"违法产物。任何实施该法的行为都将被视作叛州行为"。[16]罗德岛的联邦大法官约翰·皮特曼(John Pitman)也认为应抵制改革派的挑战。"政府的首要责任,"皮特曼表示,"就是保护自己。"[17]

几天后,州议会通过立法,威胁称任何承认依据《人民宪法》成立的机构的个人将以叛州罪被捕。(这项法律后来被称为阿尔及利亚法,因为该法授予州长塞缪尔·金(Samuel King)与阿尔及尔统治者同样的专制权力。)该法还同时授权州长支持忠于政府的民兵力量。在接下来的6个月里,罗德岛政府花费10.2万美元镇压改革派——比州政府平常一年内的全部花销还要多。金州长还派出代表团,前去华盛顿向泰勒总统寻求支援,代表团带去了金写给泰勒的一封信,警告说罗德岛"已经被革命运动煽动,现在正面临爆发本土暴乱的威胁"。在罗德岛州的部

第四章
法律与秩序

分地区,尤其是在普罗维登斯,造反分子似乎"是主力"。[18]金请求泰勒发布公告表明联邦政府对罗德岛州州政府的支持,并派出一名军事将领到普罗维登斯,以显示出联邦政府的决心。泰勒并没有立刻做出决定。1842年4月11日,泰勒告诉金,他会在"目无法纪的集会或其他人真的造成"暴乱时提供援助,但他无权"做出一定会发生暴乱的预测"。同时,他希望"大家能够充满合作精神……"依据特许状组建的当权政府能够"令所有不满情绪得到恰当解决"。[19]

泰勒的回复承认了总统最终会支持当届州政府,引发极大不满。一位宪政改革者指出,泰勒的信"实际上是向罗德岛大部分人宣战"。4月18日,6 000名罗德岛公民参与"人民大选"[20],选举多尔担任州长,并同时选出自己的参议院和众议院。第二天,州议会也举行自己的选举,金州长击败了拥有土地的选民推举出的竞选对手。

现在,罗德岛州同时存在两个对立的政府。5月3日,多尔带领2 000人的队伍,在两个连的护送下,通过设置了重重障碍的州议会大厦,在普罗维登斯一处废弃的铸造厂召开人民议会。人民议会废除了阿尔及利亚法,选出自己的最高法院,要求向人民机构交出公共财产,并决定通知泰勒总统、国会以及其他州政府,现在人民议会才是罗德岛的立法机构。第二天,金和州议会聚集在纽波特,宣布暴乱已经发生,命令逮捕领导者,并派出代表前往华盛顿要求联邦政府援助,并同时做好军事准备。普罗维登斯的弹药库中筹集了 500 门火炮和超过 2 000 支步枪。除了调集亲政府的民兵力量,志愿者们也获得武器。

图片来源: A. Mowry, *The Dorr War* Providence, RI: Preston & Rounds, 1901。

图10　悬赏逮捕暴徒托马斯·多尔,1842 年

第四章
法律与秩序

双方都认为联邦政府的态度对于解决冲突至关重要。在州议会派出代表后，多尔很快也亲自前往华盛顿，游说泰勒的内阁和国会为其提供支持。但法律和秩序派占据了上风。5月7日，泰勒去信金州长，承诺联邦政府"随时准备为州政府提供支援，助其维护法律的尊严"。他表示，暴乱发动者无权"通过暴力和鲜血"[21]来实现改变。很多宪政改革派认为泰勒已经宣战。在罗德岛，一些根据《人民宪法》选举出来抗议现任政府的人很快宣布辞职，声称自己无意"将宪法付诸实施，也无意反对已经对其采取行动的美国政府"。[22]

从华盛顿回来的路上，多尔在纽约受到更友好的接待。民主党领袖为欢迎多尔的到来，在坦慕尼堂挂起旗帜。多尔离开时，纽约市以500人组成的方阵和一支仪仗队欢送，多尔确信自己赢得了纽约人的坚定支持。纽约州几个民兵连还表示，愿意和多尔一起回到罗德岛。多尔并没有当场答应，但他提醒说"我可能很快就真的需要你们提供帮助，到时就需要你们快速做出反应，提供最有效的援助——帮助美国公民争取制定和维护民主宪法的主权，抵抗政府的雇佣兵"。[23]

5月16日，多尔回到普罗维登斯，迎接他的是几千人的游行队伍和几百名全副武装的人组成的护卫队。手握着塞米诺尔战争退伍老兵在纽约市交给他的尚方宝剑，多尔通知站在自己这边的民兵力量做好即刻参战的准备，并警告说，一旦联邦军队前来支援现任州政府，他可能需要纽约再派出5 000名志愿者。"到时这场冲突就演变成全国性的了，"多尔指出，"而罗德岛州将成为美国自由之战的主战场。"[24]第二天晚上，多尔和200名支持者试图袭击普罗维登斯的军火库。但多尔并不是称职的指挥官，进攻惨败。大雾笼罩下的军火库里的驻军并没有像多尔所期望的那样宣布投降；从州政府民兵那里夺来的两门野战炮哑火卡住了，很多人弃战逃跑。第二天一早，在法律和秩序政府的援军达到前，多尔逃离普罗维登斯。金发出以叛州罪逮捕多尔的通缉令，纽约州和马萨诸塞州的州长均承诺提供帮助，扣留并将多尔遣送回罗德岛州。(康涅狄格州州长拒绝帮忙)但多尔已经消失得无影无踪。

1842年5月下旬，金第三次向泰勒总统寻求帮助，表示有传闻称多尔正在邻近各州招募人马伺机对其政府再次发动战争。这一次，泰勒的反应很迅速，似乎是对多尔及其盟友造成的威胁还心有余悸。他私下向罗德岛、纽约和马萨诸塞州的军队指挥官下达指令，派出间谍跟踪多尔。此外，两个连的联邦军队从纽约前往罗德岛。

与此同时，多尔试图在切帕奇特(距离普罗维登斯西北部15英里的小村子)再次联合起他的朋友们。6月22日，驻扎在普罗维登斯的联邦指挥官向陆军部长汇报称：

前晚，在文索基特收到来自纽约的几大箱步枪，

第四章
法律与秩序

估计总共有80支;还收到几门火炮,随后转运到切帕奇特;发现一些全副武装的人出现在文索基特和切帕奇特及附近区域,他们全都不是罗德岛州公民;周日晚上,附近的一家面粉店中有48桶面粉被偷,多尔和大约20名男人昨晚到达诺维奇。两天前,多尔的手下曾试图从沃伦市的军工厂及其他七处存放州政府武器的地方偷窃枪支,但没有成功,其中一人被发现并当场逮捕。过去几天里,我们观察到很多宪政改革派和切帕奇特市的居民把自己的家人和财产送走。整个城市的居民已经严阵以待,随时准备应战。[25]

第二天,应金州长的要求,普罗维登斯市市长写信给泰勒总统,警告称这群人已经向切帕奇特挺进,如果多尔的力量到达普罗维登斯市附近,这里也有很多人"准备加入叛军"。金自己告诉泰勒,叛军人数可能多达1 000人,已经在切帕奇特"实行某种戒严法"[26]。泰勒终于决定采取行动,6月29日,他派陆军部长约翰·斯宾塞前往罗德岛,下令联邦军队做好镇压暴乱的准备。

6月25日时,金已经在罗德岛宣布戒严法生效,警告本州公民不得向"以武力反抗罗德岛州政权和法律的叛州者托马斯·威尔逊·多尔或者受其蒙蔽的支持者们"[27]提供帮助。法律和秩序政府在普罗维登斯召集了3 000民兵,其中500人出发前往切帕奇特。传言夸大了多尔军队的规模。他只有大概200人和几门大炮,选取了一个可以俯视切帕奇特附近的普罗维登斯公路的位置,并以山上的天然植被作为掩护。听说军队已经在过来的路上,再考虑到自己支持者的实际情况,多尔下令就地解散军队。他再次逃离罗德岛——这次逃到了新汉普郡,这里的州议会最终通过决议,同意保护他的自由。切帕奇特并没有爆发冲突,尽管民兵逮捕了约100名支持者。反而是在波塔基特,州政府的民兵力量对300多名宪政改革人士开火,一人死亡,数人受伤。

"多尔的政治命运已经结束。"一名支持多尔的传记作家表示,"《人民宪法》也不过是一具尸体。"[28] 1842年8月,多尔、赛斯·卢瑟和其他五人被判严重判州罪。戒严法此后又持续了两个月时间。

成功镇压暴乱后,州政府也着手进行宪政改革。1842年11月,州政府再次召开制宪会议,这次的与会代表由全部本地出生的成年男性选举决定。第二年5月,新的州宪法正式生效,其中取消了对本州纳税人需持有土地才可参与选举的要求。下一届选举中,法律和秩序党候选人詹姆斯·芬纳(James Fenner)最终当选州长,尽管投票过程中,地主和制造商为了控制新获投票权的公民,出现了史无前例的贿赂现象。法律和秩序党的候选人还赢得了众议院的两个空缺席位,第三名候选人——布朗大学校长则

第四章
法律与秩序

获得空缺的参议院席位。

多尔和宪政改革派或许推动了现任政府的改革行动，但与此同时，一个不可否认的事实是，他们也在罗德岛的政治舞台上彻底败落。政府的首要目标是维护秩序，为了达到目的，政府将不惜调用全部资源。当权者能够容忍的推进政治改革的唯一途径就是对现存组织结构进行和平改造。尽管反抗者有十足的理由质疑现存结构的合法性，但这并不是重点。1843年10月，当多尔最终回到普罗维登斯时，立刻被捕，并在纽波特的州最高法院接受审判，他被控"恶毒地、违背大众利益去谋划扰乱社会秩序和煽动大众，发起运动，挑起暴乱、反抗运动和战争"。[29] 多尔被定罪，并被判终身苦役。

在罗德岛暴乱期间，泰勒总统也站在法律和秩序这边，他否认宪政改革派所谓的罗德岛州没有获得宪法承诺的"共和政府"的观点。泰勒本可以施压要求罗德岛进行宪政改革，以之作为联邦政府干预镇压叛乱的条件，但他拒绝那么做。后来，他曾解释称，这会成为"最最危险的"权力。

> 如果真的那么做，联邦各州的和平和宁静都无法得到保障……（总统）将成为最大的煽动者，鼓动人们攻击州宪法，宣布今天的多数力量将成为未来的少数力量，而少数派则成为未来的多数派，然后再允许他

们颁令宣布建立新的秩序。革命、民间骚乱和鲜血将成为不可避免的后果。[30]

最终的话语权留给了美国最高法院。1848年1月,最高法院受理了宪政改革派领导人之一马丁·卢瑟(Martin Luther)提起的诉讼,1842年6月,州政府宣布实行戒严法后,他在自己家里被民兵逮捕。卢瑟起诉逮捕他的人,认为州政府无权执法,因其并非宪法允诺的"共和政府"。判词由首席大法官罗杰·托尼撰写,在供职于最高法院之前,托尼曾是一名民主党人,并在1835年担任安德鲁·杰克逊政府的首席检察官。1829年,托尼曾表示,杰克逊主义"是唯一一个现在让我感到忧虑的'主义'"。[31]当然,杰克逊主义本身是一个矛盾的原则。一方面,对民众主权的考虑可能意味着同情罗德岛叛军;而另一方面,南部各州又担心任何可能限制州政府使用武力维持内部秩序的判决,都可能令奴隶暴动蠢蠢欲动。1849年,托尼断然站在现任政府这边,认为州政府拥有启用戒严法的特权"来应对现任政府面对的武装反抗带来的危险……毫无疑问,一个州政府应该可以使用武力镇压武装反抗。这项权力对于任何一个现存政府来说都非常重要,对于维护秩序和自由机制至关重要……州政府本身必须决定解决危机需要动用多少武装力量"。[32]

第四章
法律与秩序

抗租战

> (反对收租的人们是)北半球建立法律概念以来，令本州颜面尽失的最暴力的一股力量——他们支持外来的印第安人，打死官员、公然反抗州政府，直到更强大的力量迫使其暂时投降。让这个州的人们自行判断这些印第安人是否应该再次提出他们刁钻的诉求，是否应当动用武力四处开火以及依法建立机构是否应该再次鲜血横流吧。[34]
>
> ——沃尔特·惠特曼(Walter Whitman)，1846年

和罗德岛一样，经济危机也令纽约州爆发针对旧有体制的暴力反抗。纽约州的抗议活动反对的目标是，美国独立之前就已经建立的土地所有权制度以及在独立后继续保存该制度的做法。17世纪早期，荷兰西印度公司(Dutch West Indies Company)想要获得哈德逊河谷上游的控制权，因此将现在的奥尔巴尼市(Albany)附近的哈得孙河两岸大片的土地授予阿姆斯特丹的钻石商基立安·范·伦斯勒(Kiliaen Van Rensselaer)。伦斯勒庄园的面积超过40万英亩，而范·伦斯勒就是这里的第一位庄园主。

范·伦斯勒和他的后代选择以封建土地制度来管理自己的大片领地。迁居这里的人们可以获得一块土地,但其对土地拥有的权利介于我们今天所知的完全所有权和租用权之间。他们可以被视作土地的所有者,并可以将其对土地的权益传给后代;但庄园主保留在这些土地上修建公路、大坝和工厂,或者挖矿和伐木的权利。这些所谓的佃户永远都需要每年向庄园主缴租,可以是一定数量的小麦或者家禽,也可以是用自己的马车和马提供一天免费劳动。佃户可以出售自己在土地上的权益,包括负债,通常出售所得的1/4要交给庄园主。

17世纪末,统治政权过渡到英国后仍继续保留了这一土地制度。实际上,英国殖民政府还以伦斯勒庄园作为样板,创造出其他几个采用相同制度的庄园,其中面积最大的是1716年建立的哈登伯格庄园,包括卡茨基尔山脉的大部分地区。独立战争也未改变这一土地制度,美国独立早期,该制度完整地保存下来。第一次大萧条前夕,仍有超过1万户佃户生活在近200万英里的土地上,还欠着少数地主的地租未缴,包括最出名的伦斯勒庄园第九代庄园主斯蒂芬·范·伦斯勒三世(Stephen Van Rensselaer Ⅲ)。第九代庄园主以善良著称,在经济困难时,常常允许佃户延迟交租。

1839年,在偶然因素和经济困境的共同影响下,地主和佃农之间的矛盾公开化。1839年1月,斯蒂芬·范·

第四章
法律与秩序

伦斯勒三世去世。大部分佃户期望范·伦斯勒——人们普遍认为他是全美国最富有的人之一——能在他的遗嘱中一笔勾销过去结欠的地租,当时这些租金总计达40万美元。然而,范·伦斯勒的巨额财富表面上的价值极具误导性。他的庄园实际上已经面临流动性问题。范·伦斯勒去世时还背负着30万美元的债务,他还有一个妻子和10个孩子,所有人都希望自己能以美国最负盛名的家庭应有的方式继续生活。他其中一个儿子威廉姆,"一个知识渊博的学术派",正为自己的新妻子在奥尔巴尼建造一幢以谢菲尔德男爵的家为模型的高端希腊式住宅。"他用海外搜寻来的艺术品装点室内,他的图书馆是家里最大的特色。建筑评论家们极力赞赏旋转楼梯上精挑细选的意大利大理石。他把南翼设计为巨大的温室。草坪向东延伸近半英里,马厩就在草坪的尽头。"[35]因此,范·伦斯勒并没有选择免除佃户的债务。相反,他要求收回租金以偿还自己的债务。

然而不幸的是,范·伦斯勒的佃户面临更加困难的处境。纽约东部的农业经济正走向崩溃。尤其是在高地地区,农民们进入市场的难度更大,因此情况更加恶劣。这一地带地面不平,岩石较多,土壤流失。雪上加霜的是伊利运河——范·伦斯勒曾积极推进的项目——引入纽约西部和新成立的西部各州更高质量的农场的竞争。竞争给农产品价格带来严重的下行压力,1837年之后大宗商品价格的下跌令情况进一步恶化。

当人们逐渐看清,继承了伦斯勒庄园大部分土地的新庄园主斯蒂芬·范·伦斯勒四世(Stephen Van Rensselaer Ⅳ)不愿就过去结欠的地租做出让步时,佃户们很快表现出反抗意识。1839年7月4日,庄园内的大批佃户聚集在哈得孙河西岸。在伦斯勒庄园位于山上的城镇中抵抗收租情绪最浓的伯尔尼,佃农们一致通过新的独立宣言,决定与夺取他们财产的人"誓死抗争"。"我们将继承父辈的革命事业,"宣言称,"继续推动,直到所有人最终获得自由和独立。"[36]宣言中带有祈祷性质的措辞和革命标签并不意外——罗德岛的暴乱也曾有类似做法——所以在纽约的高地地区,星星之火也迅速具备燎原之势。

8月,范·伦斯勒要求奥尔巴尼县的警长迈克尔·阿特切尔(Michael Archer)依法驱逐抗租运动的头目。被派去山区送达令状的副手第二天回来时,马车和马具都被佃农们砸得稀烂。几天后,派出的另一名代理人被一帮暴徒抓住,所有的文件都被烧了。"他们把他带到劳伦斯的客栈里,点燃了那里的一桶沥青;一个名为惠特贝克(Witbeck)的人……威胁要把他也一起扔进大火中……然后,他们割下他一撮头发,称其为他们的囚犯,在他面前不断发泄愤怒,并暴力地把他扣留了"一整天。最终,阿特切

第四章
法律与秩序

尔警长决定在奥尔巴尼组建民间兵团。500人在城内集合,"有人骑在马上,有人坐在马车里,也有人徒步,但都没有武器"[37],他们一起向奥尔巴尼西部的黑尔德伯格山脉挺进。其中一人回忆道:

> 当我们到达黑尔德伯格时……我们遇到大概400或500名骑马的人……他们把我们团团围住,令我们在半小时的时间里动弹不得,但他们最终让我们通过。于是我们继续向里兹维尔前进,在那里,我们遇到整整1 800人,他们占据了整条公路,拒绝让我们通行。警长安静地隐藏在我们中间,告诉我们等待他的信号行动,但当警长最终发出行动信号,我们试图闯出一条路来时,暴徒们也向我们冲来,大喊着"不要让他们过去",我们再次无法动弹。这些人都很激动,而且几乎每个人手上都拿着大棒。警长见无法再做努力,也无法再向前迈动一步,因此下令掉头……天黑后很久我们才回到奥尔巴尼。[38]

三次尝试均以失败告终,反映了一个贯穿抗租战的显而易见的事实:即便当地官员想要执行法律——有时候需要拉选票的警长也不愿那么做,他们并没有能力在伦斯勒庄园的主要组成部分——高地地区或者其他庄园——行使职权。每个县的警长在县政府所在地——通常是哈得孙河沿岸的一个小镇——办公。而发动暴乱的佃农们则分散在距离小镇几小时路程的梯田地区,警长自身或者其来自低地的代理人都不熟悉那里的情况。当警长的代理人们达到这一区域时,佃农们擅长用锡质号角发出警告。当局在突袭或人数上从未占据优势。

最终,1839年12月,纽约州长威廉姆·苏华德答应征调州民兵在黑尔德伯格山脉所在地区进行执法。纽约州南部各县数百名军人被要求整装待发。在曼哈顿,菲利普·霍恩在日记里记录下了自己的观察:

> 州长已经下令城里一支由1 500人组成的步兵团随时准备前往奥尔巴尼解决冲突,并为其配备两艘汽船以运送他们到达战场。每早报纸的专栏中充斥着来自各个师和旅的军令,防空司令部少将的名字以及旅长的名字都以醒目的大写字母列出。年轻人们手握步枪,并不清楚自己即将面对的杀戮,他们从街上走过,内心充满加入战斗的渴望……这是很严肃的问题。必须采取措施解决混乱局面,任何时候都必须维护法律。[39]

苏华德本身对于动用武力也很矛盾。虽然是辉格党人,但他本身与时俱进,而且在他当选为州长一年后,才成为1837年大恐慌后反对民主党政府的中坚力量。他明

第四章
法律与秩序

白,在大众眼里,像范·伦斯勒这样富有的地主从贫苦的农民手中榨取钱财的做法很让人不齿。银行在1837年5月暂停业务时也得到宽大的处理,如果严厉要求佃农们交租似乎说不过去。"对山上那些无知的、自以为是的荷兰人来说,停付地租就是严重的罪行,"《纽约先驱报》的发行人詹姆斯·戈登·贝内特(James Gordon Bennett)嘲笑道,"只有受教育人士、社会上层、金融界、券商和这个社会上最重要的商业利益团体才有权暂停要求债务人偿付债务。"[40]

缓和使用武力不仅是好的政治手段,也是好的政策。当民兵准备在黑尔德伯格的部署时,苏华德发布了一份既有警告也有妥协的声明。抗租者组织的对警长的反抗以及民兵都会被视作造反和叛州。法庭和立法机构是为佃农提供对抗地主的救济的唯一合法途径。但只要佃农停止抵抗,苏华德就可以利用自己的权力来鼓励提供救济。州长派出亲信的谈判者与抗租领导者谈判,并很快宣布他的"和平提议……获得诚挚的接纳"。[41] 佃农们将停止抵抗,并允许州政府机构解决后续事务。三周后,苏华德向州议会发出消息,敦促其推进土地所有制度改革,建立起一套"更符合共和政府原则、更有助于……维护社会和平及和谐的"[42]制度。

苏华德交给州议员的任务并不简单。州议会需要改变的内容直接涉及庄园主及其佃户之间的关系,而这样做则与联邦宪法中的合同条款相抵触——该条款明确禁止州政府通过任何"有损合同义务"的法律。绕开合同条款的一个技术手段是,设立履行合同的前提条件或者限制条款,例如,在允许地主对拖欠债务的佃户采取措施前,先要求地主证明其土地所有权的合法性,但这样做仍然存在风险——联邦法院可能认定这些限制造成地主的责任过重,已经事实上令整个合同失效。

1843年,美国最高法院表明了自己的立场——并不支持回过头去改变合同权利义务的州法律。在布朗森诉坎齐(*Bronson v. Kinzie*)案中,涉及伊利诺伊州的一项旨在保护违约的房屋所有者不会丧失抵押品赎回权的法条。法庭认为伊利诺伊州的此项法律违宪,因为州议会强加的负担已经从根本上改变了合同确立的权利。首席大法官罗杰·托尼——曾支持罗德岛实施戒严法的同一个法官——在代表法庭多数意见撰写的判决书中指出,伊利诺伊州希望阻止收回抵押品赎回权的做法"是不公正而且有害的"。[43]

其他改革的手段也同样面临阻碍。例如,州政府可以行使其土地征用权来调整现存合约的结构,本质上就是承认州政府正在没收地主的资产,分配给佃户。但不幸的是,州宪法只允许征收私人财产"用于公共用途",而且纽约州法院对该法条的解读非常严格。改革庄园制度可能

第四章
法律与秩序

满足公共利益的要求,但不能说把地主的资产分配给佃户也是为了供公众使用。此外,宪法还要求对征收资产进行"合理补偿",对经济状况不佳的州政府来说,这也是难以承受的负担。

政治因素令回应佃户需求的任务变得复杂。地主的数量虽少,但他们更加富有,也更容易与金融和政治权力中心搭上关系。此外,还有一些对事件漠不关心的选民,可能容易接受这样的观点——佃户们自愿接受合约中的条款,因此应遵守条款。地主们则希望土地改革在州议会混乱的辩论中迷失方向。纽约州议会一年中只有 4 至 5 个月召开会议——通常 1 月开始开会,5 月初休会——在此期间,有大量议题等待处理。而目前为止,州政府最亟待解决的问题是到底是否应当放弃修建运河和铁路的雄心勃勃的计划,以及是否应当对政府借款设立宪法限制。

州议会每年短暂的议事时间并不是限制其处理这些复杂的政治、政策问题的唯一因素。纽约州议会中,众议院由每年选举出的 100 多名议员组成。1821 年选举权范围扩大后,议员的更换更加频繁;1837 年大恐慌爆发后,情况更加严重。在 1838—1848 年举行的会议上,平均 3/4 参会议员是新选出的,只有不足 2% 的议员任期超过 3 年;在此期间,议会换过 9 任议长。[44] 党派内部也不稳定,无论是辉格党还是民主党阵营,经济危机都令其内部分歧进一步加深,削弱了两党推行连贯政策的能力。1840 年,连苏华德自己也勉强在选举中获胜,两个月后,他宣布自己不会再寻求连任。

苏华德并没有足够实力去履行自己对黑尔德伯格佃农许下的诺言。1840年,在州议会议事期的最后一天,州长签署了一项法案,提出的补偿方案远不及原先许诺的力度——筹建一个委员会调和范·伦斯勒和佃户之间的矛盾。但调解以失败告终,委员会直到1841年4月才交出最终报告,那时,州议会已经来不及在当年议事期结束前采取任何有效措施。当1842年冬再次开始开会时,州议会批准一项法案,通过保护佃户和其他债务人大量的私人财产不会因欠债而被夺走,来为其提供有限救助。该法案本会鼓励地主们对拖欠债务的佃户采取措施,但纽约最高法院参考布朗森诉坎齐案,做出判决称,如果将该法追溯适用于在其生效之前已经执行的合同,那么法律本身就已违宪。议会"不能对过去的事情进行立法,"法庭指出,"然后宣布废除此前确立的责任。"[45]

在现实面前感到绝望的佃户们越来越有组织性。在所有主要的庄园中都成立起抗租协会,积极抵抗地主的代理人和警长们的活动,不仅在越来越多地方开始出现,相互之间也有更多合作。1844年6月,5 000名佃农参加在阿尔斯特县举行的抗租集会。农民们也开始在冲突中伪装自己——把自己的脸涂成黑色或红色或者戴上面具,身

第四章
法律与秩序

着印花布和动物皮毛做成的配着号角、羽毛和锡质装饰物的服装。他们被称为印花布印第安人。抗租者有意识地利用1773年波士顿茶叶党的象征符号,在那场著名的运动中,"许多英勇、坚定的人,打扮成印第安人……宣告战争"[46],把一船茶叶倒进波士顿港。

1844年时,几千名农民已经加入了一个抗租协会下的秘密组织,但表面上,协会否认与该秘密组织有任何联系。印花布印第安人建立起"蜂窝状结构"的组织形式,以避免受到政府或者军事力量的破坏:"只有团队负责人才知道组成这个团队的10至15个成员的身份,而成员则只知道其负责人的代号,例如'红夹克''黄夹克''黑鹰''预言者'或者其他类似名称……他们严守誓言,秘密地接受管理。"[47]印花布印第安人中,大部分都是躁动不安的年轻人,他们也变得越来越好战。1844年7月,100名拿着手枪、刀和战斧的印花布印第安人,包围了被派去奥尔巴尼东部的伦斯勒县对拖欠债务的佃农执行法律文件的一行30人。一名副警长被浑身涂满焦油、粘上羽毛,"为了让逮捕他的人们满意,被迫绕着镇上的水井和沿着街道来回跑"。[48]几天后,印花布印第安人洗劫了伦斯勒县另一名副警长的家,同样把他浑身涂满焦油、粘上羽毛,并烧掉了他的法律文书。8月,奥尔巴尼县的警长在黑尔德伯格山区遭到60名印花布印第安人的攻击。"他被抬到地上……人们用手枪和来复步枪指着他的脑袋,并命令他交出文件。"[49]警长被捆起来,涂满焦油,粘上羽毛,然后和他的副警长们一起被送回奥尔巴尼。

纽约州北部地区佃农中间的极端主义情绪得到纽约市的激进分子的鼓动,他们认为抗租运动和罗德岛暴乱都是发起更大规模经济、社会改革运动不可或缺的原材料。1840年宪章运动失败后,逃离英国的爱尔兰人托马斯·戴维尔(Thomas Devyr)从纽约市出发,一路乘船北上为抗租者进行宣传争取支持。他为印花布印第安人提供如何组织运动的意见,并催促抗租者向地主们发起"游击战"[50]。曾参与过英国激进运动,后在纽约市做出版人的乔治·亨利·伊凡斯(George Henry Evans)也煽动抗租者。"抗租协会的力量已经很大,影响范围也非常广,"1844年10月,伊凡斯的《劳动者支持报》(*Working Man's Advocate*)写道,"任何希望用军事力量压制其发展的企图都会令州政府负担大量支出,而且终将以失败告终。对此,在那些了解'印第安人'运动计划的人对此深信不疑。"[51]

1844年12月初,500名印花布印第安人堵住哥伦比亚县的警长亨利·米勒(Henry Miller),偷走了他手上要对拒付租金的佃户执行的法律文书。一周后,在3 000名佃农在哥伦比亚县发起的集会上,一名年轻农民被走火打死。两天后,在伦斯勒县,50名印花布印第安人袭击了"政见不同"的砍柴人,他们向范·伦斯勒购买了一小块林

第四章
法律与秩序

地,在混战中,一名砍柴人被击中丧命。

越来越频繁爆发的暴力事件标志着抗租运动进入转折点。抗租运动的领导者之一,史密斯·波顿(Smith Boughton)——人们普遍猜测他是印花布印第安人的头,事实上也确实如此——在哥伦比亚县被捕,然后被押送至县政府所在地哈德逊。这个位于山谷中的小镇迅速陷入一种受困心态,担心整个镇上5 000多人将迅速被营救波顿的佃农控制。"每个区都建立起每晚由20人进行巡逻的机制……哈德逊光明护卫队(Hudson Light Guard,该镇的自愿民兵组织)受命在紧急情况发生时,拿上满膛的步枪在法院所在地集合。"[52]已经塞进葡萄弹的火炮分布在进入小镇的各个路口,政府还建立起一个安全委员会,游说州政府以获得援助。后援力量很快达到小镇码头——奥尔巴尼运来的步兵和大炮,以及从纽约市来的美裔德国骑兵。小镇"俨然一个军营……街上回荡着军乐和士兵们的脚步声"。[53]

哈德逊镇长发布公告,为整个小镇变成军营感到遗憾,"但我们别无选择。法律至高无上的地位必须得到维护,否则无政府状态的混乱将占据上风!"[54]几天后,镇上的军队聚集到圣公会,牧师在这里发出警告:"权力来自上帝,由上天授权给我们的统治者和其他法律执行者。抵抗这些权力就是与全能的上帝为敌。"[55]然而,波顿案件的陪审团并没有那么容易被说服。1845年3月,陪审团表示针对波顿的任何一项指控都无法成立,4个月后,哥伦比亚县的警长只能极不情愿地放了波顿。

但1844年12月的暴力事件显然开始令公众舆论偏向反对抗租者。1837年曾嘲弄地主们的纽约市发行人詹姆斯·戈登·贝内特,现在开始谴责抗租者破坏"依宪成立的政府当局……执法"[56]能力。辉格党国会议员丹尼尔·巴纳德(Daniel Barnard)抱怨称"人们已经做出严重的暴力行为,这本身已是叛国……我们看到公开的表态,对某些原则的狂热支持……这些都是为了彻底推翻整个社会结构必不可少的因素"。[57]詹姆斯·费尼莫尔·库柏(James Fenimore Cooper)在其小说《红皮肤》(The Redskins)中谴责道:"纵火罪、抗租主义、谋杀未遂以及其他各种暴行都具有相同的性质……一直以来,法律对这些行为的不作为就好像已经认可这些不那么严重的行为值得嘉许。这比赖账要严重20倍。"[58]巴纳德也认为抗租运动本质上与违约各州一样。他说,佃农们实际上是对自愿承担的合同义务"一致赖账"。[59]

1845年,纽约政府当局开始对抗租运动中的激进分子进行坚决镇压。新上任的民主党州长赛勒斯·赖特(Silas Wright)已经同意向哈德逊镇派出军队。1845年1月,在交给州议会的信中,赖特指出1844年事件已经让公众感到"震惊,只有迅速、有效地重建法律和秩序才能令人们冷静下来"。他指出,在捣毁"针对法律和州政府的公开和违法的抵抗"[60]之前,无法仔细考虑如何为佃农提供救助。赖特要求州议会通过法律,对印花布印第安人采取的那种伪装措施处以刑事处罚。花了4年时间纠结于如何进行土地制度改革、最终无果的州议会,在3周内就通过了这项新法案。4月,州议会还授权赖特宣布任何一个县如果处于暴动状态,将部署州民兵力量前去重建秩序,并逮捕那些负隅抵抗的公民。

在特拉华县的一位副警长奥斯曼·斯蒂尔(Osman Steele)在与印花布印第安人的对峙中(因斯蒂尔试图出售拖欠债务的农民的牛而引发)被枪杀后,镇压措施在1845年8月进一步加强。格林·莫尔(Green More)警长驱逐了500人,并且开始在山区彻底搜查抗租军。很快,县政府所在地德里也陷入与哈德逊镇类似的紧张气氛中,担心受到印花布印第安人的进攻。赖特州长宣布该县进入暴动状态,派出一个营的轻步兵保护德里。军队开始"彻底搜查感染区域"[61]以揪出嫌疑犯,他们不得不建造木质监牢来关押那些德里监狱或者法庭都无处可关的几十名囚徒。9月,当案件开始审理时,100名抗租者被判合谋杀害斯蒂尔,还有100人则被判处其他罪行。

与6个月前波顿所经历的庭审不同,这些庭审旨在得出快速且罪行严重的判决。第一名被带上庭的犯人约翰·范·史汀博格(John Van Steenburgh)在斯蒂尔被杀时,已经化好装出现在现场,但并没有证据显示他曾试图向斯蒂尔开枪。法官阿莫斯·帕克(Amos Parker)提醒陪审团,该案无须任何直接证据。在造成斯蒂尔丧命的骚乱中,范·史汀博格已经违反了1月份通过的反伪装法,这就已经足够定罪了。依据该法案,陪审团无法不做出有罪的判决。范·史汀博格被判谋杀罪成立,处以绞刑。第二名被告,爱德华·奥康纳(Edward O'Connor)也被处以死刑。"这些判决都是政治产物。"[62]早期一位编年史作家指出。帕克法官曾告诫范·史汀博格案件的陪审团对"公开的叛乱行为"采取有力措施,"在任何一个自由政府、一个人民的政府,都没有必要也没有任何理由为叛国的行为辩驳"。[63]

前两项判决对其他被告产生显著的影响。三周内,帕克就处理完了250宗案件。17人被送进州监狱,其中4人终身监禁。其他大部分人被处以罚款,或者缓刑。《纽约先驱报》报道指,帕克法官的"这一举动比得克萨斯这边所有的武力都更有用,帮助该县重建和平、安宁和恢复秩序"。[64]与此同时,在哥伦比亚县,史密斯·波顿和其他抗租领袖再次被关押起来,就1844年的暴力事件再次接受审判。几个月前刚刚获赖特州长任命的法官约翰·埃德蒙兹(John Edmonds)在庭审开始前就把任何可能对土地制度表达不满的陪审员剔除出去。埃德蒙兹提醒陪审团,在"把抵抗力量连根铲除以及犯罪行为受到惩罚之

第四章
法律与秩序

前"[65],州议会是不会为佃户提供救助的。当陪审团僵持不下时,埃德蒙兹仍然拒绝解散陪审团。最终,陪审团认定波顿犯有公路抢劫罪。对埃德蒙兹来说,这也已经足够了。

> 你(波顿)所犯下的罪行,尽管在形式上是抢劫,但实质上是严重的叛国罪,是对你的政府的背叛,是对至高无上的法律发起的武装暴动……你已经让自己成为违背秩序和制造暴力的典范,令很多人受到误导、错误地模仿,毁灭、打破公众和平。因此,法庭已经足以将你作为警示某些行为后果的范例……本庭判处你终身监禁在州监狱,并终身从事苦役。[66]

1845年的镇压行动为抗租运动中的激进主义彻底画上句号。印花布印第安人的很多领袖躲藏起来,数千名参与者扔掉了自己的印第安装束。抗租协会否认与印花布印第安人有关,也不承认曾有积极对抗政府当局的想法。"本协会不赞成使用任何其他形式的救济方式,"伦斯勒县协会表示,"除了那些现存法律和议会授权我们可以使用的方式。"[67]

不过,抗租者仍然构成一支重要的投票联盟,在1846年大选的前几年里,辉格党和民主党都希望获得其支持。当印花布印第安人彻底被摧毁后,赖特州长最终赦免了史汀博格和奥康纳。1846年1月,赖特报告称"疯狂的反抗力量"[68]已经得到抑制,敦促州议会着手处理佃户的救济需求。然而,州议会在1846年议事期间做出的改革并不彻底。现在,地主的租金收入需要纳税,他们从欠债佃户那里夺取财产的能力也受到制约;然而,第二项改革措施不过是一种美好的愿景,以避免布朗森诉坎齐案确立的判例法将其认定为违宪法条。

第三项改革则明显是站在佃户这边。1846年夏召开的会议上,与会者讨论如何革新州宪法,其中提出的改变措施在11月大选中获得通过。新宪法的主要目的是限制州政府借贷和开展公共工程的能力,但同时也废除了庄园土地制度——不过还是停留在愿景层面。此外,新宪法还提出,县法院及最高法院的法官应当由民选产生。此后几年,有迹象显示州最高法院越来越容易受到外界影响。最终,民选产生的法庭判定,保护佃农1846年法案——议员们起草时曾认为它并不会有实际意义——是符合宪法的有效约束,即便是对此前订立的地主—佃户合约也同样具有效力。

更重要的是,地主们也放弃抗争,愿意与佃农以更有利的条款进行和解。19世纪50年代末时,范·伦斯勒家族已经放弃了伦斯勒庄园制度。在庄园西部的奥尔巴尼县,仍然有效的合约中超过40%都已经转换为常见的自由产权土地。[69]1852年,威廉姆·范·伦斯勒离开他精心装修的希腊式住宅(只有大概10年历史),搬去长岛海湾沿岸。令地主们接受改变的一个重要因素是此前爆发冲突令其感到厌倦,另一方面,现实环境的变化也改变了其行为。伦斯勒庄园的农业产出直线下滑。1865年时,很多曾经是抗租运动中心的小镇面积已经比25年前明显缩小。[70]1847年,布伦海姆庄园(面积达1.7万英亩)的主人约翰·金(John A. King)与其佃农和解,把土地出售所得投资用于修建铁路。[71]

费城的炮火[72]

> 秩序必须重建,生命和财产需要保障。懒惰、恶意和混乱必须得以抑制,人们需理解并尊重法律的至高无上。[73]
>
> ——罗伯特·帕特森(Robert Patterson)少将,宾夕法尼亚州民兵第一军,1844年5月

在美国的制造业中心——费城,第一次大萧条成为极端道德及种族暴力事件的导火索。在经济繁荣时期埋下的憎恨成为市区政治的显著特征,并通过这个城市前所未见的骚乱展现出来。1844年7月时,暴徒们已经与在费城南部的街道上架起大炮的民兵们打成一团。结果是整个城市的警察机制彻底重建。和美国其他主要城市一样,

费城也开始组建一支"城市军队",以应对因经济衰退而愈发恶化的紧张关系。

1840年,费城是美国仅次于纽约的第二大城市中心。市区仅包括德拉华河与斯库基尔河围绕的半岛上两平方英里的土地,约有9万人居住,其人口数量是南部和北部与城区交界的地区人口的两倍,这两块地区连同市区组成了费城县。费城是美国最重要的制造业中心,当时,其经济正处在从传统手工作坊向工业制造转变的过程中。工厂雇用员工数量迅速增加,但很多费城人仍然在手工师傅经营的小店铺中工作。还有人处于中间状态,例如那些在分包商的"血汗工厂"工作的人。费城采取"散工"模式的编织业也小具规模,所谓"散工"即编织工在自己家里用手摇纺织机进行编织。

费城的就业前景吸引了大量移民,有来自内陆农村地区的,也有来自海外的。1820—1840年,整个费城县的人口几乎翻倍。19世纪30年代末和40年代初,相对稳定的移民潮——每年3 000人——在市区定居,近一半是爱尔兰人,另外1/4是德国人。(直到1846—1850年,人们才明显感受到爱尔兰马铃薯大饥荒触发的大波移民潮。在此期间,每年大概有1万名移民来到费城。)19世纪40年代初,爱尔兰移民约占费城县人口的1/5。直接与没有技术优势的移民竞争工作的黑人约占1/10。

即使在大萧条之前,市区已经存在道德和种族分化问

第四章
法律与秩序

题。很多爱尔兰移民歧视黑人少数人种,而本地出生的多数人群普遍对移民和黑人持有偏见。很多本土美国人看待爱尔兰天主教教徒时,总带着从自己的英国新教徒祖先那里继承来的轻蔑。他们认为,爱尔兰人肮脏、懒惰、不值得信任,并且不尊重法律。

尽管偏见普遍存在,在大萧条之前的那些年里,在符合共同利益的时候,爱尔兰移民和本土美国人还是能够一起合作。1837 年大恐慌之前的 10 年里,由于工人们不满工业转型和通胀飙升的压力,费城的劳动力市场一直动荡不安。据估计,1827—1837 年,市区爆发的罢工运动不下 60 次。1834 年,城里的很多劳工组织合并组成了总工会。1835 年,总工会发展迅速,并组织了一场总罢工(美国首次),成功为费城的劳动者赢得 10 小时工作日。1836 年时,总工会已经获得 50 个不同贸易组织的支持,会员总数超过 1 万人。[74] 费城加入劳工组织的人数也达到 19 世纪的最高峰。[75]

与其他劳工组织明显不同的是,总工会决心不在道德和宗教信仰上区别对待会员。"在这里我们不谈宗教,"总工会 1836 年宣言中的一条写道,"总工会是为了其他目的而成立,因此没有神学立足之地。"[76] 总工会的领袖之一是爱尔兰人约翰·费拉尔(John Ferrall),而另一位就是后来成为反爱尔兰的美国共和党的创始人之一的美国人本杰明·苏艾尔(Benjamin Sewell)。1835 年的总罢工因煤炭搬运工的抗议而起,这些搬运工大多是爱尔兰移民,但其他劳工组织也加入罢工行列,团结一致。总工会的成员中既包括使用手摇纺织机的编织工联盟——其中以爱尔兰人为主,也包括制鞋者联盟,该联盟内部后来充满了反爱尔兰情绪。1836年,当编织工和制鞋者再次联手罢工,要求提高薪酬待遇时,总工会为每个联盟的劳动者都提供资金以示支持。

费城劳工运动的普世教会主义尽管真实,但不堪一击,它像总工会本身一样被经济危机摧毁了。"1837年随着大恐慌的爆发,"劳工历史学家约翰·康芒斯(John Commons)写道,美国的劳工运动"被毁灭得无影无踪"。[27] 尽管大恐慌之前,费城爆发了数十次罢工,但从1837年3月至1840年底只有3次罢工。总工会解散了,无法从会员组织那里收齐会费,也失去了最有力的团结工具——罢工。整个城市陷入绝望中,尤其是在1841年2月,美利坚合众国银行在板栗街(Chestnut Street)的总部关闭后,"那个重要机构的破产……就像是雪崩一样突然袭来。其他金融灾难接踵而至,应接不暇……曾经的红润健康,现在变成了苍白、沮丧、病态的呻吟和奄奄一息。在我们中间突然张开炽热嘴巴的火山,或是足以震毁最坚固的大厦地基的地震,也不足以描绘人们心中的恐惧。"[78]

暴力事件以前所未见的力度在这个城市爆发。1842

第四章
法律与秩序

年8月,很多编织工不满单件产品报酬降低,开始威胁那些继续以更低报酬接活的同行,闯进他们家里,毁掉他们的手摇纺织机。9月,一群编织工试图烧毁城市附近的一个棉纺厂。他们最终被送了回来,不过那是在两名治安官被打死之后。1843年1月,当市议员们努力阻止肯辛顿区的罢工者和非罢工者之间的暴力冲突时,他们被暴徒们一顿痛打。此后,宾夕法尼亚县的警长开始组织民防团,但刚一到达,就被400名手拿步枪和碎砖块的编织工截住了。大部分民防团成员一哄而散。第二天,八个连的州民兵占领肯辛顿,在强压下,编织工和雇主们达成和解。"上帝知道,这些穷人真的很有理由造反,"冲突平息后,一份报纸写道,"空空的钱包和饥肠辘辘无法劝说他们维护良好的秩序。"[79]

随着这些冲突相继爆发,当地官员维护本地安宁的能力变得有限。在费城市区,24个区中每一个都选出一名治安官和5名守夜人。但这意味着一名治安官需要守护约4 000人,他们白天工作,根据1837年的一份报告,"实际上他们常常更多时间是在处理其他事务而不是维护公共秩序"。[80]守夜人需要在巡逻时报时,并确保路灯是亮的。附近的每个区域都采取类似机制。然而,治安官和守夜人只有在自己负责的区域才有管辖权,因此罪犯只要踏过市政边界就可以轻松逃脱制裁。"边界街……实际上是治安官无法迈过的障碍……就像中国长城一样。"[81]在某种程度上而言,这些边界线的作用和纽约北部的山地一样:它们限制了政府当局对整个市区进行有效管理的能力。费城县的很多区域实际上被帮派团伙控制着,它们用油漆或者粉笔把自己的名号写在墙上和篱笆上来标记自己的地盘——"杀手""老鼠"或者"血管"。

警长本身作为县官员,并不会受到边界的约束,治安官们可以请求他出手协助。但在极端混乱的情况下,警长自身也需要先召集组成民防团,而这需要时间。公民负有法律义务去回应警长的召集,但他们既不会从中获得收入,也没有经过正式训练,面对暴徒并不能完全依赖他们。另一方面,警长也可以请求州民兵协助,但调用民兵力量需要更多时间,而且一个不确定因素是,民兵指挥官是否无须州长授权就可以回应警长的请求。可能令事情更复杂的是,县里的官员对于是否求助于州政府援助也很谨慎,因为他们需要负担民兵的薪酬和产生的其他费用。

经济困境也令爱尔兰人劳工和黑人劳工之间产生暴力冲突。1842年8月,一群爱尔兰人袭击了黑人戒酒协会在市区南部的摩亚门森区的游行队伍,并在仅隔三个街区的黑人聚居区喝得烂醉,洗劫黑人的住所,把里面的住户拉到街上殴打。试图逮捕他们的治安官也遭到殴打。到了晚上,爆发的骚乱逐渐减少,但在那之前,暴徒们已经把黑人的一座教堂和市政大厅夷为平地。第二天,在费城

第四章
法律与秩序

西部煤场工作的爱尔兰劳工极为凶恶地攻击了一群黑人，以至于亨利·莫里斯（Henry Morris）警长不得不派出60人组成的民防团恢复秩序。民防团在遭到进攻后撤退。莫里斯警长请求县长批准向民兵求助——这将用光整个县的资金。县长召开特别会议批准了这项开支，前来支援的民兵力量强大，还配有大炮。在费城东南部的华盛顿广场"在一段时间内变成了军营"[82]，和平再次重建。

威廉·爱德华·伯格哈特·杜波依斯（W. E. B. Du Bois）后来解释说，19世纪30年代至40年代期间，黑人和爱尔兰人之间暴力冲突的升级是"受到贫穷困扰、被社会忽略的难民和那些工资收入更高、在街上殴打他们，精力更加旺盛但又同样被社会忽视的外国人"之间的"社会和经济竞争"[83]的结果。不过，当时，费城的一名爱尔兰人把对1842年暴乱的愤怒之情归结于经济萧条：

> 费城……现在近乎陷入彻底瘫痪状；摩亚门森大部分劳动者和斯库基尔河两岸聚居者都是爱尔兰人，因为无法找到工作，这里的人们生活困窘……不必多说，这个城市里的爱尔兰人似乎都已接受了一个想法——黑人并非公民，他们没有权利留在这个城市中，如果可以把他们赶出去，爱尔兰人就有住的地方，也会有足够的工作养活自己……"那儿有一所房子，"一名爱尔兰妇女对加斯基尔街上的暴徒说，"我想要

你们去抢劫那幢房子——有些黑人住在那里,他们就像白人一样生活。"我可以用类似的案例填满整张纸,说明曾经的蔑视,已经因为大部分黑人能够找到工作,而他们却找不到这个事实,变成了如今的嫉妒和最深入骨髓的仇恨。[84]

经济危机还加深了费城的另一类社会分歧,在这一冲突中,爱尔兰少数派处于劣势。随着经济更加萧条,本土美国人和爱尔兰移民之间的敌对情绪以更持续和激烈的方式表现出来。爱尔兰天主教徒被认为是破坏美国文化的人。例如,他们抗议在费城的学校里使用的是钦定版《圣经》,而不是杜埃版《圣经》。此外,美国人认为爱尔兰移民并没有准备好参与美国政治机制:没有受到良好教育、容易被操控,而且忠诚于外国势力——教皇。1843年12月,在费城建立首个选区组织的美国共和党,成为反爱尔兰的主要声音。这个新党派站稳脚跟的速度之快令费城的政治阶层大为惊讶,4个月内,在费城县的每个区和小镇都已经建立起类似的选区组织。

本土主义运动激起美国长久以来一直存在的对爱尔兰人的偏见。但偏见本身并不能解释这场运动突如其来的全面爆发。实际上,1837年,人们已首次尝试在费城建立一个本土党派,但由于缺乏民众支持,这个建议很快被抛到脑后。旷日持久的经济困境成为关键催化剂。1845

第四章
法律与秩序

年,刚在一年前皈依天主教的美国新教知识分子奥雷斯蒂斯·布朗森(Orestes Brownson)曾这样描述两个因素的必要结合:

> 这个国家里,所谓的普通人多是英国人的后代……他们从祖先那里继承了强烈的偏见,并保留下来——瞧不起爱尔兰人并且憎恨法国人……于此之上,海外劳工,主要是爱尔兰人的涌入增加了劳动者的供给量,令供需差距缩窄,劳动者的工资也自然因此下降,美国劳工对爱尔兰劳工有着广泛、深厚和根深蒂固的敌意,这种敌意本身也自然地在美国本土党派身上流露出来。[85]

美国共和党的一名宣传人士曾这样表达美国本土公民的焦虑:"什么样的北方人会那么愚蠢,竟然没有意识到大量欧洲下层人移民美国是一个压低劳动力报酬的阴谋,最终要把报酬降到与农奴、雇农和奴隶看齐的水平,或者甚至最终让美国人变成免费劳动力?……每年数千名饥肠辘辘、光着身子的自由劳动力移民到美国,结果必定是让自由劳动力的需求和价格不断下跌,令其生活水平也相应下降。"[86]

之所以说经济困境令本土主义大行其道,还可以在另一方面体现出来。在经济危机前,很多爱尔兰人和本土工人联手支持民主党。费城的辉格党人开始利用民主党内因本土主义情绪兴起而刚刚萌发的分歧,为了赢得选票选择推举出爱尔兰候选人。爱尔兰选民的背叛,加速了民主党的破裂,也令所有层级的政府都陷入政治漩涡。"外国人,"一名美国共和党人在1845年的宣言中抱怨道,"令我们党派间在自己的领土上的争斗情绪更浓……他们已经控制了我们的选举……支配着国家议会的决策方向。"[87]对于支持杰克逊主义的本土美国人而言,还有另一个痛恨移民的理由:爱尔兰人阻碍了他们认为能够结束经济萧条的政策出台。与此同时,民主党的支离破碎,让本土主义者转投美国共和党人的决定也多了几分道理。

1844年5月初,美国共和党领袖尝试在肯辛顿爱尔兰人占据主导地位的区域举行集会,距离爱尔兰人聚居区圣弥爱尔教堂只有一个街区。会议很快被打断,本土主义发言者不得不撤回到临近的区域。3天后,即5月6日,他们再次回到肯辛顿,这一次人数增加到3 000人,其中既有本土主义者也有爱尔兰人。当大雨打断集会,本土主义领导人转移到附近的市场中,继续他们反对教皇干预美国政治的激情澎湃的演说,反对者的起哄很快升级成公开冲突。本土主义者和爱尔兰人都全副武装,准备打个你死我活。一开始,在自家或店铺窗口进行伏击的爱尔兰人占据优势,1小时内就已经有一名本土主义者被杀,3人被枪打伤。本土主义者叫来了增援力量,在莫尔顿·麦克迈克尔(Morton McMichael)警长带着副警长到达前,战斗又持续了1小时,之后才终于重回宁静。

这天晚上,麦克迈克尔请求州民兵其中一个旅的指挥官乔治·卡德瓦拉德(George Cadwalader)将军帮助维持秩序。卡德瓦拉德拒绝了这一请求,认为自己可能没有权力在州长未做出指示的情况下采取行动,他的决定最终被证明是一个致命的错误。当晚晚些时候,一群本土主义者迈进肯辛顿,捣毁房屋,袭击一所天主教神学院。又有两名本土主义者被打死。第二天下午,3 000人参与了城里的美国共和党集会,向北游行至肯辛顿。在卡德瓦拉德终于带着军队到达前,又有4人死亡,很多房屋被烧毁。

图片来源:国会图书馆。

图11 费城骚乱,1844年7月。巴克霍尔泽(H. Buchholzer)画作

第三天,即5月8日,肯辛顿开始进入令人不安的军事占领阶段。本土主义者利用短暂的平静期搜查并烧毁了被遗弃的爱尔兰人住房。不管是出于不情愿抑或是同情支持的心态,巡逻军队并没有干涉这些行为。刚过中午,本土主义者就点燃了圣弥爱尔教堂和神学院,并袭击了那些对其开枪试图阻止的人。直到第二天,卡德瓦拉德召集了更多军队才终于回复宁静。然而,这时,本土主义者们已经找到了一个新目标:费城市区的圣奥斯定教堂。市长未能成功阻止人群,圣奥斯定教堂被大火彻底烧毁。这给暴乱画上了句号。卡德瓦拉德的上级,罗伯特·帕特森少将动用了整个宾夕法尼亚州民兵第一军的力量——3 000名士兵——宣布整个县进入戒严状态。

肯辛顿暴乱的消息迅速传开,令已经因宾夕法尼亚州债券违约而丢尽颜面的费城的精英们再次蒙羞。"现在去费城安全吗?"旅行者们问道,"现在到底还有没有危险?"[88]5月29日,海伯尼亚号给利物浦带去了暴乱细节。5小时后,《伦敦纪事晨报》写道:"宾夕法尼亚州所发生的情况值得警醒,很自然地让持有该州债券的人们感到严重忧虑。费城政府当局的极度低效——那里的生命和财产无法得到保障……所有这些都会造成(人们)对宾夕法尼亚州人的荣誉和品性极为严重的担忧……显然,本周发生的事情将会令资本撤出该城。"[89]暴乱登时变成国际信用问题,意味着美国其他各个层级的政府都要为违约担上连

第四章
法律与秩序

带责任。第二天,《伦敦时报》也严厉谴责费城:"对公共治安更令人愤慨和血腥的破坏,在相当长的时间里都没有政府当局或者军事力量去插手阻止,对一个文明社会来说几乎从未有过这样的奇耻大辱……如果两个种族之间继续存在着现在这样的矛盾,不采取任何措施去叫停他们充满敌意的集会,或者动用武力阻止他们的冲动行动,根本说不过去。"[90]

费城市区的领导者们已经在采取措施避免再发生暴力事件。在州议会所在地的院子里举行的一次有关法律和秩序的集会上,与会者敦促当局必须使用"任何必要的武力手段……保护公民的生命和财产安全"。[91]州长明确表示警长有权征调州民兵,而州首席检察官敦促市长和警长应毫不犹豫地动用武力。如果暴徒真的威胁杀死别人,那么他们自己应当"毫无疑问地先被杀掉,就像对待公开的敌人或海盗那样"。[92]

麦克迈克尔警长因对待暴徒过于胆怯而被斥责。7月1日,负责调查暴乱的一名县法官警告称"对那些决意暴力违法的人……可以像对待外国入侵者那样合法地处死,如果不能用其他方式制服,那就应当把杀死他们当作是我们的一种责任。不愿意执行这一原则的警长,是不敢直面自己的法定责任"。[93]卡德瓦拉德将军也遭到批评。在5月8日暴乱的最后几小时里,卡德瓦拉德救下了第三座教堂,他把大炮移到教堂门口并威胁开炮扫平整条街。

暴徒一哄而散，但批评者质疑为什么其他建筑不能以同样方式得到保护。《费城大众纪事报》(*Philadelphia Public Ledger*)提醒其读者，拿破仑曾用"葡萄弹"制服了一名巴黎的暴徒，而其行为是"人道的、仁慈的，避免了更多的流血"。[94]

不幸的是，肯辛顿暴乱成为本土主义者的福利。当城里的老人们祈求恢复宁静时，数千名坚信爱尔兰天主教徒挑起冲突的费城人，加入了美国共和党的阵营。不过，大部分伤亡人员也是本土主义者。7月4日，穿过市区和其他区域的大游行激进地展示了本土主义者的实力。游行聚集了5 000人，是费城史上最大规模的游行。"牺牲者留下的孤儿和肯辛顿袭击中的伤者坐满了四辆四轮大马车。马车前悬挂着一条用绉胶整边的小横幅，上面印着表明其立场的标语。"[95]

第二天是一个周五，一场更严重的暴力冲突从市区南部的索思沃克开始爆发，因有传言称爱尔兰天主教徒正在圣菲利浦内里教堂筹集武器。（事实上，是神父的兄弟在获得州长的同意后，从州军械库中拿了几架步枪来保护教堂。）一群人迅速聚集起来，要求拿走武器。麦克迈克尔警长出面交涉，把大部分枪支归还到军械库中，但人群仍不愿散去，民兵无奈进驻教堂。到周六早上，教堂门口仍然聚集着100多号人。麦克迈克尔试图召集民防团但并未

第四章
法律与秩序

成功,当局又派出四个连的民兵力量作为增援。

周六晚上,卡德瓦拉德将军率先采取一系列行动,结果激化了索思沃克的冲突。人群一再拒绝和平地散去令卡德瓦拉德感到沮丧,他命令军队举着刺刀向前清理街道。当人们向军人投掷石块时,卡德瓦拉德命令士兵们开火。麦克迈克尔的民防团中的一名辉格党人查尔斯·内勒(Charles Naylor),曾任国会议员,他站到枪口前,恳请步兵不要开火。军人们同意了,但恼羞成怒的卡德瓦拉德以煽动叛变罪把内勒关押在教堂里。不过,开火的威胁还是让周六晚上的余下时候重回宁静,民防团和大部分民兵力量在黎明时撤散。

内勒被关在教堂里,只有剩下的一个连的民兵力量——海伯尼亚绿军来保护。周日早上,本土主义者聚集起来,要求释放内勒,撤回绿军。到中午时已经聚集了2 000人。一些本土主义者从码头拖来了一门小型炮,装进废金属作为弹药,并开始对教堂开火。很快又拖来第二架炮。见人数上不占优势,绿军商量撤退,但在撤离教堂的路上遭到袭击时开火反击。冲突并未造成人员伤亡,本土主义者中的温和派也成功地保护住了教堂,使其未被烧毁。

然而,卡德瓦拉德却收到错误情报,以为教堂已被烧毁,周日晚,他带着更多军队回来,立刻开始清场。当军队再次遭到人们投掷石块攻击时,他们开火反击,两名平民当即死亡。藏在附近住房中的本土主义者们也开枪还击，前来支持的人数不断增加，大炮也被再次从码头拖来。本土主义者的第一发炮弹炸死了两名民兵，卡德瓦拉德也下令开炮。整个晚上，"炮声不断，伴随着步枪的隆隆声。"[96]午夜的骑兵攻击终于让本土主义者的枪声停了下来。十几名军人和平民死亡，几十人受伤。

周一黎明，圣菲利浦内里教堂周围的街道上"就像经历了一场真正的战争。百叶窗、门、门廊、树、树屋、遮阳篷杆、灯柱、水井、守望亭和各种标牌都被炮火炸得千疮百孔；人行道、水沟、街道、台阶和门边框上都是血迹。有些地方，血迹就顺着水沟流下去"。[97]帕特森少将在全州范围内召集增援力量，周二早上时，整个城市被超过4 000名士兵占领。费城再次宣布进入戒严状态。

"我们已经陷入内战！"周二早上城里的一份报纸写道，"暴动和混乱围绕着我们！死亡和毁灭直勾勾地盯着我们。我们曾在这个国家看到过这样反常的场景——某一派人公开、定期组织暴乱反对依法成立的政府。"[98]"这比与外国交战还要糟糕，糟糕多了，"另一份刊物指出，"本州……正在与叛州者交战……交恶的念头就在我们中间，是我们自己的一部分。"[99]在海外，当大不列颠号带来费城街头"可怕的大屠杀"[100]的消息时，英国媒体被惊呆了。《布里斯托尔水星报》(*Bristol Mercury*)指出，还在继续的暴力冲突"对费城的名誉和财产都会带来损害"。[101]

第四章
法律与秩序

组建公民军队

> 软弱无能的市政府会带来怎样的影响？人们的生命和财产极度不安全，面临着暴乱中可能发生的谋杀、纵火等等恶劣行为带来的风险。[102]
>
> ——《费城大众纪事报》，1844年11月13日

1844年夏，伦敦《旁观者》（*Spectator*）杂志解释了美国控制暴乱的困难之处。"政治层面的主要问题，"杂志称，"是调整政府控制产生的反作用和个人自发行为。政府控制太多会令人们的思维僵化，丧失思考能力；太多自发行为则可能导致陷入无政府状态。"《旁观者》认为，美国面临的困难是地方政府已经向个人自发行为做出过多让步。事实上，美国的暴乱通常是"实力相当、方式和纪律类似的不同派别之间的斗争。费城的暴徒们拥有大炮和其他军火；民兵也只是临时士兵，不比自己的对手有更严格的纪律"。[103]

在《旁观者》看来，费城的暴乱不仅仅是本土问题。暴乱本身提出了一个更大的问题，即美国人对自由和秩序的态度以及美国自治方式的存续能力。杂志指出，自杰斐逊开始，美国就充满强烈的民主情怀，把个人自由凌驾于政府需求之上。几十年前，汉弥尔顿和他的盟友们就曾质疑

过杰斐逊的理论。《旁观者》认为,暴乱本身提供了进一步证据,说明杰斐逊主义的实验已经到达转折点。

在费城,暴乱也令人们开始反思自律的局限性。对很多人来说,暴乱是道德败坏的表现:它们之所以发生,是因为"一个好公民遵守法律的意识变得薄弱了"。如果真的是这样,那么解决方案就应当是通过公民教育来转变大家对法律的态度。然而,正如一名费城人所言,这样的补救措施"太缓慢……而且难度极大……这类道德因素的效果远不及采取武力措施"。[104]更有效的方式是立刻强化政府在市区和附近区域的执法能力。7月11日,即暴乱结束的3天后,地位显赫的商人和律师们就向政府请愿,希望可以建立自己的储备军。市议会当天即采取行动,授权招募组建"一个步兵团、一个炮兵营以及一个或多个骑兵连……准备并愿意……协助维护公共安宁"。[105]1844年9月,卡德瓦拉德将军已经招募齐全部军队,其中包括已经在州民兵部队中服役的志愿者们。必要时,市政府就可以直接调用这些志愿者,而不用等待州政府授权。

人们普遍认为这是一个反应迅速但不算完美的解决方案,它无法起到预防的作用,只是在暴乱发生后再进行镇压,还可能会令费城再次变成一座军营"像圣彼得斯堡那样……全面武装"。[106]批评者认为,更深层次的问题是"维护和平的力量中……缺乏警察力量"。[107]1844年12

第四章
法律与秩序

月,费城市长彼得·麦考尔(Peter McCall)要求进行更彻底的改革:创立规模更大、更专业的警察力量,接受统一指挥,服务于整个县,类似于15年前伦敦建立的都市警察力量。"最终的目的,"麦考尔说,"是将动乱消灭在萌芽阶段……为了实现这个目标,手上必须有一支力量用来打击恐怖行动,不但能够快速部署而且人数要足够多。"[108]

4个月后,宾夕法尼亚州议会在宾夕法尼亚县确立了一些改革措施。法律规定,市区和周围区域警察力量的最低规模为每150名纳税人至少要对应一名警察,并授权警长可以征用任何必要力量去镇压暴乱。警察有权使用"任何必要力量"来驱散暴徒,并且不用为由此发生的伤亡承担责任。法律还再次确认了在警察无法维持秩序时,警长有权征用州民兵力量。

这已经是一项进步,但与麦考尔市长的要求仍有距离。还没有统一的县级警察力量,而且下属区域在雇用全职警察方面拖了后腿。不过其他改革措施很快推出。1848年,费城市区建立起自己的警察局。1850年,在一次未能有效控制的暴乱发生后,州议会同意建立覆盖整个县的警察力量,以弥补市区和其他区域现有力量不足的问题。1851年,费城的市政官员仍然在施压希望进行更多改革,他们提醒州议员不要忘记"1844年灾难性、毁灭性的暴乱"[109]曾说明费城到底有多需要更强大的警察力量。三年后,整个县的全部警察力量都统一归结到费城警察局管理，成为市区及其他地区政府的一个职能机构。费城专业的城市警察力量终于初步成形。

具有讽刺意味的是，纠正美国本土的混乱现象——按《旁观者》的说法，这是过去杰斐逊主义泛滥的结果——采取的手段却偏偏是引进英国大都市创造的警察制度。尽管英美两国在金融和外交政策方面关系恶化，甚至一度被推到了战争的边缘，在警察制度上，美国却欣然接受了来自英国的舶来品。而费城也并非唯一一个这么做的美国城市。经济危机期间，纽约的骚乱控制问题也迫在眉睫。1837年大恐慌时期，5 000名暴徒聚集在市政厅公园，"要求政府对普遍存在的经济困境和面粉价格居高不下做出解释"，[110]随后，他们洗劫了几个街区远的一个有名的粮食商的仓库。只要"富人和有权势的人……与极度贫困和无权无势的人们"之间的差距仍然像现在这么大，1844年《纽约先驱报》指出，"就有必要（像伦敦那样）建立一支公民军队，一支庞大的市政警察队伍"。[111]第二年，纽约也建立起自己的警察部门。紧密关注费城暴乱发展进程的巴尔的摩，最终在1853年接受伦敦的警察制度。

波士顿也在暴乱和对自治观念的质疑之间纠结。1838年，波士顿市中心爆发大规模骚乱，调用了骑兵和800名步兵才得以镇压，市长萨缪尔·艾略特（Samuel Eliot）警告称，该市需要"一些比现有手段反应更加迅速

第四章
法律与秩序

的方式……去预防或阻止骚乱发生"。[112] 19世纪40年代,波士顿人密切地关注着美国东北部其他城市遭遇的暴力事件。在1844年7月4日的庆祝仪式上,波士顿市政委员会主席皮莱格·惠特曼·钱德勒(Peleg Whitman Chandler)就曾把罗德岛和费城的暴乱作为演讲的主题。

钱德勒指出,欧洲的君主制依靠强大"内部警察制度"来维持秩序,与之不同,美国则选择依赖公民的自治意识来维持秩序。但现在情况不同,钱德勒说,美国人身上的"个人责任(和)具有男子气概的自我克制"意识严重倒退。不断涌现的骚乱和暴动正是人们道德败坏的表现。"现在我们面对的骚乱已经与过去发生的明显不同,"钱德勒表示,"它们不再是人们的情绪和愤怒的突然爆发,毫无目的地横冲直撞,或者是不会造成任何伤害的要求制度改进及领导者更迭的诉求;它们已经变成有组织的机构,这些组织的领导者目标明确,有预谋、有意识地制订计划。"钱德勒强调,这给美国自治制度带来严峻挑战。"我们的国家并不是面临其他国家野心的威胁,"他警告道,"我们需要害怕的是我们自己。"

钱德勒演讲的第二天,费城就爆发了索思沃克骚乱。"大城市频频爆发的骚乱问题已经非常严重。"钱德勒在几周后写道。他自己也开始意识到,除了重塑道德观念,还需要其他措施"抵抗无政府状态的冲击"。钱德勒建议,美国东北部所有大城市都应建立像伦敦那样的"公民军队",

"制度和规模都应名副其实,像一支军队那样"。公民军队将令政府

> 有足够力量去威慑那些无法自控的人……我们的大城市中爆发暴力事件的趋势已经严重到必须组建这样强大的高压性组织,在此之前,我们并不熟悉这样一种与我们国家机制相抵触的组织形式。希望,做出这种改变的需求仅限于大城市,但美国人也应当通过这些大城市,见识一下一个强大的政府是怎样的。[113]

波士顿建立起与费城相似的白班治安官加夜班守夜者的制度,并勉强维持了8年时间。1853年,市政委员会终于承认该制度已经无可救药。一份报告总结称,现有力量"即使全部集中到一个点上,也无法与集结了四五百人的暴徒们相抗衡,而在市区的很多地方,一个小小的冲突就能在几分钟之内召集来远超过四五百人规模的亡命之徒们"。[114] 1854年5月,波士顿警察局建成。

在接下来的10年内,美国的4个大城市组建起公民军队来维持秩序。也许随着城市化的发展,美国可能最终也必须发展出警察力量,不过,警察力量之所以会在这个时点被组建起来,经济萧条无疑是其中一个影响因素。经济衰退令社会躁动不安,滋生暴力事件,迫使政府官员直面这样一个问题:相信公民的道德意识——公民对于个

第四章
法律与秩序

人责任和个人约束原则的认知——还是政府当局有必要采取措施来维护社会秩序。经济危机让政府官员们得出一个普遍的答案。正如钱德勒所建议的,大城市的政府会确保自己"有足够力量去威慑那些无法自控的人"。

第五章
危机的终结

墨西哥战争既是第一次大萧条的产物,也同时为其画上句号。很多美国人认为,处在争议核心的得克萨斯地区最终会加入美国。但实际上,得克萨斯地区早在1845年就并入美国,并非若干年后美国为了夯实对该地的主权发起战争时。而之所以发起战争,很大程度上是因为美国深陷经济困境后,发现自己的前景一片灰暗。

战争的爆发源于美国对英国领土野心和贸易野心的担忧。美国人对得克萨斯地区的强烈感情,令英国统治者感到惊讶,表面上来看,这种强烈的反应是对英国政策误读的结果。但美国人脑中所考虑的并不只是得克萨斯地区,英国人对其违约行为的批评深深地刺痛了美国人,而无法针对英国做出其他回应也令他们产生挫败感。美国人觉得自己的荣誉被践踏了,这影响到他们看待和回应英

第五章
危机的终结

国行为的方式。尽管1846—1848年战争中,交战双方是美国和墨西哥,但很多美国人实际上把这看作是一场与英国进行的间接战争——通过战争来阻挠英国实现其阴谋,并对英国的侮辱做出回应。

因此,这其实又是纯粹的经济危机演变为更复杂的危机的另一条路径。恐慌导致经济衰退,衰退引发违约,违约又带来大西洋对岸的言辞战争,令两国之间的好感烟消云散,现在则影响到美国对得克萨斯地区的政策。美国最终宣战。不过,美国在得克萨斯地区表现出的好战情绪与其在处理其他领土冲突时的克制态度并不冲突。尽管美国人可能嘴上说着自己是在与英国人战斗,事实上并非如此。他们的对手——墨西哥,远比自己弱小,人们当时预期这将是一场低成本而且很快就会结束的战争。

美国在墨西哥战争中的胜利从两方面宣告了大萧条的终结。首先,战争唤醒了美国的活力。在很多美国人眼中,军事胜利重塑国家荣誉,拯救了民主制度,并向欧洲证明了自己的生命力。其次,战争为美国经济带来意想不到的支持作用,令美国重回国际金融市场。战争结束后的几周内,美国人——以及欧洲投资者们,就获知在新加入美国的加利福尼亚地区有一个可供开采的金矿。战争带来的出乎意料的费用迫使詹姆斯·波尔克总统的民主党政府在1842年之后第一次在伦敦兜售美国债券。不过,欧洲投资者接纳了他们——反映出对美国经济的信心已经恢复。[1]

墨西哥的间接战争

> 现在我们穿过里奥格兰德河
> 在泰勒将军的指挥下,
> 我们的旗帜飘扬,
> 鼓舞我们征服墨西哥。
> 如果老英格兰胆敢插手,
> 阻挠我们的光辉事业,
> 我们会让她知道,像过去一样,
> 这整块地都是我们的。[2]
>
> ——莱特(A. M. Wright),军队之歌(*A Song for the Army*),1846年

得克萨斯领地的人口主要由来自美国的英裔移民构成,1836年3月,这一地区正式宣布从墨西哥独立。4月,得克萨斯人在圣哈辛托之战中打败规模更大的墨西哥军队后,进一步巩固了其独立政权,尽管墨西哥仍然声称对这片土地拥有主权,并威胁以武力夺取控制权。1836年9月,规模并不大的得克萨斯人一边倒地投票支持美国吞并得克萨斯,第二年8月,得克萨斯第一任总统萨姆·休斯敦(Sam Houston)向华盛顿发出吞并的正式请求。

第五章
危机的终结

安德鲁·杰克逊和他的继任者马丁·范布伦一开始并不关心得克萨斯的请求。尤其是范布伦,当时正忙于应付1837年大恐慌后爆发的经济危机。两任总统都明白,吞并得克萨斯是一个爆炸性的话题,可能会令共和党内部发生分裂,甚至可能威胁到整个美国的统一。得克萨斯的新宪法认可奴隶制度,美国北部的废奴主义者很快开始谴责,吞并得克萨斯是南部奴隶主的阴谋,意在增强联邦内部保有奴隶制各州的实力。1837—1838年,美国国会收到了超过18万份反对吞并的请愿书。这个问题可能会引发"新的暴力事件和煽动奴隶问题",一名废奴主义者1837年时警告说,已经解放奴隶的各州完全可以把吞并得克萨斯的行为看作是"联邦的解体"。[3] 在吞并问题事态如此严峻的情况下,范布伦拒绝采取行动。1838年,休斯敦撤回了他的请求。

和俄勒冈一样,在得克萨斯问题上,时间也站在了美国这边。独立之后,从美国到得克萨斯的移民大幅增加,一部分原因是经济萧条。1842年时,英裔美国人的数量已经是1835年的3倍。此外,得克萨斯共和国的贸易增长大部分也来自与美国的贸易。

1838年,当休斯敦发现美国还没有准备好吞并得克萨斯时,他把注意力转向了欧洲,希望与英国和法国政府达成协议,获得其对新共和国自治的支持,以及获得支撑政府运作的500万美元贷款。得克萨斯的欧洲代理人虽然没能成功拿到贷款,但分别在1839年和1842年获得法国和英国对其独立自治地位的承认。

一些英国人认为,政府应当抓住机遇利用得克萨斯来制衡美国。英国皇家海军军官及小说家弗雷德里克·马利埃特(Frederick Marryat)就曾在1839年的一本著作中建议,把得克萨斯变成"限制美国泛滥的扩张野心的屏障"[4],不过,这一建议也让马利埃特本人在美国落得声名狼藉。1841年,前英国外交官威廉姆·肯尼迪(William Kennedy)也提出,与得克萨斯签订自由贸易协定将对美国造成压力,迫使其扭转高关税政策,同时,独立的得克萨斯也会限制美国海军在墨西哥湾的影响力,牵制其势力向西扩张以及在太平洋上扩张。1842年后在得克萨斯出任英国代办的查理·义律(Charles Elliot)认为,英国可以诱使得克萨斯废除奴隶制,这就会削弱美国南部各州的奴隶制度。义律写道,如果英国政府为得克萨斯提供贷款的条件是废除奴隶制,将进一步"平衡这块大陆上的力量……令(英国)在美国北部边境的军事投资产生回报"。[5]

不过,英国政府对得克萨斯的官方政策更加谨慎,尤其是1841年,阿伯丁勋爵重新担任外交大臣之后。其首要的关注点并非得克萨斯本身,而是如何与美国和墨西哥这两个规模更大、更为成熟的市场保持良好的贸易关系。(1840年,得克萨斯只有7万人,墨西哥人口为700万,而美国人口则高达1700万。)英国需要先迁就国内的废奴

第五章
危机的终结

主义情绪;但为了避免和美国成为敌人,英国又不能摆出反对得克萨斯奴隶制度的强硬姿态。为了维持这微妙的平衡,英国外交官打算先以不太强硬的态度表示反对奴隶制度,也反对美国吞并得克萨斯,希望墨西哥能够妥协,承认得克萨斯的独立,同时也能满足英国的废奴主义者。

与得克萨斯共和国的贸易关系,英国也呈现出小心翼翼的态度。1841年10月,英国财政大臣在给阿伯丁的信中描绘了英国的困境。得克萨斯提出了一份新的贸易协定,可能为英国带来比其美国竞争者更明显的贸易优势,当论及这份提议时,财政大臣问道:

> 如果英国(与得克萨斯签订这份贸易协定),美国人将作何感想?这个国家的人口大多数是美国人,他们的宪法也是基于美国宪法的基础之上,而美国人却无缘成为其商品供应国。这会不会引发美国人对我们的敌意,毕竟,美国现在是我们最好的销售市场,这是否会进一步增强那个努力将我们的产品踢出美国市场的党派的实力?[6]

最终的分析认为,维护与美国的贸易关系对英国来说最为重要。1845年7月,阿伯丁在写给义律的一封私人信件中对此做出了解释,义律在最后一刻设法让墨西哥公开承认得克萨斯的独立地位,从而阻止美国吞并得克萨斯。阿伯丁批评了义律在这场失败的赌局中使用的诡计。为了阻止吞并,英国打算付出的很有限。"我们不认为得克萨斯的独立对英国来说有任何重大或直接利益。"他指出。承认得克萨斯的独立,旨在让得克萨斯成为美国与墨西哥之间的缓冲带,并以此显示对墨西哥的支持。如果美国和墨西哥之间的冲突在短时间内爆发,阿伯丁明白自己应当优先对"投资于英美贸易中的大量英国资本"[7]负责。

尽管一贯支持吞并,约翰·泰勒在其任职的两年时间内对推动吞并也持谨慎态度。1842年,得克萨斯政府两次发出吞并请求,均被拒绝。对于萨姆·休斯敦来说这并不意外。休斯敦后来表示,多年来,华盛顿对得克萨斯的态度都是"冷漠、保守或者明显消极对待"。泰勒政府的拒绝似乎只是反映了美国对吞并得克萨斯"习惯性的无动于衷"[8]。实际上,泰勒政府的内阁小心避免与北部废奴主义者为敌,他们仍然坚持吞并是"助长奴隶制度、反抗北部自由主义的阴谋"[9]的一部分。1843年7月,休斯敦指示得克萨斯驻华盛顿代办伊萨克·范赞德(Issac Van Zandt),再度中断任何有关吞并议题的讨论。

就在此刻,泰勒政府的政策意外转向。1843年秋,美国政府悄悄接触范赞德,提出吞并协议。休斯敦一开始并没有积极回应,但到了1844年1月,两国政府已经开始深入磋商。1844年4月,两国签订并公布了该协议。泰勒

第五章
危机的终结

政府也开始推动支持吞并的公共宣传活动,主要通过一份支持其观点的华盛顿报纸《麦迪逊人》(*Madisonian*)。宣传的主题是,吞并不仅仅是增加新的领土——1843年11月,这份报纸曾说过,美国的领土面积已经足够了——而是攸关"本国福祉和荣誉"[10]的问题。《麦迪逊人》称,很显然,英国对于得克萨斯图谋不轨,想要控制住得克萨斯共和国,而且为了削弱南部各州的奴隶制并最终摧毁整个联邦,英国一定会废除得克萨斯的奴隶制度:

> 英国的目标是借南部各州的奴隶制度来推翻美国政府和整个联邦……对英国而言,其寡头统治地位与我们共和政府统治下的联邦国家已经不能共存。两国之间的持续交往……蒸汽船缩短运输时间的影响……已经让我们身处英国的危险距离内,而英国也已经很快感受到这点,并采取措施规避距离缩短带来的威胁。英国已经开始稳步、谨慎地采取措施攻击我们的弱点。[11]

这并不是美国人第一次怀疑英国对得克萨斯的动机。几个月之前,杰克逊总统就曾在写给田纳西州国会议员艾伦·布朗(Aaron Brown)的私人信件中警告,英国可能把得克萨斯变为其军事基地,派遣军队到美国南部并沿着密西西比河向上,与此同时,再派出另一支军队沿北部加拿大边境线制造"混乱和大肆破坏"。美国会被困在"铁圈"[12]中,杰克逊说。而新一轮宣传活动的不同之处在于其致命程度和来源:众所周知,《麦迪逊人》是泰勒政府的发声筒。很多人甚至怀疑,其中最尖刻的那些反英专栏文章很可能就是出自国务卿埃布尔·厄普舍之手。

1843年7月,厄普舍取代丹尼尔·韦伯斯特出任国务卿,一些解读认为,这一改变本身就足以表明美国政府对吞并政策的态度发生转变。但要真正转变,不仅仅是换人就可以实现的。泰勒政府已经对表明英国对得克萨斯有所图谋的证据极度敏感,眼看着外交官在奥斯汀、伦敦和墨西哥城之间来来往往,美国已经做好了最坏的打算。华盛顿收到传言称,英国政府正为墨西哥对得克萨斯的进攻提供支持。(这个谣言从未得到证实,但墨西哥确实从英国手中购买武器。墨西哥战争期间,美国曾收缴了一批1842年英国制造的大炮作为战利品,现在还在西点军校展出。)1843年7月,泰勒和厄普舍从老盟友达夫·格林(Duff Green)那收到更多令其紧张的消息,泰勒派格林长驻伦敦盯着美国大使爱德华·埃弗里特,因为他们怀疑埃弗里特对美国不够忠心。格林报告称,阿伯丁会见了一群英国和美国废奴主义者,还批准了一项计划,即英国政府将提供一笔贷款,用于解放得克萨斯的奴隶。

格林道听途说的消息并不准确,阿伯丁确实会见了废奴主义者,也确实表示英国反对奴隶制度,但他也清楚地

第五章
危机的终结

告诉废奴主义者们,英国不会通过任何经济手段诱使得克萨斯废除奴隶制。可惜,在华盛顿没有人知道后半截故事。相反,他们认为格林的劝诫表明,吞并是"避免得克萨斯落入"决意对美国发动边境战争的"英国手中"[13]的唯一方法。1843年秋,格林开始直接在美国报纸上发表文章,警告人们提防英国对得克萨斯的觊觎。

对于泰勒和厄普舍在1843年夏秋行事的动机,历史学家们持不同见解。一些人认为泰勒政府本意是好的,但从格林那里获得有关英国政策的情报有误。有些人则表示怀疑,他们认为是泰勒和厄普舍故意夸大了英国可能干涉得克萨斯的担忧,因为两人意识到这是削弱北部废奴主义者反对吞并情绪的一个方法。选民对"老敌人——英国的普遍不信任"[14]可能会战胜内心对于是否应允许另一个奴隶制州加入联邦的犹豫。1844年初,《民主评论》指出,当"对英国实力的嫉妒,和英国在美洲大陆的扩张野心……足以抵消首次收到(吞并)建议时美国北部的厌恶感,让美国人警醒时"[15]吞并就不再面临阻力。事实上,1844年初确实有证据显示泰勒政府的宣传活动已经有效扭转北部地区的看法。1月,得克萨斯驻华盛顿代办伊萨克·范赞德向休斯敦提交了一份机密文件,评估与泰勒政府磋商的协议能够获得参议院批准的可能性。他现在对获批很有把握,因为华盛顿已经认为"得克萨斯要么必须被并入联邦,要么成为独立于英国的独立国家……华盛顿还相信英国正为了实现这些目的而不择手段,对付其狡猾政策的唯一手段就是吞并得克萨斯……这种观念对于很多来自非奴隶制州的参议员产生了重大影响。在这种情况下,我不认为建议无法通过"。[16]

一个全盘接受存在瑕疵的情报信息的政府,和一个有意利用公众焦虑情绪的政府,哪一种解释更加合理?或许我们并不需要做出选择,因为两种解释有其共通之处。1843年时,泰勒政府和大部分美国公众一样,对于英国的干涉极为敏感,此前5年里英美之间的冲突和美国遭受的侮辱又调高了其敏感系数。因此,政府在心理上已经愿意相信有关英国野心的最恶劣的传言,就像公众也基本愿意接受《麦迪逊人》和其他媒体的警告一样。

想想1843年,达夫·格林在伦敦的境况。作为一名老资格的杰克逊派,格林在金融危机期间破产,即使在1841年到达伦敦后也不愿相信英国政府。他在伦敦的经历无助于改善他对英国政府的看法——他既无法获得可以拯救其资产的个人贷款,也无法说服英国在1842年向联邦政府提供贷款,或者令其同意调整关税税率。此外,1843年秋,格林与西德尼·史密斯和其他几个攻击美国荣誉的作家开始在《伦敦时报》上进行激烈的笔战。格林的坚持最终令《伦敦时报》编辑决定不再刊登其文章。1843年11月,他们不但冷漠地拒绝发表格林的任何文

第五章
危机的终结

章,还谴责他"厚颜无耻"地质疑英国领袖的正直,以及为一个"公然破产的联邦"[17]辩护。这是对泰勒总统的朋友、一个伦敦名人的故意侮辱。不愿气馁的格林只能转战美国报纸,继续和史密斯的战争。

格林的挫败感大体反映了整个国家的感受。因为违约和拒付债务,美国人受到道德懈怠的严惩,他们看着英国银行家雇用的代理人在自己的州议会上进行游说,而自己政府的代理人在伦敦却被一再拒绝。美国人眼看着自己国家的发展野心不断受到压制——在缅因州、纽约边境线上、俄勒冈和桑威奇岛——因为与英国军队对抗是不明智的选择。在这种情况下,随着美国人的不满在心中堆积起来,选民们会很自然地接受"英国充满野心的意图"的警告。

事实上,《民主评论》在1844年4月曾发出警告,英国和美国之间的恶语相对可能会恶化到引发暴力冲突。该杂志曾记录了狄更斯和其他英国游客在1843年对美国的侮辱和美国人对此产生的"一点点愤怒",杂志当时的主编认为:

> 造成国家间的敌对情绪的并不仅仅是相悖的利益或者互相伤害。讽刺、嘲笑、责难对方贿赂、胆小或者堕落,而伤害到对方的自尊或者他们的感受,即便不会立刻引发战争,也极有可能令对方考虑采取带有

敌意的政策,埋下冲突和竞争的种子。辱骂和诽谤也同样会引发报复行为,这种情况下,国家之间会越来越敏感,互相疏远,即便二者的利益一致……因为当两个国家长时间陷入口诛笔伐之中,基本上会导致所有国民心中培养出根深蒂固的反感和对对方的痛恨之情。[18]

《民主评论》对整体困局做出了简洁的总结。迫在眉睫的问题是得克萨斯,但更大的问题,也是令得克萨斯问题陷入如此尴尬境地的问题是英美两国之间关系的恶化,反过来,这又很大程度上缘于经济衰退和相互冲突的地方利益导致的拒付债务问题。换个角度来看,《民主评论》所描述的,正是1837年大恐慌后开始的经济危机的最后阶段。一个纯粹的经济问题开始发展成文字冲突——"言语之战"——现在,这一冲突又开始影响到外交政策。

泰勒政府在得克萨斯问题上突然转变态度,令阿伯丁感到紧张,他希望可以采取某种措施让美国平静下来。阿伯丁先是会见了美国大使埃弗里特,然后又给英国驻美大使理查德·帕肯汉写了封信,希望由其转交美国政府。阿伯丁坚持指出,英国在得克萨斯的目的是"纯商业性"的,只是英国"扩展与其他国家贸易往来"的一个表现。英国反对奴隶制,如果得克萨斯废除奴隶制,英国也会感到高兴,但并不会通过"不恰当地干涉"去实现这一目的,而且

第五章
危机的终结

也无意在南部奴隶制各州煽动"任何形式的不满或激动情绪"。英国对得克萨斯并没有"不为人知的秘密意图","无意通过得克萨斯对美国在任何政治问题上进行直接或间接干涉"。[19]

作为一个外交官,阿伯丁并不胆怯。在有必要的情况下,他完全可以清楚表明英国人的抱负,并做出威胁。晚些时候,阿伯丁还曾直接告诉美国,其在俄勒冈问题上拒绝让步的态度令战争一触即发。但外交历史学家们却另有看法,他们认为阿伯丁在1843年12月发出的信息是坦诚的,并抱有和解态度。尽管英国人可能更愿意看到一个独立的得克萨斯,但其最终目的是希望能够稳定和促进争议涉及的三方——得克萨斯、墨西哥,尤其是与美国——之间的贸易关系。

但泰勒政府及其盟友对这封信的解读则有所不同,他们认为阿伯丁的信件一点也不坦诚——"是掩盖英国外交阴谋和外交诡计的一层薄纱。"[20] 1844年2月,接替厄普舍担任国务卿的约翰·卡尔霍恩抓住阿伯丁的让步不放,指出英国的政策就是要鼓励得克萨斯和其他地方一样废除奴隶制。在1844年4月公开的两封写给英国大使的信中,卡尔霍恩表示对阿伯丁"公开宣布对美国各州的内部制度以及美国整体的安定繁荣如此充满敌意及可能引发危险后果的政策"表示担忧。卡尔霍恩指出,"出于自我保护而采取措施"制止英国扩大在得克萨斯的影响是美国政府"骄傲的责任",他显然知道,4月12日美国与得克萨斯已经达成吞并协议,现在这份协议已经被送至参议院等待批准。4月19日,卡尔霍恩在写给达夫·格林的信中指出,这份协议"是英国对得克萨斯废除奴隶制度进行干涉后,美国政府出于自卫而被迫做出的回应"。[21]

帕肯汉和阿伯丁被卡尔霍恩的语气吓了一跳,卡尔霍恩在12月份给阿伯丁的回信中为奴隶制度做出的辩护也令废奴主义者们感到不快。但与此同时,很多美国人对于美国政客终于对英国强硬了一回感到高兴。5月,一名密歇根的民主党人写信给卡尔霍恩,表示吞并决定在西部获得越来越高的支持,主要源于"国家自豪感……和对英国实力和控制的憎恨"。[22] 纽约的辉格党商人查尔斯·迈克尔·戴维斯(Charles Augustus Davis)告诉卡尔霍恩,他的回信已经促使自己再次审读阿伯丁的信件——现在,戴维斯可以看出,信中包含着"危险的因素……表面装饰着迷惑性的玫瑰花瓣"。戴维斯预计,卡尔霍恩的回信会让英国意识到"插手别人的事情"[23]的风险。

辉格党控制的参议院做出的决定完全出乎范赞德的意料——他们拒绝在6月休会前批准吞并协议。1844年总统竞选期间,吞并问题成为一个关键议题。扩张主义的民主党派已经准备好利用公众对英国实力的担忧来支持吞并政策,就像泰勒政府所做的那样。民主党人士中,参

第五章
危机的终结

议员罗伯特·沃克尔是最积极的一个支持者。和格林一样,沃克尔本人的经历也令其对英国持有敌见。他曾帮助安排密西西比州在1842年拒绝承认的那笔贷款,而他本人又被拒绝履行债务的那一届议会选举为参议员。这件事令沃克尔本人与英国投资者最具恶意的批评对象有着千丝万缕的联系。《奈尔斯记事报》把沃克尔称为"密西西比州拒付债务的公开支持者"。[24]

2月,沃克尔就吞并问题发表了一封长信,在接下来的9个月内被重印了数百万份。大选结束后的第三个月,《民主评论》称其为1844年竞选期间"民主党的教材",一份"对公众态度带来深远及决定性影响"的文件,"远超过当代任何一个美国政治家的出品"。[25]抱着争取犹豫未决的北部选民的目标,沃克尔的信直指过去4年来,美国人对英国的批评的不满及其对美国实力的质疑:

> 英国和加拿大的媒体,充满对我们的人民、政府和法律的侮辱。看看英国的作家和旅行者,不论是颇具权势、隐晦地攻击我们的艾莉森(Alison),还是满嘴谎言、傲慢自大的霍尔(Hall)和汉弥尔顿(Hamilton),或者是更低级的嘲笑和粗俗谩骂的马瑞亚特(Marryatt)和狄更斯,他们的作品都在欧洲广为流传。英国的敌意从未像现在这样强烈,他们也从未像现在这么努力让我们成为全球唾弃的对象。英国

政府被贵族阶层控制着,他们无论在哪里都是共和政府的公开敌人。英国也从未像现在这样迅速地在海上和陆上建立起大英帝国。在其触角在陆地上蔓延开的同时,海军军官指挥的蒸汽船几乎横贯所有大洋,穿越每一处海岸……尽管遭遇抵抗,英国依然坚定地走在自己建立大英帝国的路上。而现在,在我们自己的边境旁的得克萨斯就是它的下一个捕食目标!

沃克尔警告道,如果美国不吞并得克萨斯,得克萨斯将很快"完全在英国的影响之下,就像是已经成为英国的殖民地"。如果英美之间爆发战争,得克萨斯将会站在英国那边,轻易控制住密西西比河下游和墨西哥湾地区。最终,整个美国西南部都会被"圣乔治的红十字军"控制住。

沃克尔提出的第二个警告,直接针对东北部陷入困境的城市。他指出,种植园制度令南部各州的土地逐渐贫瘠,因此削弱了奴隶制经济的基础。得克萨斯为南部失去工作的奴隶提供了出口。如果美国不吞并得克萨斯,那么数以万计的奴隶最终会获得自由并迁往北部,与那里的白人劳动力争抢工作机会。"工资会一直降到每天10美分或20美分的水平,白人劳动力将面临饥饿和痛苦。"[26]对于在1844年夏,经历了道德堕落和极端暴力冲突的费城和其他城市的选民来说,这是非常可怕的告诫。

坚决支持吞并政策的詹姆斯·波尔克赢得了1844年

第五章
危机的终结

大选,尽管公众投票仅小幅领先,但在选举团中获得明显多数支持。民主党赢得南部、西部,甚至北部两个人口最多的州——纽约州和宾夕法尼亚州的多数支持。在总统大选结束至新总统上任期间,泰勒为了荣誉做了最后一次努力——敦促国会以共同决议案的形式批准吞并协议,国会终于在1845年3月这么做了。7月,得克萨斯接受吞并,1845年12月,国会最终完成这一程序。

美国政府在做出这些举动时,完全清楚其行为将令墨西哥感受到巨大威胁。1843年,墨西哥外交部长何塞·马里亚·博卡内格拉(Jose Maria de Bocanegra)两次警告美国大使,吞并"相当于对墨西哥共和国宣战"。[27] 1843年11月,墨西哥驻美大使再次提醒国务卿厄普舍,吞并会被视为"直接的挑衅行为"。[28] 到1843年底时,这些威胁在美国已经广为人知。而厄普舍则不屑一顾地回答:墨西哥无权干预美国的吞并政策。

"吞并无异于向墨西哥宣战。"[29] 1844年4月,辉格党总统候选人亨利·克莱总结道。克莱反对吞并,但他说得没错。美国已经调动战舰和军队前往墨西哥,为战争做好准备。1846年4月,墨西哥和美国的军队在里奥格兰德河畔首次交战,次月,国会宣布正式对墨西哥开战。

美国在经济萧条时期涉及的所有领土争议中,得克萨斯争议是最独特的,只有这场争议导致两个国家最终短兵相接。1837年至1840年,范布伦政府避免了加拿大边境的冲突;泰勒政府成功规避了桑威奇岛和缅因州的冲突;即便是好战的波尔克政府也避免了俄勒冈冲突的爆发,尽管结果导致波尔克的支持率大降。但有关吞并得克萨斯的争论最终导致战争,为什么这一问题无法像其他争议那样和平解决?

泰勒和波尔克政府都在玩一场相似的微妙的游戏。两任总统都试图利用大众对英国贸易和军事主导地位的不满情绪赢得竞选资本。然而,另一方面,无论是泰勒还是波尔克都不愿与英国发生正面冲突,因为美国的贸易和金融都依赖于对方,而美国的海军力量也更弱。1846年2月,康涅狄格州辉格党人杜鲁门·史密斯(Truman Smith)曾这样描述波尔克政府对俄勒冈和得克萨斯争议的考虑:"政府……混淆了'外交事务'和'本土事务'。我们想要看到外交政治和党派政治会如何搅在一起。这对于对付墨西哥这样的低能政府可能还行,但如果是约翰·布尔这样的对手,就要另当别论了。"[30]史密斯的描述很精准。在俄勒冈问题上,外交政治战胜了党派政治,因为好战情绪会不可避免地导致与英国开战。但得克萨斯争议的情况则不同,美国并没有对英国的领土声称拥有主权,英国也没有对得克萨斯或墨西哥做出关乎英国荣誉的承诺。

英国现在没有,以后也不太可能有理由就吞并得克萨

第五章
危机的终结

斯问题发动战争。阿伯丁对得克萨斯并没有像对俄勒冈那样发出警告。相反,早在1842年,阿伯丁已经提醒墨西哥政府"在得克萨斯问题或者与美国的关系上不能依赖于英国"。1844年初,阿伯丁曾一度考虑过以保证英国会动用武力维持得克萨斯的独立地位来迫使墨西哥承认得克萨斯(法国应当也做出了相同的承诺)。不过阿伯丁从不认为真的会有必要动用武力,而且当英国驻美大使警告他美国的战争狂热情绪时,他赶忙放弃了这一想法。

1845年3月,英国再次告诉墨西哥政府,不要指望从英国政府获得精神支持以外的其他帮助:"不论过去在边境线那边曾有过怎样的部署,现在都必须撤回来。"4月,阿伯丁对其内阁同僚说:"不要认为帮助得克萨斯维护独立而让英国面对战争爆发的严重威胁是值得的。"历史学家以法莲·亚当斯(Ephraim Adams)曾说,英国政策的根本原则是"不计代价地避免与美国开战"。[31]

为什么美国愿意面对因得克萨斯而与墨西哥开战的风险,但不愿就俄勒冈问题向英国宣战?密苏里民主党人托马斯·哈特·本顿曾在1844年参议院对泰勒的吞并协议进行讨论时提出这个问题,他还同时给出了一个答案:"因为英国强大,而墨西哥弱小。"[32]人们普遍预期与墨西哥的战争会很快取胜。"快速有力的一击就足够了——不会陷入年复一年无聊、沉重缓慢、肮脏的战斗。"[33]正是因为战争可能快速结束,而且成本够低,所以不需要进行海外融资,现有税收或者本土贷款就足以支持战争花销。因此,1843年西德尼·史密斯的嘲讽——美国"不会拔剑,因为他们没有足够的钱去买剑"——就被推翻了。

毫无疑问,墨西哥的状况并不适合开战。1843—1848年,墨西哥换了15任总统。国内政局不稳令墨西哥领导人更加好战。以国家荣誉作为卖点更容易获得政治支持,与得克萨斯或美国妥协则容易被谴责为卖国。但墨西哥政府的行政机器却无法配合其领导人对外做出的恐吓姿态。正如1845年10月,《伦敦时报》的驻墨西哥记者所说的,这块地方"糟糕透了":

> 国库里真的一先令也没有;为了应付政府日常运作的开支,财政部长不得不天天借钱,难度越来越大……军队也非常穷,除了在墨西哥城的士兵,其他人都没有配给食物。最近派去加利福尼亚的一支小分队在半路上差点饿死,即便是全国条件最好的帕雷德斯师也没吃没穿……整个国家正在瓦解中。塔巴斯科和尤卡坦不为中央政府提供任何供给,得克萨斯已经宣布独立,加利福尼亚正谋划反叛,新墨西哥和其他北部各州也在讨论吞并安排。[34]

实际上,一些美国人确实认为一旦开战,墨西哥就会彻底瓦解。"墨西哥……无法进行战争。"1845年6月,炮

第五章
危机的终结

兵团中尉威廉姆·特库赛·谢尔曼(William Tecumseh Sherman)在南卡罗来纳的莫尔特里堡表示。"墨西哥政府本身都难保全,其多个省份都在反叛。"[35]对于对手,美国的其他军官普遍和谢尔曼持相同看法。"我们对墨西哥的了解越多,就越觉得我们不可能和它打起来。"[36] 1845年10月,扎卡里·泰勒(Zachary Taylor)将军的下属、步兵少尉尤利西斯·辛普森·格兰特(Ulysses S. Grant)在柯柏斯克里斯提写道。"根本就不会打起来,"泰勒将军的另一位下属、在得克萨斯的拿破仑·戴纳(Napoleon Dana)上尉也表示认同,"而且即便墨西哥宣战,我们的实力更强,而且每天我们的实力都在提升。墨西哥不是我们的对手,这毫无疑问。"[37](戴纳在1847年4月的塞罗戈多战役中差点死掉。战后第二天,他才被掩埋尸体的人发现。)

因此,某种程度上而言,美国人叫嚣的真正对手并非墨西哥。人们普遍认为,冲突的目的是为了阻止英国的干涉,并对其帝国扩张野心说不。"显然吞并并不合约翰·布尔的胃口,"《里士满探索者》(*Richmond Enquirer*)1845年9月写道,"这可能也是为什么吞并政策在大西洋西岸那么受欢迎的最佳解释。"[38]确实,在战争早期,美国人总是充满爱国主义情绪,似乎整个国家正同时面对着来自英国和墨西哥军队的威胁。正如一首歌所写:

> 我们在前往里奥格兰德河的路上,
> 约翰·布尔可能会从中作梗,
> 但他最好放老实点,
> 因为我们无论在海上还是陆上都很强大——
> 如果他不介意,我们随时夺走老爱尔兰![39]

但事实是,英国根本没有插手。在战场上,更弱小的墨西哥是美国唯一的敌人。于是,美国无须面对英国的军队和实力甩出美国几条街的海军,就获得了"胜利"。

另一方面,美国人也认为对墨西哥的战争容易部署,在某些方面,战争可能有助于唤醒经济危机后尚未复苏的经济。历史学家贾斯汀·史密斯(Justin Smith)指出,这场战争"让无处安放的躁动和不满情绪得以释放"。尤其是在西部各州,"经济状况不佳,贸易或者工业发展纷纷失败;农民们出售粮食所得还不够生活支出,充满干劲的年轻人找不到任何值得做的事情"。[40]辉格党的一份杂志曾警告东部沿海地区的美国人,内陆地区满是"大胆而不知疲倦的灵魂……随时准备迁移到能够满足其鲁莽的生活方式和热衷危险和挑战的地方"。[41]

不仅西部地区希望看到行动。"民众们大声呼吁开战,"1845年8月,《纽约先驱报》写道,"我们因内心的激动而难以入睡、坐立不安、不满、焦虑。""开战吧,"《纽约商业周刊》(*New York Journal of Commerce*)也表示同意,

第五章
危机的终结

"整个世界都变得索然无味、停滞不前,俘获所有的船只、摧毁那些城市、把一切烧毁,这样,我们才能获得新的开始。这将很有趣,给我们带来一些有意思的谈资。"[42]

救赎

> 欧洲人普遍认为,美国人都是商人,并不特别顾忌获得财富的手段,因此,美国人的道德水平偏低。而墨西哥战争,令美国军人展现出其无所畏惧的骑士精神,彻底消除了这一偏见。战争还证明,我们的爱国主义精神远强过欧洲人。[43]
>
> ——卢西恩·蔡斯(Lucien Chase),《波尔克政府史》(*History of the Polk Administration*),1850年

战争刚一正式开始,整个国家大部分人就都陷入爱国主义狂热情绪中。"人们都在为墨西哥战争癫狂,"在国会宣战两周后,赫尔曼·梅尔维尔(Herman Melville)在纽约州北部的浪什伯格写下,"无论级别高低,整个军营都弥漫着狂热的气氛。民兵组织的上校在他们的制服边打上红色的蜡,普通民兵要通过得分高低决定能否参战。'蒙特查玛海战'是唯一的话题。"[44]当开战的消息传到纽约的小镇富尔顿时,"他们请出军乐队,男孩子们手握来复枪列队走过街道"。[45]纽约、巴尔的摩和费城的战争集会吸

引了数以万计的人。陆军部要求宾夕法尼亚州凑齐可以组成 16 个团的志愿者,但是

> 人们的热情高涨,愿意冒险的人数太多,鲍曼(Bowman)将军发现,在 7 月底之前,报名的志愿者数量就已经远远超过所需的人数……7 月 15 日,宾夕法尼亚州通知陆军部,该州的志愿者可组成 90 个连——相当于 9 个团。联邦其他地区的回应也频频迅速传来,令陆军部感到为难。[46]

即使反吞并情绪最浓的马萨诸塞州,也未能免疫战争的"骚扰"。5 月 25 日,美国和平协会(American Peace Society)在波士顿召开年度会议时,会议进程被美军战争初期的捷报——在里奥格兰德河附近大败墨西哥军队——打断。"你无法忽视战争带来的激动情绪。卖报小童在街上大喊着战争消息,那天晚上,所有建筑灯火通明庆祝美军的胜利。"[47] 在宣战后的几周内,马萨诸塞州的志愿者招募工作就已达标。

陆军部的士兵招募活动意外地给东北部的大城市带来一个开心的结果:缓解了本土主义者和爱尔兰移民之间的紧张关系。1837 年之前的经济繁荣时期,西部被看作是一个安全阀,可以释放东北部城市中"所有被压抑的热情和可能引发爆炸性或破坏性的结果的情绪"[48]。而

第五章
危机的终结

在大萧条时期,西部地区无法起到这个作用。某种程度上,军队取代了西部地区发挥了这一作用。即便在墨西哥战争之前,就有统计估计,爱尔兰移民约占常规军的 1/4 (德国移民占另外 1/4)。战争本身令军队能够吸收更多城市里愤怒的年轻人。1846 年 12 月,费城的一名德国移民曾这样描述他所在的军队:"近 1/3 是德国人;1/3 是爱尔兰人、英格兰人、苏格兰人、威尔士人和加拿大人;剩下的 1/3 是美国人。"[49]

在费城被招募入军的一名爱尔兰人是威廉姆·麦克马伦(William McMullen),这名 22 岁的天主教徒曾是 1844 年肯辛顿暴乱的肇事者之一,1846 年为了逃脱袭击警察的惩处,他加入了宾夕法尼亚陆军第一军。麦克马伦所在的连还有很多其他爱尔兰帮派成员,他们在从韦拉克鲁斯向墨西哥城进军的途中表现突出,赢得了"敢死队"[50]的称号。当麦克马伦战后再回到费城时,已经成为一名战争英雄。他开始积极参与政治,到 1856 年时,麦克马伦当上了市议员,并负责监管费城的监狱。

爱尔兰天主教徒在墨西哥战争中的积极参与令本土主义者难以再质疑他们的爱国主义精神。尽管一群逃兵——圣帕特里西奥营中那些要出征墨西哥的爱尔兰天主教徒,令本土主义者们可以大做文章,但人们普遍认为圣帕特里西奥只是一个例外。1848 年初,在费城举行的民主党集会上,一名演讲者获得大量掌声支持,他指出牺牲和受伤人士的名单证明了爱尔兰移民的爱国主义精神："在本质上，我们都是美国人……爱尔兰人、法国人、德国人或者外国人这些词不该出现在我们的政治词汇中，因为我们都一样因为美利坚合众国公民这个称号而感到骄傲。"[51]在纽约市，《联合服务报》(United Service Journal)指出，"爱尔兰志愿者"这个说法应当被彻底摒弃，"他们就是美国公民军人"。[52]

这种热情在战争开始的第一年里一直持续。1847年初，美国军队已经获得对墨西哥东北部大部分地区、新墨西哥和加利福尼亚的绝对控制。1847年2月，扎卡里·泰勒(Zachary Taylor)将军在布埃纳维斯塔一战中获胜，结束了北部战事，举国欢庆。孤独的和平主义者们哀叹，大众沉浸在小报上那些"墨西哥传来的辉煌事迹"中，到处都是赞颂"获胜将军的生平、浴血奋战的丰功伟绩和战役历史的"战争文学，"这些东西便宜到所有人都买得起，在美国的每一寸土地、每一个角落都传播着这些故事。它们满足了那些没受过多少教育的脑袋的好奇心和热情，对他们来说，这些故事充满了浪漫魅力"。[53]不过，大部分美国人并没有像和平主义者那么悲观。1847年4月，沃尔特·惠特曼站在预言欧洲对美国看法的角度赞扬战事：

> 布埃纳维斯塔战役的胜利，以及此前其他战役的胜利，一定会让美国人真正的自尊感提升到前所未有

第五章
危机的终结

的高度。因为,当我们被外国人指责虚荣时,美国人并没有获得这样一个伟大国家的国民应当获得的尊重……不可否认,我们已经在墨西哥战争中赢得的无与伦比的胜利——未来还会更多——将为美国人赢得更多尊重。[54]

图片来源:美国水晶桥艺术博物馆。

图 12　理查德·卡顿·伍德维勒(Richard Caton Woodville),《墨西哥战事消息》(*War News form Mexico*),1848 年

1847年晚些时候,战争陷入胶着状态。即使在布埃纳维斯塔战役大败,墨西哥政府也无意求和,美国不得不发起新一轮进攻,温菲尔德·斯科特(Winfield Scott)将军率领军队在韦拉克鲁斯登陆,向墨西哥城进军。同时还有其他麻烦:波尔克和他的高级指挥官泰勒和斯科特——两名均有意竞选总统的辉格党人之间的冲突,军队指挥官之间的冲突,以及常规军士兵和大量缺乏训练及军事纪律的志愿者之间的冲突。1847年,一名在墨西哥北部参与战事的中尉抱怨道:"那些上了年纪的指挥官的愚蠢让整个军队陷入瘫痪状。"[55] 当时,军官并没有必须退休的法定责任。10万人的军队中有9 000人成了逃兵。1847年5月,斯科特麾下,有7个团的志愿军一年的服役期即将结束,当时军队距离墨西哥内陆只有50英里,但他们坚持回国,令斯科特的军队实力遭到严重削弱。幸亏,墨西哥军队无法利用这一弱点。

"还好我们的对手是墨西哥!"泰勒手下的中尉乔治·米德(George Meade)感叹道,"换作其他任何一个国家,我们早就要为自己的愚蠢承担更严重的代价。"[56]

这些困难令公众对战争的支持有所减弱,但反对战争的声音依旧未能引起注意。无论在1846年还是1847年国会选举中,战争都不是主要议题。在新英格兰,废奴主义者及和平主义者的反战集会常常门可罗雀。在国会,很多批评波尔克的人也不愿表现出他们似乎在低估美国军

第五章
危机的终结

队在战场上的实力,总是犹豫着要不要高声反对战争。1847 年 2 月,俄亥俄辉格党人托马斯·科温(Thomas Corwin)因为要求将美国军队撤离墨西哥,被定为叛国者。

追随科温的其他议员在措辞上更加小心谨慎,常常把着眼点放在战术或扩大战争目的上,但规避最根本的问题——到底是否应该打这场仗。"当这个国家陷入战争中,"1847 年,北卡罗来纳参议员威廉姆·麦格纳姆(William Magnum)告诉其他辉格党人,"不论因为什么——不论是什么错误,不论是缺乏怎样的远见,不论是怎样的愚蠢导致这个国家陷入那样的境地——终归是这个国家的战争,他们必须与整个国家共存亡。"[57] 1848 年,为了避免被贴上不忠于国家的标签,辉格党选举墨西哥北部战役的英雄人物——泰勒将军作为该党的总统候选人。

1847 年 9 月,温菲尔德·斯科特率领的美军最终占领墨西哥城,并宣布进入戒严状态。(对斯科特的指挥官之一罗伯特·帕特森少将而言,这不是第一次管理实行戒严法的城市。他曾在 3 年前在费城那么做过。)随之而来的,是与已经撤退至克雷塔罗的墨西哥政府之间长达 5 个月进展缓慢的谈判。最终,1848 年 2 月,墨西哥投降。1848 年 7 月 4 日,瓜达卢佩—伊达尔戈条约正式生效。

巧合的是,同一天,华盛顿纪念碑奠基。哥伦比亚地区共济会总会长本杰明·弗伦奇(Benjamin French)主持了祝圣仪式,祝福在疆域进一步扩大的国家中,每一寸土地上的人们都过上幸福的生活,"从布拉沃河到芬迪湾,从太平洋到大西洋"[58],《民主评论》当时的报道说,美国的生日从来没有"这样大规模或是如此欢快地庆祝过……我们勇敢而又大度的军队在墨西哥的大获全胜,成为整个国家欢庆的一个少有的重要理由"。[59]

在胜利的光环下,美国军队在墨西哥战争中面临的困难被人们抛到脑后。相反,整个国家再度回响起对赢来绝对胜利的军队的致敬。即便对战争持批评意见的人们也承认"公民军队迅速、有效地维护国家荣誉的意愿和能力,向世界证明了我们政治制度的内生实力"。[60] 1848年4月,编辑弗里曼·亨特表示,这场战争"已经表明……过去三四十年致力于维护和平、保持自由政治体制的人们,能够战胜一个军事独裁者统治下的军队力量"。[61]

对美国军队的这些赞颂以一种独特的方式展现出来。不仅仅是赞扬军人们的表现突出,为国家争得荣誉;而且还称赞他们向世界展现了美国军人表现突出和为国家争得荣誉的能力。战争让美国人获得证明民主体制的适应能力和实力的机会。近10年来,美国人一直被欧洲人奚落:无法管住自己;无法管理好自己的国家;无法履行对其他国家做出的承诺。正如英国驻美大使阿什伯顿勋爵在1842年所言,美国似乎是"一团无法管理、控制的无政府组织"。[62] 墨西哥战争终于让美国人有机会证明欧洲人

第五章
危机的终结

是错的。

"从普通劳动者到无畏的、不可战胜的军队的这一转变,狠狠打击了旧世界的君主……英国,这个报复时毫不手软、撒旦般取人性命的现代版迦太基,现在却颤抖着面对全副武装的美国人"。[63]这是战争结束后,波尔克总统对国会演讲的主旨。1848 年 12 月,他指出,越来越多作家把"维护统一、目标集中、具有执行力这些特征归因于共和政体,而过去人们常常认为是君主制或者贵族政治才能实现这些"。然而,美国在过去两年的战争期间,已经展现出这些特质。美国已经证明,一个民主政府具备"在一个更专制的政府中更常见的能力……刚刚赢得的战争已经毫无疑问地表明,一个获得大众支持的代议制政府有能力应对国家事务中可能产生的任何紧急情况"。[64]

人们普遍认同,墨西哥战争的重要性在于展示了民主政府的实力,同时战争本身也反驳了欧洲对美国的批评。1848 年,著名的历史学家及费城辉格党人约翰·弗斯特(John Frost)表示,获得领土其实是墨西哥战争最无足轻重的一个结果。更重要的结果是战争对大西洋对岸那些人态度的影响:"长久以来,在欧洲人眼中,我们只不过是一个热衷贸易和商业活动的国家,军事力量远不及他们,又过分热爱钱财……墨西哥战争粉碎了他们的白日梦,给大吃一惊的欧洲人好好上了一堂课,让他们将这一教训牢记在心。"[65]

另一位历史学家内森·布鲁克斯(Nathan Brooks)持有几乎一样的观点。"墨西哥战争带来极为有利的结果，"布鲁克斯1850年写道，"让我们国家在全世界的排位获得提升，让君主制国家中那些充满怀疑的双眼看到我们气派不凡的实力、年轻而充满活力的精神以及男子气概为我们带来长远的和平……美国不仅展示出防御性战争的实力，也成功解决了一个共和制国家参与海外战争的能力问题。"[66]

战争让整个国家再现活力。辉格党人、历史学家威廉姆·希克林·普雷斯科特(William Hickling Prescott)曾坚决反对战争，1847年他在到访费城时看到

> (1839年之后)费城受到的巨大冲击的负面影响正在迅速消退……美国人和美国机构那种在经历风暴后，逐渐从废墟中恢复过来的能力永远让衰老的欧洲国家望尘莫及。我们的年轻和强健的体制让我们很快从病痛中恢复过来，每一天，我们都有越来越强的证据证明我们的活力和更多资源。我们还不成熟的民兵队伍在这场战争中展现出的精神……刚好证明了美国人不可战胜的能量，以及在最困难的情况下做出反应的能力。[67]

小说家詹姆斯·费尼莫·库柏(James Fenimore

第五章
危机的终结

Cooper)也表示同意,"美国迎来巨大的改变"。墨西哥战争让美国"在道德层面上……向真正的独立和高度政治影响力的发展进程中,完成了一个时代才能实现的进步。在阿兹特克山谷炸开的枪声,在大西洋对岸回响着"。[68]

另一种看法——没有把战争的影响拔得那么高,但着眼于更重要的立竿见影的效果——墨西哥战争让美国获得救赎。冲突的另一个意外结果是,让美国再度获得国际金融市场的认可。而一个巨大的讽刺是,最终竟然还是这个为自己杰克逊主义的根基而骄傲的民主政府,完成了这一任务。美国完全无意达成这一目标,这在波尔克政府对战争资金安排计划中,也落在最底层。

起初,民主党领导人深信战争会很快结束,成本不会很高。1846年初,美国众议院筹款委员会主席、民主党人詹姆斯·麦凯恩(James McKay)建议,用国库中自1845年累积下来的财政盈余700万美元(1842年提高关税带来的收入)来支付战争开支。波尔克政府略微悲观,预计战争总开支可能需要2 000万美元。其中大部分,即1 200万美元用于支付2.5万名志愿者士兵服役一年的费用。余下部分用于扩充常规军(陆军)以及更小幅地扩充海军。粗略计算,这相当于将1845年以来政府开支总额翻番。

公众很久之后才知道这场冲突的真正代价。接近

1848年时,众议院筹款委员会主席、辉格党人塞缪尔·文顿(Samuel Vinton)表示,对波尔克的财政部部长罗伯特·沃克尔提交的支出报告"亟须信心"。[69]很多金融家持同样看法。"资本家们对政府的宣言毫无信心,"1847年12月,《纽约快报》(New York Express)报道称,"去年,他们听到的是1848年7月之前不会再需要额外资金。现在,他们却看到国库几乎空了,政府又需要新的贷款。"[70]

事后,我们可以估计到1848年6月时,整个军事行动的直接开支可能超过6 000万美元。最后,还有其他费用——例如根据瓜达卢佩—伊达尔戈条约,为战争期间占用的土地向墨西哥支付1 500万美元,以及至少6 000万美元的退伍军人退休金。战争的全部支出可能高达2亿美元——对于买下一块领土来说,这个价格并不算高,但仍然比最初的估算额大幅提高。

尽管支出飙升,政府收入却在下降。1844年,波尔克作为民主党候选人参加总统竞选,承诺将废除1842年的关税法,并把关税税率降至令政府收入足够满足日常运作即可。避免海外竞争的保护主义将不再是关税政策的主要目标。1844年大选期间,为了获得北部各州的支持,波尔克的态度略微软化,但1845年时,关税改革再次成为首要问题。1846年7月,也就是在对墨西哥宣战后的第二个月,国会通过了大幅降低关税的法律。财政部长沃克尔预期,新的关税法案将刺激贸易增长,令新法案推行的第

第五章
危机的终结

一年的关税收入实际增长。

然而,沃克尔的预测被证实是错的:1846年至1847年,关税收入下降10%。而关税收入下降的同时,战争支出却在增长,导致1847年出现3 000万美元财政赤字。以名义额计,这是共和国60年历史上出现的规模最高的财政赤字。收入还不及支出的一半。这届民主党政府在执行杰克逊主义的财政自律原则上,展现出极大的灵活性。1848—1849年,联邦预算再次出现赤字。起初,联邦政府试图通过发行短期国债弥补赤字,但波尔克政府很快意识到,这种方式不足以弥补巨额预算赤字,于是国会开始授权出售长期政府债券。1846—1849年,联邦政府发行了4 900万美元的长期债券用于支付战争开支。

起初,波尔克政府的目的是主要将债券出售给美国投资者。显然,作为密西西比人,财政部长沃克尔并不想与外国资本家再做交易。"总的来说,我反对向外国人借贷,"沃克尔很久之后说道,"在担任财政部长期间,我没有向外国人借过一分钱,即便是在墨西哥战争期间。"[71]

不过,这并不是真的。1848年时,美国市场已经无法满足联邦政府的贷款需求。对于外国债权人,沃克尔仍然心存矛盾。在沃克尔尝试在美国市场出售债券时,民主党媒体已经批评他迎合"华尔街的夏洛克们"[72];如果转向海外市场,他将无法承受更苛刻的批评。沃克尔也希望避免"在欧洲制造出我们急需大量资金的印象"。[73]但战争的需求不允许财政部挑三拣四。沃克尔已经无法提供更进一步的折扣条款来吸引美国资金。1848年4月,波尔克内阁同意,"可以宣传及邀请海外以及本土投资者投资"[74]1 600万美元的债券。

1848年8月,财政部采取了更激进的措施。在出售联邦债券中起到重要作用的华盛顿金融家威廉姆·科克伦(William Corcoran)告诉沃克尔,仍然难以在以美国投资者为主的市场上融得资金,需要采取更激进的措施,吸引欧洲投资者。"如果可以在伦敦出售部分债券,"1848年8月,科克伦告诉沃克尔,投资者信心将被带动起来,"你只能仰仗这个方法,没有其他方式能够达成你的愿望。"[75]沃克尔任命科克伦担任美国财政部的代理人,要求其前往欧洲出售价值500万美元的债券。科克伦雇用了辉格党人、马萨诸塞州前州长约翰·戴维斯(John Davis)一同前往,1846年,戴维斯曾帮助伊利诺伊州与英国债券持有人就恢复还款问题进行谈判。8月30日,科克伦和戴维斯搭乘美洲号邮轮到达利物浦。

1842年试图在欧洲出售美国债券的经历记忆犹新,当时联邦政府的代理人深深体会到了"求遍欧洲所有交易所"[76]的滋味。1845年秋,新奥尔良银行家埃德蒙德·福斯托(Edmund Forstall)写信给沃克尔,提醒他美国此前的耻辱经历——美国代表只是希望"获得区区四五百万美

第五章
危机的终结

元的贷款,最终却不得不空手而归"。[77]这次如果像科克伦承诺的那样获得成功固然可以重建市场信心,但若再次失败将带来毁灭性打击。

幸运的是,这一次的情形有利于美国。1845年和1846年欧洲恶劣的天气令收成跌至近年来最低点。1847年初时,整个欧洲大陆上,基本食物的价格翻了一番,引发骚乱和对饥荒的担忧。1846年6月,为了避免城市里工人暴动和安抚厂商们,英国保守党政府放弃了反对对进口粮食征收高关税的态度。欧洲的不幸却恰恰成为美国的"时运"[78],因为市场上对美国粮食和面粉的需求激增。1838—1845年,美国粮食和面粉出口总值平均低于900万美元,但1846年增加至1 600万美元,1847年进一步增至5 300万美元。这一年,伊利运河上运输的货物,大多是运往欧洲市场的粮食和面粉,其数量是1837—1845年运输总量的两倍。[79]所有这些都是"出乎意料的好运",《银行家杂志》1847年写道:"贸易的天平开始明显偏向美国这边,每一艘汽船和邮船都带来大量金币。"[80]

为支付进口粮食的费用,储备快速耗尽,欧洲政府开始收紧货币政策,结果导致本土经济衰退。1848年,欧洲开始感受到前两年经济困境引发的政治问题。年初,西西里岛爆发大规模起义反对国王费迪南二世。2月,巴黎街头的抗议者导致法国政府下台。激进运动也威胁到德国、奥地利、波兰和丹麦的政权。在匈牙利,暴徒们迫使梅特涅亲王辞职,他曾是欧洲保守政权的支柱。"整个世界陷入一片混乱!"梅特涅4月时写道,"从未有过比现在更严重、更大范围的混乱。"[81]

与欧洲众多政府关系密切的罗斯柴尔德家族,也成为激进分子的攻击对象,受到暴力威胁。他们担心的不仅是家族成员的安危,还有万一欧洲债券市场崩溃,他们该如何处置手上持有的债券。1848年4月时,法国政府债券的价值不足1846年时的一半,即便是英国长期债券的价值也下跌近1/4。"我们只能期待最好的结果,"纳撒尼尔·罗斯柴尔德(Nathaniel de Rothschild)对他的兄弟们表示,"与此同时,我强烈建议你们出售任何股票和政府债券。"[82]英国和整个欧洲大陆的其他投资者都在做同样的事情。

相反,此时的美国开始被欧洲投资者们视为安全港。8月初,身处墨西哥的最后一批美国军队已经离开韦拉克鲁斯。在美国本土也没有严重的骚乱,发生大面积暴动和叛乱的时节已经基本过去,法律和秩序得以重建。对州政府借贷和支出加以限制的州宪法改革正在进行中。罗斯柴尔德家族的美国代理人建议,美国政府债券"现在可以被看作是最安全的政府债……你完全可以考虑把部分资产投资于一个不受欧洲的革命和愈演愈烈的激进主义影响的国家的债券"。[83]

正当欧洲还在疲于应对接二连三的坏收成引发的暴

第五章
危机的终结

乱时,大自然又为美国带来第二个更意外的惊喜。8月21日的《伦敦纪事晨报》向英国投资者传递了加利福尼亚如日方升的经济势头,这里刚刚发现了一系列矿——主要是银矿、锌矿以及水银矿。土地价格已经扶摇直上。在《伦敦纪事晨报》的驻美国记者惊叹于从土地中攫取财富的速度之快:"在宾夕法尼亚开采一吨铁矿需要的费用和人力成本,在加利福尼亚可以开采一吨水银。无论是你还是你的读者一定都无法相信这个难以置信的故事;但这就是现实。福比斯矿一周内开采出的水银就足以收回机器成本。当欧洲人到达这里时,成吨的水银将说明一切。"[84] 两周后,该报报道称,在圣何塞谷,一名勘探者发现了一条银矿带,预计"三英尺宽,绵延向东三英里长……几小时的挖掘工作后,就收获了好几吨银矿"。在旧金山北部,勘探者们发现了"大量铜矿矿床、硫黄以及硝石洞"。[85]

一开始,加利福尼亚出产的水银主要在墨西哥销售,这里曾是金矿及银矿出产地。然而,加利福尼亚很快发现自己也有大量黄金矿藏。10月2日,蒸汽船海伯尼亚号到达利物浦,带来了有关新发现的令人欣喜的消息。"埃尔多拉多不再是一个荒蛮之地,"《伦敦每日新闻》(*London Daily News*)写道:

> 在萨克拉曼多河的一些支流河域……发现的金矿数量简直难以置信。这些金矿存在于河床的沙子

中,呈颗粒状,大小不同,有芥末籽般大小的颗粒,也有接近1盎司重的大颗粒。这里发现的金矿不仅储量极为丰富,而且覆盖很大一片区域,所有加利福尼亚的美国人都已经做足准备来这些河岸边掘金。任何能够盛水的容器或者是能作为筛子使用的工具的需求量都大增,人们甘愿为了淘金而支付高得离谱的价格买下这些工具……我们听说有人投下巨资生产供淘金者使用的器械,并为那些放弃原本的工作转而加入淘金队伍的人提供食物和衣物。[86]

《利物浦水星报》(Liverpool Mercury)报道称,旧金山3/4的住宅都空了,因为居民们都涌向淘金地。薪酬和物价水平快速膨胀。报纸《加利福尼亚人》(Californian)的编辑表示,他将停止发行报纸,直到淘金热消散,人们能够"重新恢复阅读的习惯"。[87]

加利福尼亚传来的消息令美国商界大受鼓舞。不过,这时还没有关于在欧洲已经发行联邦债券的消息。华尔街上,"科克伦先生前往伦敦的使命结果未卜,带来非常强烈的焦虑感"。[88]最终,10月份,蒸汽船坎布里亚号带来了好消息。科克伦成功向英国和欧洲大陆其他地方的投资者出售了几百万美元的美国债券。这一消息"对我们的政府债券价格当即产生影响",纽约《信使问询报》(New York Courier)指出,"并在总体上让人们的感受好转,而且

第五章
危机的终结

还会继续好转。"[89]

10月17日,该报报道称,纽约正在满怀期待地等待大不列颠号——狄更斯在6年前搭乘的那艘船——的到来:

> 人们翘首以盼这艘船的到来,尤其是货币市场最为期待,如果搭乘这艘船的科克伦先生如期到达,并带来100多万美元的金币,将立刻对美国的商业运营带来积极影响。即便他空手而归,但只要他完成了其此次出行的目的,即在海外成功出售大量债息率6%的美国债券,就会令货币市场更加平稳,进而间接对其他市场产生积极影响。[90]

大不列颠号带来的消息进一步确认,1842年诅咒已经彻底打破。当时,詹姆斯·罗斯柴尔德告诉美国人,他们"一分钱也借不到"。现在,罗斯柴尔德家族却成为1848年债券的最大单一投资者。伦敦的罗斯柴尔德机构还作为中间人,帮助美国偿还美墨和平协议下需要支付给墨西哥的赔偿金。"我们很高兴看到罗斯柴尔德先生决定再度投资美国债券,"巴尔的摩的《银行家》杂志写道,"这说明欧洲最重要的银行家对美国发行的证券充满信心。"[91]

历史学家米拉·威尔金斯(Mira Wilkins)注意到,

1849年时,已经可以清楚看到,美国在欧洲金融市场上经历了"重大转变"。"美国的信用度得以重建。19世纪50年代,外国人和公司再次愿意对美国做出一定规模的投资。萧条的年代一去不返。"[92]又一轮外资投资热潮即将开始。

结论
自由、秩序和经济危机

> 那么,这场让整个美国陷入瘫痪的危机给我们什么教训呢?什么样的国民原罪让我们承受这样的后果和惩罚——距离能够带来国民幸福的政治道德的真实原则到底偏离了多远?……这个问题,正是美国人需要静下来聆听内心、诚挚思索的最重要的问题。[1]
>
> ——美国《民主评论》,1837 年 10 月

2010 年 11 月,反保密组织维基解密(WikiLeaks)公布了从政府渠道泄露出来的美国国防部的大量电报信息。其中有一条消息描述了国务卿希拉里·克林顿(Hillary Clinton)和澳大利亚总理陆克文(Kevin Rudd)在 2009 年

举行的一次私人会议。会议的主题是美澳两国与中国的关系。"国务卿再次重申,美国希望看到中国成功。"电报写道。与此同时,希拉里和陆克文也意识到,中国的力量越来越强大将带来更多外交挑战。对美国而言,尤为如此,毕竟中国政府持有大量美国国债。归根结底,希拉里问道:"你怎么能以强硬的态度对待你的银行家?"[2]

希拉里并非唯一一个提出这个问题的人。2007年和2008年经历恐慌后,经济衰退随之而来,人们常常担忧美国对中国这个债主的依赖,以及这种关系对美国外交政策的影响。这种情绪是美国在经济全球化时代主导地位渐失引发的担忧的一个组成部分。美国经济,一度被认为是"能够自给自足",现在开放程度则越来越高,而且"在政治上,被外国政府的投资决定所绑架"。[3]在一些人看来,即将到来的相互依赖和更加脆弱的时代是一个彻彻底底、前所未见的新环境。而现在,我们可以看到事实并非如此。从"二战"后到1980年罗纳德·里根(Ronald Reagan)当选总统的35年间,美国确实实现了经济上的自给自足,但那只是美国历史上的特殊时期。在美国历史中,更多时候是处在一个对外依赖和相对脆弱的环境中,这样的环境也是国家领导人脑中首先要考虑的事情。

希拉里的前任们——范布伦、泰勒和波尔克政府的国务卿们当然也考虑过同样的问题。这是1836—1848年经济危机期间美国政治面对的核心问题。不仅是外交官们

结论
自由、秩序和经济危机

面对的核心问题,也是国会和州议会、大众传媒以及竞选活动中的核心议题。当然,当时的银行家并非中国,而是英国。英国是美国当时海外投资的主要来源和主要贸易伙伴。但同时,英国也是其领土和市场的竞争对手,并且拥有一定优势——更大的经济体和更强大的军事力量。美国的政策及其有关政府机构不得不面对这些经济和军事现实。政府结构做出调整,以适应相互依赖和相对脆弱的外界环境。在那段时期,如果说有什么能够影响政治及机构改革讨论的中心主题,那就是需要在美国自身的体制内重新平衡秩序和自由的关系。在一个没有足够能力主宰国际经济秩序的国家中,有关个人自由及自制的构想必须做出修正。

19世纪的美国对金融危机和经济萧条并不陌生。很多当代经济学家试图找出经济发展的模式。有人指出一种常规的10年周期:"5至7年的经济繁荣期;几个月至几年的恐慌期;大概几年的经济困难期。"[4] 也有人指出太阳黑子活动爆发和经济危机之间的关系。(这并不像表面上看起来那么扯。太阳黑子会对气候造成影响,进而影响到农作物收成,再进一步影响到整体经济状况。)然而,这些试图找出可预测模式的努力多以失败告终。真相是,经济气候总是极为多变的:好天气常常被意想不到的暴风雨打破。而且,暴风雨可能来自海外。美国发生恐慌的原因可能是来自大西洋对岸的某些决定,对那些做决定的个人或者机构来说,美国人的福祉并非其首要考虑因素。

现在有一种趋势是,认为诸如第一次大萧条这样的危机是一个纯粹的经济现象。从这种角度出发,人们普遍认为1836年秋,金融市场的压力触发了经济危机,1843—1844年的经济复苏迹象宣告了危机的结束。然而,这样或者其他以纯经济问题的角度来看待危机的观点都是错误的。正如本书所言,这个故事非常复杂,因此影响也比纯粹经济问题的影响更加深远。经济崩溃很快衍生出其他同样可怕的问题。在各个州的首府和华盛顿,经济繁荣时期被压抑的旧时仇恨突然爆发出来。立法机构的僵局引发人们对于新确立的民主体制在关键时刻能否采取权威措施的能力产生怀疑。在全国很多地方爆发的骚乱和暴动也引发对政府维持社会秩序的能力的质疑。即使外交政策也趋于不稳,因为一个力量衰弱、颜面尽失的国家对于自身无法对扩张的英国力量坚持立场而感到恼火。

从某种程度而言,这场危机的经济和非经济方面同样存在相似之处。经济恐慌的主要特征是商业机构之间的信任突然丧失。当丧失信任后,大规模、脆弱的商业交易网络瓦解,经济活动也就被迫暂停。然而随着经济衰退,信任在更大范围内丧失。议员和政客们也不再相信对方。代表不同党派的政客或者立法机构不再互信。雇主和雇员、地主和佃户、不同种族的邻居之间全都不再信任对方。

结论
自由、秩序和经济危机

即使国家之间的信任也在减退,取而代之的是仇恨和敌意。最初的商业信用破产逐渐恶化成更大范围、更困难的社会信任和国际社会信任缺失问题。

到1844年时,危机的影响已经非常深远,令人们开始考虑有关美国政治哲学的根本问题。最关键的问题,当时社会也普遍认同的问题,是美国政治机构能否恰当地平衡自由和秩序之间的关系。在危机前的几十年里,这一平衡是偏向自由一端的。人们强调的是一个普通人控制自己的能力和权利——正如亚历西斯·德·托克维尔(Alexis de Tocqueville)在1835年所说的"个人自治的原则"。[5]选举权扩大正是坚信这一原则最明显的表现。但一个如此强调自由和个人自治的政治体制能够存在多久也严重依赖于公民自我约束的能力。正如皮莱格·钱德勒在1844年指出的,依赖于他们"个人责任和具有男子气概的自我克制"[6]的能力。对很多美国人而言,危机要求其重新评估对于人性的这一假设。对那些早就对人性抱有更悲观看法的美国人来说,危机同样要求其重新考虑,政府机构应当如何重组才能维持秩序。

有关州政府违约的讨论只是有关平衡秩序和自由这个广义话题的一个表现。州议会被看作是主权个人表达意愿的渠道。但在经济繁荣时期无节制地举债,建造那些考虑不周的工程的也正是这些主权个人。然后,他们再对债务违约,亲手毁了自己的信用,在外国投资者眼中颜面尽失。这一经历要求人们重新评估议员和选民们做出的决定的质量。在经济蓬勃发展时,他们似乎能够谨慎地做出举债决定。然而,经济环境稍有变差,当需要面对自己决定的后果时,他们就对还款做出可耻的选择。于是,就有必要对选民和议员决策的弱点建立制度性的约束,例如对借贷设立宪法约束。正如1850年印第安纳州制宪大会上一名发言人所说,"我们限制并制约自己……避免一时冲动和偏见带来的危险后果"。[7]

当然,在其他领域,美国人也不得不协调秩序和自由的关系。经济困境滋生了社会动荡。有时候,这种动荡可以被看作是内生政治问题的外在表现,动乱的目的是要解决经济繁荣时被掩盖的不满情绪。很多参与抗议的美国人都是曾参加独立战争的爱国者的子女,这些爱国者当年的抗议也带有那个时代的特征。另一方面,有些情况下,例如在东北部主要城市爆发的骚乱中,政治诉求并没有得到条理清晰的表达。在这种情况下,更多人对个人自治能力的减弱感到担忧——关于个人不理智的决定,对暴徒的妥协以及社会道德的崩溃。摆在美国人面前的问题依然是,在这种情况下如何维护秩序?

起初,民选政府希望通过用武力维持秩序来暂时解决问题,但随着威胁升级,军队的调配却不够灵活。通过现有机构发出的异议可以被容忍。为了维持秩序,政府宣布

结论
自由、秩序和经济危机

进入戒严状态;征调州民兵和联邦军队;大规模逮捕个人并施以严惩,包括死刑。如果本身没有镇压混乱的能力,就像东北部城市那样,创造出这一能力。讽刺的是,警察力量的想法——或者如其所称的公民军队——本身却是来自英国。赢得自由的胜利者却需要从秩序的赢家那里借来这一创新概念。

维持秩序的艰难任务不只存在于州首府或者主要城市的街道上。在华盛顿,也同样如此,经济衰退导致旧政治体制瓦解,形成两极化的理念和议会僵局。在这里,"民主政治能否管好自己?"这个根本问题再次赤裸裸地摆在人们面前。到1842年时,国会似乎已经停止运作,正如海军部长埃布尔·厄普舍所言,"丧失了立法的能力"。造成这一切的根源再次追溯到性格缺陷上。国会议员似乎不再讲道理,不够正直、体面;他们的行为"不符合虔诚的天主教徒、绅士或者文明社会的代表"[8]应有的行为。

没有任何体制改革能够为解决这些问题提供捷径。华盛顿的僵局持续贯穿整个危机期间。但也许可以说,长期危机的一个影响是令总统的权力相对议会的权力有所增强。虽然约翰·泰勒常被看作是一个没有什么作为的总统,但在这方面,他却起到了重要作用。例如,人们通常认为安德鲁·杰克逊在任期间,通过频繁使用总统否决权令行政决策更加坚定决断。有人认为,杰克逊"令否决权合法化"[9],在其担任总统的8年时间里,总计使用了12

次否决权,比前六任总统加起来还要多。但如果频繁使用否决权是整合行政权力的表现,那么泰勒在这方面决不输给杰克逊。在短短 4 年期间,他就使用了 10 次否决权。

行政权力在其他方面也得以加强。面对财政收入下滑,白宫和财政部想尽方法控制联邦开支,联邦政府由此第一次尝试核查及控制联邦政府各个部门的支出。为了避免与英国的矛盾升级,泰勒和丹尼尔·韦伯斯特带头使用秘密资金操控有关解决缅因州边界争议的公众舆论。此外,为了解决美英之间就亚历山大·麦克劳德案的争议,国会授权泰勒及其继任者,可以把那些可能影响美国国际责任的案件从州法庭移送联邦法庭处理。

经济衰退也令英美关系变得动荡。即便在经济繁荣时期,也可以感受到两国间的紧张关系:尽管英国和美国在经济上相互依附,但二者同时也是领土和商业市场的竞争者,而且 1812 年战争和美国的独立斗争也为两国关系留下伤疤。但在经济状况良好时,人们还可以期望分歧能够以和平方式解决,经济衰退则令妥协变得更加困难。在英国,美国的违约和拒付债务让人们觉得美国的体制和美国人品性存在瑕疵,引发嘲讽和奚落。在美国,人们的压迫感更明显,愈发感到丢脸。一场源自银行体系的危机开始转变为国家荣誉问题。在有些地方,危机激起无休止的、强硬的爱国主义情绪。

结论
自由、秩序和经济危机

我们从这场经济危机中应当得到的一个启示是,当代得出的有关经济全球化带来和平趋势的结论或许并不准确。20世纪90年代开始,经济相互依赖必然会令国与国之间的军事冲突减少逐渐成为一个普遍看法。这种观点认为,各个国家会意识到,挑起冲突将违背其经济发展利益,同时,经济往来也会促进国家之间达成共识。1996年,托马斯·弗里德曼(Thomas Friedman)把这一观点简化为——两个都有麦当劳的国家之间不会爆发战争。

即使在1996年,我们也有理由怀疑弗里德曼的说法。1910年,英国作家诺曼·安吉尔(Norman Angell)也曾有过类似表述,他认为欧洲各国之间的经济统一将消灭战争爆发的可能性。但很快事实就推翻了安吉尔的观点。而且,我们可以从第一次大萧条时期的故事找到更多理由来怀疑这种相互依赖会带来和平的良好愿景。毫无疑问,相互依赖会令有实力的大国有实质动力去尽量避免爆发冲突。1836—1848年经济危机期间,大西洋两岸的商业利益团体都曾积极维持和平局面,而且英美两国从未真正发生正面冲突。然而,危机期间,两国之间的敌意确实增强,而这正是因为两国经济相互依赖。如果英美两国不存在债主和债务人的关系,国家荣誉之类的问题也不会产生。我们也可以看到,人类对于国家荣誉的优先考虑似乎胜过有关贸易、金融的实际问题。正如《民主评论》所说,简单的"利益不一致"[10]不再是引发冲突的因素,美国情感上受伤却又在经济上依赖于英国这个事实才正是让局势变得如此动荡不安的根本因素。

在这方面,美国又不得不纠结于自律问题。一方面,鼓动大众对英国掠夺行为的愤怒情绪既简单,也有利于竞选拉票。在北部边界争议爆发时,纽约州和缅因州的政客们就曾这么做,泰勒和国务卿埃布尔·厄普舍也曾这样怂恿得克萨斯人,波尔克和密西西比参议员罗伯特·沃克尔在解决俄勒冈纠纷时也采取了同样做法。但另一方面,美国人也一直清楚地知道,一个经济上陷入困境的国家无法与英国开战。协调两方面因素的重任——调解民众的冲动和经济及军事现实——就落在了历任总统和国务卿的肩上。这也是行政权力因经济危机而强化的另一种实现方式。随着经济问题被模糊为战争与和平的问题,与之相关的各类问题也更自然地落入行政分支的职权范围内。

不同总统以不同的方式处理面临的困境。有时候,他们可能试图压制冲动的爱国情绪,像范布伦在1837年至1839年时的做法。有时候,他们可能表面上故作姿态,对英国态度强硬,但私下里却向英国妥协,比如泰勒和波尔克。他们也会鼓励本土的失落情绪通过相对安全的方式发泄出来,例如借用墨西哥战争让人们发泄心中的反英情绪。从某种意义而言,理想中的个人自治权再次受到限制。人们对于英国的反感可能被压制、受挫或者被转移方

结论
自由、秩序和经济危机

向。但总统们无法做到的一件事是,让公众的愤怒转化为最显著、最直接的国家政策——公开出击英国。

第一次大萧条给美国政治体制带来的改变可以总结为以下几点。首先是机构的变化:为了让海外投资者安心以及避免再次发生违约,州政府的角色面临新的约束;为解决经济衰退造成的国内动荡,警察力量得以扩充;由于议会功能紊乱以及需要管理与更强大的英国之间愈发脆弱的关系,总统权力得到强化。与此同时,许多政治观念也发生转变:人们对政府角色的传统认知改变,新的理念解释了为什么制度适应不可或缺,并强调在经济、政治和社会危机爆发时重建秩序的必要性。很多当时建立的制度适应一直沿用至今,尽管期间曾做出修改。但这仍然是一件很了不起的事——如今的政府结构一定程度上是在美国还不是一个超级大国时形成的,当时的美国对于把握自己命运的能力信心十足。

这些制度改变的过程是漫长而痛苦的。第一次大萧条期间,政治问题非常复杂。无论是在各个州还是联邦层面,政客们并不能自由地实施其野心勃勃的发展计划,他们的注意力要先落在诸如对付那些拆毁政治和社会结构的力量的基本任务上。政客们需要面对令人厌烦又常常毫无结果的谈判,有些是为了维护政党或社会不同层面的同盟关系,或是与债权人之间保持良好关系,或者是为了维持社会秩序。政治家们还要更频繁地拒绝,例如,向有权势、感到愤怒的派别解释为什么他们无法获得某些利益或者自由,或者为什么他们需要承担新的责任。

19世纪30年代的美国,国内和国际事务深深地相互缠绕在一起。在一个开放经济体中,很难分离出部分对海外贸易和金融没有任何影响的问题。州政府在基建和房产税方面的政策,市政府与警察力量有关的政策以及联邦政府分配土地销售收入的政策,只是少数几个国内事务同时对海外投资者有重大影响的例子。决策者在决定如何解决这些问题时,须要同时关注海外债权人对政策的反映。一般来说,这并不难理解。在美国深陷经济危机时,海外债权人的代理们常常在州政府和联邦政府办公处出没,劝诱立法者,或者组建联盟支持有利于他们的政策。丹尼尔·韦伯斯特可以说是美国的缩影,他身上映射出美国的国内事务和国际事务是如何深深地交织在一起的。韦伯斯特是毋庸置疑的爱国主义者,曾担任国会议员、参议员以及国务卿,但他也深深希望英国投资者购买他的土地和债券,欠着英国银行家的钱,又是英国金融家在美国的说客。身兼各种角色却很自然。

处理英美之间的问题并没有捷径;但另一方面,国内却有强烈的动机去否认这一现实。英美互相依赖的一个影响是,美国人无法完全掌控自身的经济和政治事务。例如,英格兰银行对于决定美国经济的走向起到重要影响,

结论
自由、秩序和经济危机

但在这个过程中,英格兰银行并不会对美国各个派别负责。但美国人并不会轻易承认这一事实。承认英国对美国的影响,就意味着要承认英国事实上仍然能限制美国得之不易的自治权。相反,反反复复的美国政治一直试图强调国内因素的重要性,例如联邦政府或州政府的金融、关税或区内发展政策。成功时,美国的政客们忙着揽功,失败时,则把罪责推到竞争对手身上,在这个过程中,营造出一种普遍的错觉,即他们这个阶层对于美国经济和政治发展拥有多大的控制权。

当然,我们在对比19世纪早期和21世纪的情况时,必须多加谨慎。显然,如今的经济结构已经与当时存在本质区别,美国不同地区主要的经济活动形式的差别程度也已经不同。另一个重要的区别是,当代决策者干预经济来制止恐慌蔓延、救助摇摇欲坠的金融机构以及避免经济衰退的意愿与19世纪早期已经不同。今天,几乎没有人会秉持19世纪40年代早期很多民主党人的观念,认为政府应当管好自己的收入,让金融界自负盈亏。此外,现代决策者也有一些19世纪40年代没有的干预工具。美国现在有一个非常成熟的中央银行,即美联储;财政部也更成熟;现代税收和支出制度也让政府更容易地以及时的、定制的方式为经济提供刺激。

此外,国际经济合作的方式也比19世纪有了更好的发展。各国央行负责人和财政部官员现在有更成熟的沟通模式。还有国际合作组织,例如在19世纪还没有的国际货币基金组织和国际清算银行。当然,在技术层面上,决策者和金融家之间的沟通也更便捷。19世纪人与人之间沟通时重复发生的问题——重要的消息延迟传递、难以理解的手写书信、重要事实的谬误延续数周无人纠正等——不再存在。今天,全球市场产生出海量及时传递的消息。

我们可能会认为,所有这些发明都让我们在一个相互依赖和相对脆弱的世界中的生活更容易。我们能更快地发现潜在问题,更迅速地采取补救措施,因此恐慌不会再导致大范围的经济滑坡。确实,始于2007年并继续扩大的经济危机似乎证实了这一点。现在的状况很糟糕,但如果没有现代科技,情况可能会更加糟糕。正如2009年美联储主席本·伯南克(Ben Bernanke)所言,现存体系在危机中证明了其坚韧性,美国躲过了另一场大萧条。尽管1838年12月,范布伦也曾说过类似的话,但伯南克的观点还是有一定道理的。事实上,我们还没有看到2007年至2008年这场危机的整体影响。

我们也可能高估了自己在多大程度上克服了信息流过去面临的那些障碍。现代金融市场远比过去复杂得多,眼前这场危机带给我们的一个教训就是我们并没有想象中那么了解这些市场的真实情况。不仅如此,我们也不能

结论
自由、秩序和经济危机

低估了在当今全球化经济中的语言障碍和文化障碍的重要性。英国和美国使用同一种语言,政治传统类似,立法过程也相对公开透明,即便在19世纪早期,两国之间的透明度也很高,但如今,中美之间并非如此。

我们也必须承认,与19世纪时相比,美国如今的政治体制更加发达,能够更好地应对公众的不满情绪。政党和议员们能够更迅速地评估公众的态度,并制定与新态度相对应的新政策。政治体制响应能力提升与经济监管者管理危机的能力的改善之间有密切关系:当政客们努力避免严重的经济错位导致的额外的政治成本时,二者相互影响。同时,武力抗议的可能性降低——一方面因为政府有保护公民避免遭受严重损失的措施,另一方面,警察力量也能够有效阻止暴力事件发生。

不过,我们也必须谨慎,不要夸大当代公共体制管理由经济冲击导致的不满情绪的效率。尽管现在的经济状况并不像1837—1848年那样严峻,但政治活动表现出类似的特征。金融行业的恐慌再次导致一系列事件,进而引发更大范围的政治动荡。华盛顿和州首府的政治观念趋于两极化。政治领袖们发现自己整天忙于维持政党和议会联盟,分摊经济衰退带来的损失而产生的分歧让这些联盟关系面临瓦解。与此同时,公众开始丧失对政治程序的信心。2011年时,在一项调查中,对"我们的政府体系及其运作方式"表示乐观的美国人占比跌至40年来最低水平。2010年至2011年,盖洛普公司的一系列调查显示,80％美国人"对美国目前的局势感到不满"。

2011年夏,就联邦预算应当优先考虑哪些支出的争论,折射出2008年后美国政治的敌对氛围。即刻需要解决的问题是,国会是否应当批准上调美国财政部可以发行的债券额度上限。如果上限没有提高,联邦政府就无法获得兑付到期政府债券所需的资金。财政部部长蒂莫西·盖特纳(Timothy Geithner)警告称,联邦政府历史上从未违约,一旦违约将给美国经济带来灾难性后果。然而,国会中的共和党领导人却执意要利用需要议会批准作为砝码,与奥巴马政府和民主党议员就税收和支出问题进行谈判,逼迫其做出让步。

美国面对诸多政治难题。2007年后,联邦预算赤字占GDP的比重飙升到"二战"后的最高水平。这基本上可以归因于联邦收入缩水和金融危机及随后发生的经济衰退导致的支出增加。未来还有已做出规划的联邦福利项目,今后数年内联邦支出还将继续增加。显然,有必要制订一些平衡支出及税收的长期计划,但就如何快速实现预算平衡,以及是否应首先通过削减支出或增加税收的方式实现则存在分歧。2010年中期选举后,行政和立法分支之间能够达成一致的概率再度降低,这次中期选举中,众议院议员流动率创下过去半个世纪的第二高位,导致众议院的民主党多数被决意反对设立新税种的共和党多数取代。共和党党团会议中存在的茶党保守派的一个新的强大分支,限制了众议院议长就反对新税种的承诺做出让步的余地。

2011年夏天,华盛顿面临的境况对于1842年时的议员来说就不算陌生。债务上限的最后期限日渐临近,但却无法就预算草案达成一致。纽约市长迈克尔·布隆伯格(Michael Bloomberg)抱怨称,这个国家的"名誉和信用"都被"华盛顿的僵局所绑架"。[11]美联储主席伯南克警告称,在提高债务上限问题上,即便是一个短暂犹豫都可能"导致对美国信用度的根本质疑……动摇投资者对美国政府偿付债务的能力和意愿的信心"。[12]债券评级机构声称,如果政治僵局无法打破,他们会给予美国国债更加负面的展望。(一家评级机构还坦言,任何明智的预算草案都"要求进行财政调整……这考验整个社会的凝聚力"。[13])很多茶党保守派利用债务上限争议这个契机来推销他们的观点,即通过修订宪法来迫使联邦政府保持收支平衡。共和党参议员荣·约翰逊(Ron Johnson)表示,这是"建立起真正的支出约束的"[14]唯一有效的方式。

严格来说,2011年的预算案僵局并不能直接拿来与1842年的黑暗日子做对比。2011时,美国并不面对被海外投资者彻底摒弃的风险。即使美国的信用水平暂时受到冲击,没有人会怀疑美国国债仍然是一个不错的投资,并且显然比很多其他国家的主权债券更安全。同样,也没有迹象表明美国需要即刻接受一份平衡预算的宪法修订案。(无论如何,这都不是一个明智的决定。与对州政府的财政权力做出宪法约束不同,对一个国家政府做出类似约束只会引发更多问题。)

不过,2011年的僵局仍然预示着未来还会有更多政策争议。立法者明白,海外投资者持有的联邦债券数量已经达到当代历史的新高(他们持有近一半联邦债券),他们也清楚,当做出预算决策时,这些投资者将密切关注其一举一动,投资者们可能考虑将资金投向其他地方,这将令联邦负债的成本飙升。很多人难以接受这样的"监视":俄亥俄州的国会议员丹尼斯·库钦奇(Dennis Kucinich)坚持认为,在债务上限问题上,"没有任何国家、机构或组织有权对美国政府发号施令"。[15]然而,大部分人认为,在长期重要议题上真正达成一致将对稳定金融市场起到重要作用。今天的议员们,就像1842年的议员们一样,还在逐渐认识到,他们想做什么就做什么的自由是受到"海外投资者的一时念想"[16]的制约,而留住投资者的支持的方式就是向其展示出他们自己进行预算管理的能力。

在其他很多国家,也有类似的困境。但由于其并不具备美国这样的政治和经济实力,这些国家的立法者不得不向国际市场的需求做出妥协,在自主决定权上做出让步。很多情况下,这意味着对内缩减开支,对本国通过军事或者外交手段在国际上扩大影响力不再抱太高期望。今天,

结论
自由、秩序和经济危机

美国人已经知道,在一个美国已不再是超级霸权的世界中,政治是怎样的。这是一种困难模式下的政治,对很多出生在美国主宰世界的年代的人来说这一切还很陌生。但在悠长的美国历史上,这一现象并不陌生。

方法说明及致谢

在写这本书时,我希望以通俗易懂的方式展现出来。因此,我尽量避免在本书的主体部分讨论此前的学术著作的价值,同时在平实的言语足以解释清楚时,我也避免使用学术词汇或者专业词汇。如果可能,引用的内容主要来自最初来源,而不是后期的学术文献中。有关资料来源的详细内容都列在本书的最后部分。

不过,我还是有必要就研究方法做个简单介绍。过去20年里,我的主要兴趣方向是研究政府,尤其是政府改革的进程;换句话说,政府应当执行的任务是如何被决定的,以及应当如何组织政府来最终完成这些任务。我从事的学术领域是公共管理。一般而言,对整个领域进行简单概括是很危险的,但我认为,在美国,公共管理领域的特征可以归纳为三点。首先是更偏好那些以对政府角色更广泛的调查为基础,做出的分散的行政管理或者管理创新的研究。其次,倾向于把改革视作一种技术手段而非一个政治经济的问题。最后,倾向于规避所谓的历史背景。

尽管存在这些限制,过去仍出现了不少极具价值的研究,但这些限制确实让学者们难以就政府结构的整体演变给出一个更具有说服力的解释。我们需要一种补充分析方式,即能够解释重要因素在一段时间内对政府结构的影响的方式,这些因素包括国民经济和国际经济的特点、国家之间的实力对比、技术创新、本土政治环境与文化以及制度沿袭等。此外,我认为我们可以把这些重要的因素归为决定政府改革的宏观因素。如果缺乏对这些重要因素的系统性研究,公共管理领域的学者们就像是一艘船的机舱工作人员:我们已经了解内部机制,但却不清楚船要开往哪里及其原因,或者是否能够到达终点。

这是我以这种更宽泛的研究方法完成的第三本著作。在 2008 年完成的《布什政府的崩塌》(*The Collapse of Fortress Bush*)中,我解释了为什么一些广义因素会影响布什政府对 2001 年 9 · 11 袭击做出的反应;在《纪律的逻辑》(*The Logic of Discipline*)(2010 年)中,我探讨了过去 30 年间,全球各国政府是如何适应经济全球化的。本书使用了同样的方法,只是用于解释更加古老的数据。此外,本书与前两本著作在探讨的议题上也有相似之处。希望更深入了解这三本书中所用到的研究方法的读者,可以去读一读以下两篇文章:《弃用之路:伦纳德·怀特(Leonard White)与行政管理发展的宏观因素》(The Path Not Taken: Leonard White and the Macrodynamics of Administratire Development),《公共管理评论》(*Public Administration Review*)第69卷,第4期(2009年7月),第764—775页;以及《公共行政管理的思想史有什么问题》(What's Wrong With the Intellectual History of Public Administration),《公众之声》(*Public Voices*)第11卷,第2期(2010年12月),第10—15页。

感谢康奈尔大学出版社的编辑迈克尔·麦克甘迪(Michael McGandy)给我提供大量建议,也感谢审读最初两份手稿的两位匿名评论者。此外,也非常感谢我的妻子桑德拉(Sandra)、我的孩子约翰(John)和康斯坦斯(Constance)、我的父母詹姆斯·罗伯茨(James Roberts)和南希·罗伯茨(Nancy Roberts)以及我的岳父母冈蒂斯·斯拉德斯(Guntis Sraders)和茵塔·斯拉德斯(Inta Sraders)对我的支持。最后,我必须感谢杰瑞·拉帕波特(Jerry Rappaport)和菲利普斯·拉帕波特(Phyllis Rappaport)对萨福克大学法学院杰罗姆·L.拉帕波特法律及公共政策讲座教授的慷慨支持,我很荣幸自2008年一直担任该职。

注释

导言

[1] Paul Volcker, "The Time We Have Is Growing Short," *New York Review of Books* 57, no. 11(2010).

[2] Michael Mandelbaum, *The Case for Goliath: How America Acts as the World's Government in the 21st Century* (New York: Public Affairs, 2005), 10.

[3] Joseph Quinlan, *The Last Economic Superpower* (New York: McGraw-Hill, 2010), x.

[4] Jeffrey Sachs, "America Has Passed on the Baton," *Financial Times*, September 29, 2009, 9.

[5] Yukio Hatoyama, "Japan Must Shake Off US-Style Globalization," *Voice*, August 19, 2009.

[6] Matt Bai, "The Presidency, Chained to the World," *New York Times*, September 11, 2010.

[7] Henry M. Paulson Jr., *On the Brink* (New York: Business Plus, 2010), 18.

[8] James Fallows, "Be Nice to the Countries That Lend You Money," *The Atlantic*, December 2008.

[9] Herman Kahn, *The Emerging Japanese Superstate* (Englewood Cliffs, NJ: Prentice-Hall, 1970).

[10] Koji Taira, "Japan, an Imminent Hegemon?" *Annals of the American Academy of Political and Social Science* 513(1991): 151-163,156.

[11] Jessica Lepler, "1837: Anatomy of a Panic" (PhD Dissertation, Brandeis University, 2007), 248.

[12] Henry Graff, *The Presidents: A Reference History* (New York: Simon and Schuster, 2002), 130.

[13] *Times of London*, January 28,1843,11.

[14] Reginald McGrane, *The Panic of* 1837 (Chicago: University of Chicago Press, 1924), 1.

[15] Douglass Cecil North, *The Economic Growth of the United States, 1790-1860* (Englewood Cliffs, NJ: Prentice-Hall, 1961), 190.

第一章

[1] Charles Dickens, *American Notes* (New York: D. Appleton and Company, 1868).

[2] William H. Perrin, *History of Alexander, Union and Pulaski Counties* (Chicago: O. L. Baskin & Company, 1883), 28.

[3] John Forster, *The Life of Charles Dickens* (New York: Baker and Taylor, 1911), 1.229.

[4] Sidney George Fisher, "The Diaries of Sidney George Fisher," *Pennsylvania Magazine of History and Biography* 76, no. 2 (1952): 177-220,215; Sidney George Fisher, "The Diaries of Sidney George Fisher 1841-1843," *Pennsylvania Magazine of History and Biography* 79, no.2(1955): 217-236,230.

[5] *United States Magazine and Democratic Review* 9, no. 38 (August 1841): 206.

[6] *The Sailor's Magazine* 15, no. 5 (January 1843): 153.

[7] Charles F. Briggs, *The Adventures of Harry Franco* (New York: F. Saunders, 1839), 2.212.

[8] Charles F. Briggs, *Bankrupt Stories* (New York: John Allen, 1843), 298.

[9] Philip Hone, *The Diary of Philip Hone*, 1828 – 1851 (New York: Dodd Mead, 1889), 2.138.

[10] Roy M. Robbins, *Our Landed Heritage: The Public Domain*, 1776 – 1936 (Princeton, NJ: Princeton University Press, 1942), 71.

[11] *Brooklyn Daily Eagle*, July 11,1842,2.

[12] Mentor Williams, "A Tour of Illinois in 1842," *Journal of the Illinois State Historical Society* 42, no. 3(1949): 292 – 312.

[13] Eleanor Atkinson, *The Story of Chicago and National Development* (Chicago: The Little Chronicle Company, 1911), 58.

[14] James Buck, *Pioneer History of Milwaukee* (Milwaukee, WI: Milwaukee News Company, 1876).

[15] *Southern Cultivator* 1, no. 11 (May 24,1843): 85.

[16] *The Journal of Banking* 1, no. 20 (March 30,1842): 306.

[17] *The American Masonic Register* 2, no. 39 (May 29,1841): 467.

[18] Ephraim Adams, ed., *British Diplomatic Correspondence Concerning the Republic of Texas*, 1838 – 1846 (Austin: Texas State Historical Association, 1917), 52.

[19] Ann Malone, *Sweet Chariot: Slave Family and Household Structure in Nineteenth Century Louisiana* (Chapel Hill: University of North Carolina Press, 1996), 309.

[20] Rachel O'Connor, *Mistress of Evergreen Plantation: Rachel O'Connor's Legacy of Letters*, 1823 – 1845 (Albany: State University of New York Press, 1983), 244.

[21] *Niles' Register*, December 5,1840,219.

[22] James S. Buckingham, *The Slave States of America* (London: Fisher, Son & Co., 1842), 1.552.

[23] Quoted in ibid., 1.555 – 1.556.

[24] Quoted in *New Orleans Times Picayune*, January 21,1840.

[25] Reginald McGrane, *The Panic of* 1837 (Chicago: University of

Chicago Press, 1924), 142.

[26] *Hunt's Merchants' Magazine* 35, no. 2 (August 1856): 265.

[27] Freeman Hunt, *Lives of American Merchants* (New York: Derby & Jackson, 1858), 1.3.

[28] 美国历史上历时最久、影响最深的衰退中的一次: Victor Zarnowitz, *Business Cycles: Theory, History, Indicators, and Forecasting* (Chicago: University of Chicago Press, 1992), 222。

[29] James C. Curtis, *The Fox at Bay: Martin Van Buren and the Presidency, 1837-1841* (Lexington: University Press of Kentucky, 1970), 190.

[30] Howard Jones and Donald A. Rakestraw, *Prologue to Manifest Destiny: Anglo-American Relations in the 1840s* (Wilmington, DE: SR Books, 1997), 114.

[31] *Times of London*, May 11, 1842, 6.

[32] Hone, *The Diary of Philip Hone*, 1828-1851, 1.340.

[33] Lyon G. Tyler, *Letters and Times of the Tylers* (Richmond, VA: Whittet & Shepperson, 1885), 2.157.

[34] 以下资料特别有助于理解1835年至1840年经济繁荣和经济萧条: McGrane, *The Panic of* 1837; Robert Matthews, *A Study in Trade-Cycle History: Economic Fluctuations in Great Britain, 1833-1842* (Cambridge: Cambridge University Press, 1954); Douglass Cecil North, *The Economic Growth of the United States, 1790-1860* (Englewood Cliffs, NJ: Prentice-Hall, 1961); Peter Temin, *The Jacksonian Economy* (New York: Norton, 1969); Peter Rousseau, "Jacksonian Monetary Policy, Specie Flows, and the Panic of 1837," *Journal of Economic History* 62, no. 2 (2002): 457-488; Jessica Lepler, "1837: Anatomy of a Panic" (PhD Dissertation, Brandeis University, 2007)。

[35] Douglas H. Gordon and George S. May, "Michigan Journal, 1836, John M. Gordon," *Michigan History* 43 (1959): 257-293.

[36] Frederick Jackson Turner, *The Frontier in American History* (New York: Henry Holt and Company, 1920), 2.

[37] Frederick Jackson Turner, *The Significance of Sections in American History* (New York: H. Holt and Company, 1932), 32.

[38] Anonymous, "Principles of Political Economy," *United States Literary Gazette* 3, no. 7(1826): 261 – 266, 263.

[39] Robert Allen, *The British Industrial Revolution in Global Perspective* (New York: Cambridge University Press, 2009), 182.

[40] Edward Baines, *History of the Cotton Manufacture in Great Britain* (London: H. Fisher, R. Fisher, and P. Jackson, 1835), 244.

[41] Ibid., 505 and 512.

[42] Frederick Engels, *The Condition of the Working-Class in England* (London: Swan Sonnenschein & Co., 1892), 8.

[43] J. R. M' Culloch, *M'Culloch's University Gazetter* (New York: Harper & Bros., 1844), 2.196.

[44] Levi Woodbury, *Letter on the Cultivation, Manufacture, and Foreign Trade of Cotton* (Washington, DC: Gales & Seaton, 1836), 23.

[45] Lawton B. Evans, *A History of Georgia* (New York: American Book Company, 1898), 141.

[46] Israel Andrews, *The Cotton Crop of the United States* (Washington, DC: Department of the Treasury, 1853), 833 – 836.

[47] Frederick Law Olmsted, *Cotton Kingdom* (New York: Mason Brothers, 1861), 1.321.

[48] *Extra Globe*, February 10, 1838, 5.

[49] William Harlan Hale, Horace Greeley, *Voice of the People* (New York: Harper, 1950), 35.

[50] Quoted in *Hagerstown Mail*, March 11, 1836.

[51] *Ohio State Journal*, June 25,1836.

[52] *Magazine of Western History* 6, no.3 (July 1887): 314.

[53] Addison Fulwider, *History of Stephenson County, Illinois* (Chicago: S. J. Clarke Publishing Co., 1915), 401.

[54] Francis Wayland, *The Elements of Political Economy* (New York: George C. Rand & Avery, 1858), 401.

[55] *Gettysburg Republican Compiler*, May 10,1836.

[56] Quoted in *Niles' Register*, June 6,1835,233.

[57] *Niles' Register*, October 22,1836.

[58] *Niles' Register*, June 27,1835,291.

[59] George S. Boutwell, *Reminiscences of SixtyYears in Public Affairs* (New York: McClure, Phillips & Co., 1902), 59,63.

[60] McGrane, *The Panic of* 1837,2.

[61] Arthur Schlesinger Jr., *The Age of Jackson* (Boston: Little, Brown and Company, 1945), 218.

[62] *Jackson's Oxford Journal*, August 20,1836.

[63] *Sixth Annual Message*, December 1,1834, in James D. Richardson, ed., *A Compilation of the Messages and Papers of the Presidents* (New York: Bureau of National Literature, 1897), 3.1316.

[64] David Salomons, *The Monetary Difficulties of America* (London: Pelham Richardson, 1837), 14.

[65] Albert Gallatin, *The Writings of Albert Gallatin* (Philadelphia: J. B. Lippincott & Co., 1879), 3.392.

[66] Thomas Tooke, *A History of Prices and of the State of Circulation in 1838 and 1839* (London: Longman, Orme, Brown, Green, & Longmans, 1840), 2.

[67] *Milwaukee Advertiser*, September 8,1836.

[68] *Alton Observer*, March 16,1836.

[69] William Cullen Bryant and Thomas G. Voss, *Letters of William Cullen Bryant* (New York: Fordham University Press, 1977), 69.

[70] *Niles' Register*, April 23,1836,129.

注释

[71] Quoted in Rousseau, "Jacksonian Monetary Policy," 479.
[72] Quoted in *New York Commercial Advertiser*, October 22, 1836.
[73] *New York Spectator*, November 3, 1836.
[74] *Niles' Register*, May 14, 1836, 186.
[75] Henry MacLeod, *A Dictionary of Political Economy* (London: Longman, Green, Longman, Roberts and Green, 1853), 1. 584.
[76] Salomons, *The Monetary Difficulties of America*, 20.
[77] *Portsmouth Journal of Literature and Politics*, December 31, 1836. Emphasis in original.
[78] *The NewYorker* (October 19, 1839): 75.
[79] David Kinley, *The History, Organization and Influence of the Independent Treasury of the United States* (New York: Thomas Y. Crowell & Co., 1893), 21.
[80] James Gilbart, *An Inquiry into the Causes of the Pressure on the Money Market during the Year 1839* (London: Longman, Orme, Brown, Green & Longmans, 1840), 4.
[81] J. Horsley Palmer, *The Causes and Consequences of the Pressure upon the Money Market* (London: Pelham Richardson, 1837), 32.
[82] *London Dispatch*, September 17, 1836.
[83] William G. Sumner, *A History of Banking in the United States* (New York: Journal of Commerce, 1896), 286.
[84] Salomons, *The Monetary Difficulties of America*, 27-28.
[85] *Inaugural Address*, March 4, 1837, in James D. Richardson, ed., *A Compilation of the Messages and Papers of the Presidents* (New York: Bureau of National Literature, 1897), 4. 1531.
[86] *New Orleans Times Picayune*, March 5, 1837.
[87] *New OrleansTimes Picayune*, April 13, 1837.
[88] *Baltimore Gazette*, May 11, 1837.
[89] Ibid.
[90] Lepler, "1837: Anatomy of a Panic," 199. 54; May 13, 1837.

[91] Hone, *The Diary of Philip Hone*, 1828–1851, 258.
[92] *Times of London*, June 13, 1837.
[93] Gilbert, *An Inquiry into the Causes of the Pressure on the Money Market during the Year* 1839, 8.
[94] Ibid., 5.
[95] *Annual Message to Congress*, December 3, 1838, in Richardson, ed., *A Compilation of the Messages and Papers of the Presidents*, 3.490.
[96] *London Morning Chronicle*, August 2, 1839.
[97] Walter Bagehot, *Lombard Street* (New York: Scribner, Armstrong & Co., 1877), 179.
[98] *Times of London*, September 2, 1839.
[99] *New York Courier and Enquirer*, September 20, 1839, quoted in the *Ohio Statesman*, October 2, 1839.
[100] *London Era*, December 23, 1838.
[101] Bray Hammond, *Banks and Politics in America from the Revolution to the Civil War* (Princeton, NJ: Princeton University Press, 1991), 508.
[102] Bank of the United States, Report of *the Committee of Investigation* (Philadelphia: Bank of the United States, 1841), 75.
[103] *New Hampshire Gazette*, January 17, 1840.
[104] *Ohio State Journal*, March 11, 1840.

第二章

[1] 对于州政府负债的详细讨论可参考：Reginald McGrane, *Foreign Bondholders and American State Debts* (New York: Macmillan, 1935); and Benjamin Curtis, "Debts of the States," *North American Review*, no. 58(1844): 109–157。
[2] John Bach McMaster, *A History of the People of the United States* (New York: D. Appleton and Company, 1910), 2.30.
[3] Howard Bodenhorn, *A History of Banking in Antebellum America: Financial Markets and Economic Development in an*

Era of Nation-Building, Studies in Macroeconomic History (New York: Cambridge University Press, 2000), 44.

[4] Alexander Trotter, *Observations on the Financial Position and Credit of Such of the States of the North American Union as Have Contracted Public Debts* (London: Longman, Orme, Brown, Green, and Longmans, 1839), 351-355.

[5] McGrane, *Foreign Bondholders and American State Debts*, 21.

[6] C. H. Van Tyne, ed., *The Letters of Daniel Webster* (New York: McClure, Phillips, 1902), 725.

[7] McGrane, *Foreign Bondholders and American State Debts*, 22.

[8] *Times of London*, March 10,1840,6.

[9] Constitution of Michigan, 1835, Article XII, Sec. 3.

[10] J. N. Ingersoll, "The Clinton and Kalamazoo Canal Celebration," Michigan Pioneer and Historical Collections 5 (1882): 469-471,470.

[11] Governor's Message, January 7,1839, in *Journal of the Senate of the State of Michigan* (Detroit: John S. Bagg, 1839), 16.

[12] *Journal of the House of Representatives of the State of Michigan* (Detroit: Bagg & Harmon, 1842), 163.

[13] H. Fowler, ed., *Report of the Debates and Proceedings of the Convention for the Revision of the Constitution of the State of Indiana* (Indianapolis: A. H. Brown, Printer, 1850), 675.

[14] Inaugural Address, December 9,1840, in *Journal of the Senate of the State of Indiana* (Indianapolis: Douglass & Noel, 1840), 18.

[15] Governor's Message, December 6,1842, in *Journal of the House of Representative of the State of Indiana* (Indianapolis: Dowling and Cole, 1842), 19.

[16] Governor's Message, December 7,1841, in Gayle Thornbrough, *Messages and Papers Relating to the Administration of Samuel Bigger, Governor of Indiana* (Indianapolis: Indiana Historical Bureau, 1964), 329.

[17] 有关马里兰州融资情况可参考：Hugh Hanna, *A Financial History of Maryland*, 1789-1848 (Baltimore: Johns Hopkins Press, 1907)。

[18] William Worthen, *Early Banking in Arkansas* (Little Rock, AR: Democrat Printing and Litho. Co., 1906), 4.

[19] Statement of the committee reproduced in *Report of Accountants of the State Bank of Arkansas* (Little Rock, AR: Johnson & Yerkes, State Printers, 1858), 7.

[20] McGrane, *Foreign Bondholders and American State Debts*, 248.

[21] Worthen, *Early Banking in Arkansas*, 24.

[22] Ibid., 25.

[23] McGrane, *Foreign Bondholders and American State Debts*, 252.

[24] Worthen, *Early Banking in Arkansas*, 70.

[25] *Times of London*, January 17, 1842, 4.

[26] *Springfield State Register*, July 15, 1837.

[27] Evarts B. Greene and Charles M. Thompson, eds., *Governors' Letter-Books, 1840-1853* (Springfield: Illinois State Historical Library, 1911), 1.6.

[28] Message of the Governor to the General Assembly, December 7, 1842, in *Journal of the Senate of the State of Illinois* (Springfield, IL: William Walters, 1842), 18.

[29] Ellen Call Long, *Florida Breezes* (Jacksonville, FL: Ashmead Bros., 1882), 84.

[30] McGrane, *Foreign Bondholders and American State Debts*, 228.

[31] *London Morning Chronicle*, February 19, 1839.

[32] Kathryn Abbey, "The Union Bank of Tallahassee: An Experiment in Territorial Finance," *Florida Historical Quarterly* 15, no. 4 (1937): 207-231, 214.

[33] Report of the House of Representatives' Committee on the Judiciary, February 25, 1840, 14.

[34] Robert Lowry and William McCardle, *A History of Mississippi* (Jackson, MS: R. H. Henry and Com-pany, 1891), 286-287.

[35] Ivers J. Austin and Alexander McNutt, *An Account of the Origin of the Mississippi Doctrine of Repudiation* (Boston: Bradbury, Soden, 1842), 14.
[36] Ibid., 5.
[37] Avard Bishop, "The State Works of Pennsylvania," *Transactions of the Connecticut Academy of Arts and Sciences* 13(1907): 149 – 297, 153.
[38] Sidney George Fisher, "The Diaries of Sidney George Fisher," *Pennsylvania Magazine of History and Biography* 76, no. 2 (1952): 224.
[39] *Hazard's Commercial and Statistical Register* 6, no. 4 (January 26, 1842): 57 – 58.
[40] *Smethport Settler and Pennon* (Smethport, PA), October 1, 1842.
[41] *Times of London*, November 18, 1842, 3.
[42] *Times of London*, January 19, 1842, 5.
[43] Charles Gayarré, *History of Louisiana* (New York: William J. Widdleton, 1866), 662.
[44] *Times of London*, May 29, 1844, 3.
[45] *Literary Gazette*, January 18, 1845, 45.
[46] *Niles' Register*, August 5, 1843, 358. Emphasis in original.
[47] McGrane, *Foreign Bondholders and American State Debts*, 267.
[48] *Times of London*, October 1844, 3.
[49] *Annual Message to Congress*, December 7, 1841, in *Journal of the Senate of the United States of America* (Washington, DC: Thomas Allen, 1841), 16.
[50] Bates to Ward, December 3, 1841, Ward Papers, Massachusetts Historical Society.
[51] Niall Ferguson, *The House of Rothschild: Money's Prophets, 1798 – 1848* (New York: Viking, 1998), 375.
[52] *Leeds Mercury*, May 2, 1840.
[53] *Times of London*, September 6, 1847.

[54] Bates to Ward, October 17, 1841, Ward Papers, Massachusetts Historical Society.
[55] Van Tyne, ed., *The Letters of Daniel Webster*, 284.
[56] *Times of London*, January 3, 1842, 3.
[57] *London Morning Chronicle*, quoted in the *Smethport Settler & Pennon* (Smethport, PA), July 9, 1842, 1.
[58] *Times of London*, April 3, 1843, 11.
[59] Curtis, "Debts of the States," 150.
[60] Ferguson, *The House of Rothschild*, 374.
[61] *Caledonian Mercury*, November 16, 1843.
[62] Christopher Wordsworth, ed., *Memoirs of William Wordsworth* (Boston: Ticknor, Reed and Fields, 1851), 2.356 – 2.357.
[63] *New York Review* 20 (April 1842): 416.
[64] Ibid.
[65] *The Dial* 1, no. 2 (October 1840): 150.
[66] Park Benjamin, *Infatuation: A Poem* (Boston: William D. Ticknor and Company, 1844), 9.
[67] "Wordsworth's Strictures," *Times of London*, March 17, 1930, 8.
[68] William Knight, ed., *Letters of the Wordsworth Family* (Boston: Ginn and Company, 1907), 3.283.
[69] William Wordsworth, *Poems* (London, Edward Moxon, 1845), 387.
[70] *United States Magazine and Democratic Review* (June 1844): 568.
[71] *The New World*, June 10, 1843, 688.
[72] *The New World*, June 24, 1843, 751.
[73] *Punch*, January 1844, 31.
[74] *United States Magazine and Democratic Review* (June 1844): 567.
[75] *Bankers' Magazine* (July 1844): 228.
[76] *Times of London*, August 8, 1843, 5.
[77] *Quarterly Review* (December 1843): 136.

[78] Thomas G. Cary, *Letter to a Lady in France* (Boston: Benjamin H. Greene, 1844), 25.
[79] *Times of London*, December 2,1842,3.
[80] George W. E. Russell, *Sydney Smith* (Norwood, MA: Norwood Press, 1905), 190.
[81] *Times of London*, November 4,1843,13.
[82] Leonard White, *The Jacksonians: A Study in Administrative History*, 1829 – 1861 (New York: Macmillan, 1954), 263.
[83] *Times of London*, November 10,1843,3.
[84] *London Examiner*, November 25,1843.
[85] *United States Magazine and Democratic Review* (October 1843): 348.
[86] H. Fowler, ed., *Report of the Debates and Proceedings of the Convention for the Revision of the Constitution of the State of Indiana* (Indianapolis: A. H. Brown, 1850), 661.
[87] McGrane, *Foreign Bondholders and American State Debts*, 47.
[88] Hanna, *A Financial History of Maryland*, 45.
[89] *Niles' Register*, August 12,1843,371.
[90] Peter Wallenstein, *From Slave South to New South: Public Policy in Nineteenth-Century Georgia* (Chapel Hill: University of North Carolina Press, 1987), 25.
[91] Curtis, "Debts of the States," 151.
[92] *Niles' Register*, June 17,1843,244.
[93] John Scharf, *History of Maryland* (Baltimore: John B. Piet, 1879), 3.213.
[94] *Maryland Constitution of* 1851, Article III, Sec. 22.
[95] *Report of the Debates and Proceedings of the Convention for the Revision of the Constitution of the State of Ohio*, 1850 – 1851, (Columbus, OH: S. Medary, 1851), 1.523.
[96] James Henretta, "Rethinking the State Constitutional Tradition," *Rutgers Law Journal* 22(1991): 819 – 839,833.
[97] *Beers v. Arkansas*, 61 U. S. 527(1857).

[98] *Times of London*, August 26,1843,5.

[99] *Cohens v. Virginia* 19 U. S. 264(1821).

[100] McGrane, *Foreign Bondholders and American State Debts*, 202.

[101] Ibid., 53.

[102] *The Bankers' Magazine* 9 (July 1849): 412.

[103] *Niles' Register*, April 22,1843,12.

[104] *Niles' Register*, April 29,1843,134.

[105] *Niles' Register*, June 10,1843,226.

[106] Ibid., 243.

[107] Austin and McNutt, *An Account of the Origin of the Mississippi Doctrine of Repudiation*, 22.

[108] Philip Ziegler, *The Sixth Great Power: A History of One of the Greatest of All Banking Families, the House of Barings, 1762–1929* (New York: Knopf, 1988), 154–155.

[109] McGrane, *Foreign Bondholders and American State Debts*, 76.

[110] Ralph Hidy, *The House of Baring in American Trade and Finance* (Cambridge, MA: Harvard University Press, 1949), 293.

[111] John E. Semmes, *John H. B. Latrobe and His Times*, 1803–1891 (Baltimore: Norman, Remington, 1917), 461.

[112] Francis Wayland, *The Elements of Political Economy* (New York: George C. Rand & Avery), 323.

[113] Francis Wayland, *Sermons Delivered in the Chapel of Brown University* (Boston: Gould, Kendall and Lincoln, 1849).

[114] George Lewis Prentiss, *The Union Theological Seminary in the City of New York* (Asbury Park, NJ: M., W. and C. Pennypacker, 1899), 435–483.

[115] Henry Ward Beecher, *Lectures to Young Men on Various Important Subjects* (Boston: John P. Jewett, 1849), 58.

[116] Prentiss, *The Union Theological Seminary in the City of New York*, 438,454–456. Emphasis in original.

[117] McGrane, *Foreign Bondholders and American State Debts*,

123-125.

[118] Ibid., 125.

[119] *The United States Magazine and Democratic Review* 1, no. 1 (January 1838): 2.

[120] 有关宪法讨论的引言来自: *Debates and Proceedings in the NewYork State Convention for the Revision of the Constitution* (Albany, NY: S. Croswell and R. Sutton, 1846); *Report of the Debates and Proceedings of the Convention for the Revision of the Constitution of the State of Kentucky* (Frankfort, KY: A. G. Hodges & Co., 1849); *Report of the Proceedings and Debates in the Convention to Revise the Constitution of the State of Michigan* (Lansing, MI: R. W. Ingals, 1850); *Report of the Debates and Proceedings of the Convention for the Revision of the Constitution of the State of Indiana* (Indianapolis: A. H. Brown, 1850); *Debates and Proceedings of the Maryland Reform Convention to Revise the State Constitution* (Annapolis, MD: William M'Neir, 1851); *Report of the Debates and Proceedings of the Convention for the Revision of the Constitution for the State of Ohio* (Columbus, OH: S. Medary, 1851); *Debates of the Constitutional Convention of the State of Iowa* (Davenport, IA: Luse, Lane & Co., 1857)。

第三章

[1] *The Examiner*, February 5, 1834, 214.

[2] Frederick Jackson Turner, "The Significance of the Section in American History," *Wisconsin Magazine of History* 8, no. 3 (1925): 255-280, 271.

[3] 有关范布伦对经济危机的回应可参考: James C. Curtis, *The Fox at Bay: Martin Van Buren and the Presidency, 1837-1841* (Lexington: University Press of Kentucky, 1970)。有关1840年大选可参考: Robert Gray Gunderson, *The Log-Cabin Campaign* (Lexington: University of Kentucky Press, 1957)。有关泰勒与

国会中的辉格党人士之间的冲突可参考: Oliver Perry Chitwood, *John Tyler*, *Champion of the Old South* (New York: Russell & Russell, 1964); Edward P. Crapol, *John Tyler: The Accidental President* (Chapel Hill: The University of North Carolina Press, 2006); David Stephen Heidler and Jeanne T. Heidler, *Henry Clay: The Essential American* (New York: Random House, 2010)。

[4] Daniel Mallory, *Life and Speeches of the Hon. Henry Clay* (New York: Robert P. Bixby and Co., 1843), 2.409.

[5] *New York Commercial Advertiser*, May 26,1837.

[6] John B. Moore, ed., *The Works of James Buchanan* (Philadelphia: J. B. Lippincott Company, 1908), 253-255.

[7] Quoted in *Cincinnati Daily Gazette*, May 22,1837.

[8] William Gouge, *An Inquiry to the Expediency of Dispensing with Bank Agency and Bank Paper in the Fiscal Concerns of the United States* (Philadelphia: William Stavely, June 1837).

[9] Curtis, *The Fox at Bay*, 79.

[10] *Congressional Globe* [appendix] (September 1837), 232.

[11] Reginald McGrane, ed., *The Correspondence of Nicholas Biddle Dealing with National Affairs*, 1807-1844 (Boston: Houghton Mifflin, 1919), 308.

[12] *London Morning Chronicle*, October 10,1837.

[13] *Derby Mercury*, November 8,1837.

[14] *Annual Message to Congress*, December 5,1837, in James D. Richardson, ed., *A Compilation of the Messages and Papers of the Presidents* (New York: Bureau of National Literature, 1897), 4.1599.

[15] *Times of London*, March 1,1838.

[16] Quoted in *Northern Star and Leeds General Advertiser*, August 11,1838.

[17] *Times of London*, June 21,1838.

[18] Charles H. Ambler, *Thomas Ritchie: A Study in Virginia*

Politics (Richmond, VA: Bell Book & Stationery Co., 1913), 204.
[19] *The Era*, December 16,1838.
[20] George H. Baker, ed., *Works of William H. Seward* (New York: Redfield, 1853), 2.183.
[21] *London Examiner*, July 19,1840.
[22] *New Hampshire Patriot*, September 9,1840.
[23] *Times of London*, August 22,1840.
[24] *New York Weekly Herald*, August 1,1840.
[25] *Ohio Statesman*, October 2,1840.
[26] *Times of London*, August 18,1840.
[27] *Newcastle Courant*, September 11,1840.
[28] *United States Magazine and Democratic Review* 7, no.30 (June 1840): 486.
[29] *Albany Evening Journal*, September 14,1840.
[30] John Bach McMaster, *A History of the People of the United States* (New York: D. Appleton and Company, 1910), 6.584.
[31] Philip Hone, *The Diary of Philip Hone*, 1828 – 1851 (New York: Dodd Mead, 1889), 2.48 – 49.
[32] *Baltimore Sun*, November 4,1840.
[33] *New Orleans Times-Picayune*, November 22,1840.
[34] Gunderson, *The Log-Cabin Campaign*, 12.
[35] Frederic A. Ogg, *The Reign of Andrew Jackson* (New Haven, CT: Yale University Press, 1919), 114.
[36] *Hudson River Chronicle*, November 10,1840.
[37] Quoted in *Times of London*, December 1,1840.
[38] Quoted in *Times of London*, June 18,1841.
[39] Lyon G. Tyler, *Letters and Times of the Tylers* (Richmond, VA: Whittet & Shepperson 1885), 2.11.
[40] *Special Session Message to Congress*, June 1, 1841, in Richardson, ed., *A Compilation of the Messages and Papers of the Presidents*, 4.1899.

[41] Alexander G. Abell, *Life of John Tyler* (New York: Harper and Brothers, 1843).

[42] *Times of London*, August 30, 1841.

[43] Chitwood, *John Tyler, Champion of the Old South*, 330.

[44] Tyler, *Letters and Times of the Tylers*, 2.113.

[45] *Farmers' Register*, August 31, 1841.

[46] *Charleston Southern Patriot*, September 23, 1841.

[47] *Plattsburgh Republican*, September 11, 1841.

[48] *Times of London*, January 17, 1842.

[49] *Alexandria Gazette*, August 3, 1842.

[50] *Baltimore Clipper*, March 15, 1842.

[51] David Kinley, *The History, Organization and Influence of the Independent Treasury of the United States* (New York: Thomas Y. Crowell & Co., 1893), 35.

[52] Charles Sellers, *James K. Polk: Continentalist, 1843 - 1846* (Princeton, NJ: Princeton University Press, 1966), 469.

[53] *Daily National Intelligencer*, October 13, 1846.

[54] *Leeds Mercury*, May 16, 1846.

[55] *Milwaukee Sentinel*, October 9, 1848.

[56] Quoted in *Portsmouth Journal*, October 10, 1848.

[57] Sidney George Fisher, "The Diaries of Sidney George Fisher 1841 - 1843," *Pennsylvania Magazine of History and Biography* 79, no. 2(1955): 490.

[58] James Parton, *Life of Andrew Jackson* (Boston: Houghton, Osgood and Company, 1879), 1.243.

[59] *Inaugural Address*, March 4, 1829, in Richardson, ed., *A Compilation of the Messages and Papers of the Presidents*, 2.437.

[60] *State of the Union Address*, December 6, 1831, in Ibid., 2.556.

[61] *Journal of the United States Senate*, Twentieth Congress, Second Session, 1828, 48.

[62] *Niles' Register*, June 2, 1832, 248.

注释

[63] *Financial Register of the United States*, December 19, 1838, 392.

[64] *Tait's Edinburgh Magazine* (August 1836): 541.

[65] John C. Calhoun, *The Works of John C. Calhoun* (New York: D. Appleton and Company, 1874), 2.164.

[66] *Niles' Register*, September 8, 1827, 32.

[67] Charles C. Johnston, "Letter from Charles C. Johnston to John B. Floyd," *William and Mary Quarterly* 2nd Series, 1, no.3 (1921): 201-206, 202.

[68] Merrill D. Peterson, *Olive Branch and Sword: The Compromise of 1833* (Baton Rouge: Louisiana State University Press, 1982), 25.

[69] Samuel E. Morison, *Life and Letters of Harrison Gray Otis* (Boston: Houghton Mifflin, 1913), 2.291.

[70] *State of the Union Address*, December 4, 1832, in Richardson, ed., *A Compilation of the Messages and Papers of the Presidents*, 2.598.

[71] *Gales and Seaton's Register*, February 27, 1832, 484.

[72] Johnston, "Letter from Charles C. Johnston to John B. Floyd," 203.

[73] Edward G. Bourne, *The History of the Surplus Revenue of 1837* (New York: G. P. Putnam's Sons, 1885), 18.

[74] Message of the Governor, in *Journal of the Senate of the Commonwealth of Kentucky* (December 4, 1838): 11.

[75] *Financial Register* 1, no.3 (August 2, 1837): 47.

[76] *Journal of the Senate of the State of Ohio* (Columbus, OH: Samuel Medary, 1838), 285.

[77] *Financial Register* 1, no.23 (May 9, 1838): 382.

[78] *Register of Debates Congress*, Twenty-Fifth Congress, First Session, September 18, 1837, 70.

[79] *Niles' Register*, June 23, 1838, 261.

[80] Ibid., 262.

[81] Rafael Bayley, *The National Loans of the United States, from*

　　　　July 4, 1776, to June 30, 1880 (Washington, DC: Government Printing Office, 1882), 69.

[82] Frederick Jackson Turner and Avery Craven, *The United States, 1830-1850* (New York: Norton, 1965), 464-465.

[83] *United States Magazine and Democratic Review* 9, no. 38 (August 1841): 207.

[84] John Nicolay and John Hay, eds., Abraham Lincoln: *Complet Works* (New York: The Century Company, 1894), 75.

[85] William Handey, *Political Equilibrium* (Hagerstown, MD: Schnebly and Weis, 1842), 139.

[86] Ibid., 90.

[87] Joseph Blunt, *Speeches, Reviews, and Reports* (New York: James Van Norden & Co., 1843), 236.

[88] *Niles' Register*, April 23, 1842, 118.

[89] Tyler, *Letters and Times of the Tylers*, 2.165.

[90] President Tyler's Message to Congress, March 25, 1842, in Richardson, ed., *A Compilation of the Messages and Papers of the Presidents*, 3.1960.

[91] Lonnie Maness and Richard Chesteen, "The First Attempt at Presidential Impeachment," *Presidential Studies Quarterly* 10, no. 1(1980): 51-62, 58.

[92] *Preston Chronicle*, August 6, 1842, 1.

[93] *London Morning Chronicle*, August 25, 1842, 1.

[94] Calvin Colton, *The Junius Tracts* (New York: Greeley & McElrath, 1844), 122.

[95] Blunt, *Speeches, Reviews, and Reports*, 241.

[96] Douglas Irwin, "Antebellum Tariff Politics: Regional Coalitions and Shifting Economic Interests," *Journal of Law and Economics* 51(2008): 715-741, 733.

[97] David Houston, *A Critical Study of Nullification in South Carolina* (New York: Longmans, Green and Co., 1896), 155.

[98] Census Office, *Report on Valuation, Taxation, and Public*

Indebtedness in the United States (Washington, DC: Government Printing Office, 1884), 528.

[99] Sidney George Fisher, "The Diaries of Sidney George Fisher." *Pennsylvania Magazine of History and Biography* 76, no. 2 (1952): 177-220, 490.

[100] 有关这一时期联邦政府的行政机制发展的最佳概览可参考: Leonard White, *The Jacksonians: A Study in Administrative History, 1829-1861* (New York: Macmillan, 1954)。对邮局面临的困境的简洁描述可参考: George L. Priest, "History of the Postal Monopoly in the United States," *Journal of Law and Economics* 18, no. 1 (1975): 33-80; 以及 Richard R. John, *Spreading the News: The American Postal System from Franklin to Morse* (Cambridge, MA: Harvard University Press, 1995)。有关海军及陆军发展的实用调查可参考: Russell Frank Weigley, *History of the United States Army* (New York: Macmillan, 1967); 以及 Stephen Howarth, *To Shining Sea: A History of the United States Navy, 1775-1998* (Norman: University of Oklahoma Press, 1999)。

[101] *Niles' Register*, November 12, 1842, 173.

[102] White, *The Jacksonians*, 81.

[103] Ibid., 79.

[104] John Quincy Adams, *Memoirs of John Quincy Adams* (Philadelphia: J. B. Lippincott & Co., 1876), 11.95.

[105] Adams, *Memoirs of John Quincy Adams*, 11.111.

[106] White, *The Jacksonians*, 151.

[107] *The Monthly Chronicle*, August 1842, 379.

[108] Quoted in *Niles' Register*, October 6, 1832, 83.

[109] *Congressional Globe* [appendix] (December 1840), 16.

[110] *Hunt's Merchants' Magazine* 11, no. 6 (December 1844): 529. Emphasis in original.

[111] *Hunt's Merchants' Magazine* 10, no. 1 (January 1844): 27.

[112] *Senate Documents*, Twenty-eighth Congress, First Session,

Vol. III, Doc. 137,2.

[113] Ibid., 10.

[114] *North American Review* 34, no. 74 (January 1832): 257.

[115] Thomas Lawson, *Statistical Report on the Sickness and Mortality in the Army of the United States* (Washington, DC: Jacob Gideon, Jr., 1840), 219-228.

[116] *Army and Navy Chronicle*, December 12,1839,392.

[117] *Inaugural Address*, March 4, 1829, in Richardson, ed., *A Compilation of the Messages and Papers of the Presidents*, 3.1001.

[118] Emory Upton, *The Military Policy of the United States* (Washington, DC: Government Printing Office, 1912), 167-168.

[119] *Annual Message to Congress*, December 5,1840, in Richardson, ed., *A Compilation of the Messages and Papers of the Presidents*, 3.1834.

[120] Frederick Marryat, *Second Series of a Diary in America* (Philadelphia: T. K. & P. G. Collins, 1840), 273-274.

[121] *Army and Navy Chronicle* 13, no. 18 (May 21,1842): 273.

[122] Senate, *Public Documents*, Twenty-eighth Congress, First Session, 5.

[123] *Congressional Globe*, February 7,1843,225.

[124] *Army and Navy Chronicle*, December 28,1837,401.

[125] Kenneth J. Hagan, *This People's Navy: The Making of American Sea Power* (New York: Free Press, 1991), 112.

[126] *Inaugural Address*, March 4, 1817, in Richardson, ed., *A Compilation of the Messages and Papers of the Presidents*, 2.7.

[127] Frederick F. de Roos, *Personal Narrative of Travels in the United States and Canada in* 1826 (London: William Harrison Ainsworth, 1827), 62-63.

[128] Sir John Barrow, *Life of Sir George Anson* (London: John Murray, 1839), 445.

[129] *Inaugural Address*, March 4, 1829, in Richardson, ed., *A Compilation of the Messages and Papers of the Presidents*, 2.438.

[130] Bernard Steiner, *Life of Roger Brooke Taney* (Baltimore: Williams & Wilkins Company, 1922), 160.

[131] *Army and Navy Chronicle* 3, no. 14 (October 6, 1836): 220.

[132] *Farewell Address*, March 4, 1837, in Richardson, ed., *A Compilation of the Messages and Papers of the Presidents*, 4.1526.

[133] *Southern Literary* Messenger 6, no. 4 (April 1840): 233-240.

[134] *Southern Literary Messenger* 8, no. 1 (January 1842): 92.

[135] *Niles' Register*, December 25, 1841, 266.

[136] Donald MacLeod, *Biography of Hon. Fernando Wood* (New York: O. F. Parsons, 1856), 118. Emphasis in original.

[137] *Army and Navy Chronicle*, May 21, 1842, 273.

[138] Colton, *The Junius Tracts*, 11. Emphasis in original.

[139] *Annual Message to Congress*, December 7, 1842, in Richardson, ed., *A Compilation of the Messages and Papers of the Presidents*, 3.2056.

[140] *Congressional Globe*, Twenty-seventh Congress, Third Session, Appendix, 38.

[141] Howarth, *To Shining Sea*, 155.

[142] A Washington newspaper quoted in *Times of London*, March 27, 1844.

[143] Walter A. Roberts, *The U. S. Navy Fights* (New York: Bobbs-Merrill, 1942), 94.

[144] 欲了解更多有关舰队规模的信息可参考：Francis Bowen, *American Almanac for the Year 1847* (Boston: James Munroe and Co., 1846), 127-131。

[145] Nicholas Biddle, "The Debt of Pennsylvania," *Niles' Register* 64(1843): 381-382, 381.

[146] Thomas Jefferson, *First Inaugural Address*, March 4, 1801, in

Richardson, ed. , *A Compilation of the Messages and Papers of the Presidents*, 1. 309.

[147] John Tyler, *Special Session Message*, June 1,1841, in Richardson, ed. , *A Compilation of the Messages and Papers of the Presidents*, 3. 1895.

[148] *United States Magazine and Democratic Review* 6, no. 23 (November 1839): 426.

[149] *The New World*, May 13,1843,563.

[150] Catharina Bonney, *A Legacy of Historical Gleanings* (Albany, NY: J. Munsell, 1875), 2. 68.

[151] Howard Jones and United States, *To the Webster-Ashburton Treaty: A Study in Anglo-American Relations*, 1783 - 1843 (Chapel Hill: University of North Carolina Press, 1977), 26.

[152] Curtis, *The Fox at Bay*, 172.

[153] Thomas Hart Benton, *Thirty Years' View* (New York: D. Appleton and Company, 1873), 208.

[154] in William L. Mackenzie, *The Life and Times of Martin Van Buren* (Boston: Cooke & Co. , 1846), 289.

[155] Curtis, *The Fox at Bay*, 179,181.

[156] Ibid. , 185.

[157] Tyler, *Letters and Times of the Tylers*, 2. 228.

[158] Bates to Ward, September 17, 1841, Thomas Ward Papers, Massachusetts Historical Society.

[159] Jay Sexton, *Debtor Diplomacy: Finance and American Foreign Relations in the Civil War Era*, 1837 - 1873 (Oxford: Clarendon, 2005), 31.

[160] Arthur Benson, *The Letters of Queen Victoria* (London: J. Murray, 1907), 1. 368.

[161] *Plymouth and Cornish Advertiser*, January 6,1842,1.

[162] Sexton, *Debtor Diplomacy*, 35.

[163] Bates to Ward, January 3, 1842, Thomas Ward Papers, Massachusetts Historical Society.

[164] Carol K. R. Bleser, *Secret and Sacred: The Diaries of James Henry Hammond* (Columbia: University of South Carolina Press, 1997), 89.

[165] Ward to Bates, April 22, 1842; Ward to Bates, June 1, 1842; Bates to Ward, July 4, 1842; Thomas Ward Papers, Massachusetts Historical Society.

[166] *Times of London*, February 17, 1842, 6.

[167] Bates to Webster, April 15, 1842, Thomas Ward Papers, Massachusetts Historical Society.

[168] *Niles' Register*, May 16, 1846, 172.

[169] Jones and United States, *To the Webster-Ashburton Treaty*, 94.

[170] Richard Current, "Webster's Propaganda and the Ashburton Treaty," *MississippiValley Historical Review* 34, no. 2 (1947): 187–200, 189.

[171] Frederick Merk and Robert J. Walker, *Fruits of Propaganda in the Tyler Administration* (Cambridge, MA: Harvard University Press, 1971), 193.

[172] Ward to Bates, July 2, 1842, Thomas Ward Papers, Massachusetts Historical Society.

[173] Calhoun, *The Works of John C. Calhoun*, 236.

[174] *Niles' Register*, August 27, 1841, 1.

[175] Senate Committee on Foreign Relations, *Papers Relating to the Annexation of the Hawaiian Islands* (Washington, DC: Government Printing Office, 1893), 109.

[176] *Times of London*, August 29, 1843.

[177] Ibid., 35.

[178] Albert B. Hart, *The Monroe Doctrine* (Boston: Little, Brown and Company, 1920), 90.

[179] *Times of London*, August 29, 1843, 3.

[180] Charles Wilkes, *Voyages around the World* (Philadelphia: George W. Gorton, 1849), 584.

[181] *Times of London*, August 26, 1843, 4.

[182] Ralph Kuykendall, *The Hawaiian Kingdom* (Honolulu: 1976), 1.194.

[183] Senate Committee on Foreign Relations, *Papers Relating to the Annexation of the Hawaiian Islands*, 108.

[184] Alexander Simpson, *The Sandwich Islands* (London: Smith, Elder and Company, 1843), 90.

[185] *United States Magazine and Democratic Review* 13, no. 61 (July 1843): 14.

[186] *Hunt's Merchants' Magazine* 9, no. 2 (August 1843): 126.

[187] *Niles' Register*, June 10, 1843, 239.

[188] Senate Committee on Foreign Relations, *Papers Relating to the Annexation of the Hawaiian Islands*, 110.

[189] Leslie Scott, "Report of Lieutenant Peel on Oregon in 1845 – 1846," *Oregon Historical Quarterly* 29, no. 1 (1928): 51 – 76, 53.

[190] Joseph Schafer, "The British Attitude toward the Oregon Question, 1815 – 1846," *American Historical Review* 16, no. 2 (1911): 273 – 299, 295.

[191] Charles Carey, *History of Oregon* (Chicago: Pioneer Historical Publishing Company, 1922), 488.

[192] Merk and Walker, *Fruits of Propaganda in the Tyler Administration*, 18.

[193] Edwin Miles, "Fifty-Four Forty or Fight—An American Political Legend," *Mississippi Valley Historical Review* 44, no. 2(1957): 291 – 309, 294.

[194] Carey, *History of Oregon*, 490.

[195] Miles, "Fifty-Four Forty or Fight," 294.

[196] Robert Clark, "Aberdeen and Peel on Oregon, 1844," *Oregon Historical Quarterly* 34, no. 3(1933): 236 – 240, 239.

[197] Bernard Augustine De Voto, *The Year of Decision, 1846, The American Heritage Library* (Boston: Houghton Mifflin, 1989), 26.

[198] *Times of London*, March 28, 1845, 4.
[199] Joseph Schafer, "Documents Relative to Warre and Vavasour's Military Reconnaissance in Oregon, 1845 – 6," *Quarterly of the Oregon Historical Society* 10, no. 1(1909): 1 – 99, 6.
[200] Sellers, *James K. Polk*, 235.
[201] *Times of London*, April 5, 1845, 6.
[202] Ibid.
[203] Wilbur Jones and J. Chal Vinson, "British Preparedness and the Oregon Settlement," *Pacific Historical Review* 22, no. 4(1953): 353 – 364, 357.
[204] James K. Polk, *Diary of James K. Polk during His Presidency* (Chicago: A. C. McClurg, 1910), 140.
[205] *Niles' Register*, August 9, 1845, 364. Emphasis in original.
[206] Miles, "Fifty-Four Forty or Fight," 302.
[207] *Niles' Register*, February 11, 1846, 179.
[208] *Niles' Register*, November 8, 1845, 145.
[209] *A Compilation of All the Acts, Resolutions, Reports and Other Documents in Relation to the Bank of the State of South Carolina* (Columbia, SC: A. S. Johnston and A. G. Summer, 1848), 640.
[210] Polk, *Diary of James K. Polk during His Presidency*, 1.73.
[211] *Niles' Register*, January 3, 1846, 285.
[212] George Lewis Prentiss, *The Union Theological Seminary in the City of New York* (Asbury Park, NJ: M. W. and C. Pennypacker, 1899), 476.
[213] Albert Gallatin, *The Oregon Question* (New York: Bartlett & Welford, 1846), 66.
[214] Robert Hare Jr., *Oregon: The Cost, and the Consequences* (Philadelphia: John C. Clark, 1846), 9.
[215] George Ticknor Curtis, *Life of Daniel Webster* (New York: D. Appleton and Company, 1870), 2.260.
[216] Polk, *Diary of James K. Polk during His Presidency*, 372.
[217] Ibid., 107.

[218] Gallatin, *The Oregon Question*, 48.

[219] Hermann von Holst, *Constitutional and Political History of the United States, 1846-1850* (Chicago: Callaghan and Company, 1881), 160.

[220] Jones and Vinson, "British Preparedness and the Oregon Settlement," 361.

[221] Polk, *Diary of James K. Polk during His Presidency*, 244.

[222] Miles, "Fifty-Four Forty or Fight," 307.

[223] Sellers, *James K. Polk: Continentalist, 1843-1846*, 413.

第四章

[1] *Luther v. Borden*, 48 U.S. 1(1849).

[2] Thomas W. Bicknell, *History of the State of Rhode Island* (New York: American Historical Society, 1920), 783.

[3] *People's Democratic Guide* 1, no. 8 (June 1842): 241.

[4] William Goodell, *The Rights and Wrongs of Rhode Island* (Oneida, NY: Oneida Institute, 1842), 34.

[5] Arthur Mowry, *The Dorr War* (Providence, RI: Preston & Rounds, 1901), 43.

[6] Jacob Frieze, *Concise History of the Efforts to Obtain an Extension of Suffrage in Rhode Island* (Providence, RI: Thomas S. Hammond, 1842), 28, 29.

[7] Bicknell, *History of the State of Rhode Island*, 790.

[8] Frances Whipple Green, *Might and Right* (Providence, RI: A. H. Stillwell, 1844), 74.

[9] Seth Luther, *Address to the Working Men of New England* (New York: George H. Evans, 1833), 19.

[10] Louis Hartz, "The Story of a Working-Class Rebel," *The New England Quarterly* 13, no. 3(1940): 401-418, 407.

[11] Green, *Might and Right*, 86. Emphasis in original.

[12] Frieze, *Concise History of the Efforts to Obtain an Extension of Suffrage in Rhode Island*, 54.

[13] William G. Goddard, *Political Writings* (Providence, RI: Sidney S. Rider and Brother, 1870), 73.

[14] Francis Wayland, *The Affairs of Rhode Island* (Providence, RI: William D. Ticknor, 1842), 6.

[15] Goddard, *Political Writings*, 153.

[16] John Lawson, ed., *American StateTrials* (St. Louis, MO: Thomas Law Book Co., 1914), II. 8.

[17] Green, *Might and Right*, 195.

[18] Mowry, *The Dorr War*, 142.

[19] *Hazard's United States and Commercial Register*, April 1842, 255.

[20] Green, *Might and Right*, 225.

[21] *Niles' Register*, May 21, 1842, 179.

[22] *Providence Daily Journal*, May 19, 1842.

[23] Mowry, *The Dorr War*, 173.

[24] Ibid., 174.

[25] James D. Richardson, ed., *Compilation of the Messages and Papers of the Presidents* (New York: Bureau of National Literature, 1897), 5. 2155.

[26] Ibid.

[27] Mowry, *The Dorr War*, 226.

[28] Bicknell, *History of the State of Rhode Island*, 801.

[29] Lawson, ed., *American State Trials*, 20.

[30] *Journal of the House of Representatives*, April 10, 1844, 766.

[31] Bernard Steiner, *Life of Roger Brooke Taney* (Baltimore: Williams & Wilkens Company, 1922), 85.

[32] *Luther v. Borden*, 48 U. S. 1(1849).

[33] 当代有关抗租战的主要著作包括: Henry Christman, *Tin Horns and Calico: A Decisive Episode in the Emergence of Democracy* (Cornwallville, NY: Hope Farm Press, 1975); Reeve Huston, *Land and Freedom: Rural Society, Popular Protest, and Party Politics in Antebellum New York* (New York: Oxford University

Press, 2000); and Charles W. McCurdy, *The Anti-Rent Era in New York Law and Politics, 1839 - 1865* (Chapel Hill: University of North Carolina Press, 2001)。

[34] Walt Whitman, *Collected Works* (New York: Peter Lang, 2003), 2.100. Emphasis in original.

[35] Cuyler Reynolds, *Genealogical and Family History of Southern New York and Hudson River Valley* (New York: Lewis Historical Publishing Company, 1914), 3.1167.

[36] Christman, *Tin Horns and Calico*, 40.

[37] *Message of the Governor in Relation to the Difficulties in the Manor of Rensselaerwyck*, March 14, 1840, in George E. Baker, ed., *Works of William H. Seward* (New York: Redfield, 1853), 2.357.

[38] Albert C. Mayham, *The Anti-Rent War on Blenheim Hill* (Jefferson, NY: F. L. Frazee, 1906), 23.

[39] Philip Hone, *The Diary of Philip Hone, 1828 - 1851* (New York: Dodd Mead, 1889), 1.396.

[40] Christman, *Tin Horns and Calico*, 56.

[41] George H. Baker, ed., *Works of William H. Seward* (New York: Redfield, 1853), 2.366.

[42] *Annual Message of the Governor*, January 7, 1840.

[43] *Bronson v. Kinzie*, 42 U.S. 311(1843).

[44] 关于纽约立法的变动可参考: L. Ray Gunn, "The New York State Legislature: A Developmental Perspective, 1777 - 1846," *Social Science History* 4, no.3(1980): 267 - 294.

[45] *Quackenbush v. Danks*, 1 Denio 128(1845).

[46] George Hewes, *Traits of the Tea Party* (New York: Harper & Brothers, 1835), 174.

[47] Christman, *Tin Horns and Calico*, 92.

[48] Ibid., 104.

[49] *The Rover* 4(1845): 10.

[50] McCurdy, *The Anti-Rent Era in New York Law and Politics*,

173. Emphasis in original.

[51] Quoted in *The Northern Star and Leeds Advertiser*, October 12, 1844.

[52] Stephen Miller, *Historical Sketches of Hudson* (Hudson, NY: Bryan & Webb, 1862), 57.

[53] Ibid., 60.

[54] Ibid., 58.

[55] Christman, *Tin Horns and Calico*, 135.

[56] Ibid.

[57] Daniel Dewey Barnard, "The Anti-Rent Movement," *The American Review* 2, no. 6(1845): 577-598, 596.

[58] James Fenimore Cooper, *The Redskins* (New York: Burgess & Stringer, 1846), 112.

[59] Barnard, "The Anti-Rent Movement," 580.

[60] *Annual Message of the Governor*, January 7, 1845.

[61] Jay Gould, *History of Delaware County* (Philadelphia: Robb, Pile & McElroy, 1856), 283.

[62] Mayham, *The Anti-Rent War on Blenheim Hill*, 71.

[63] Gould, *History of Delaware County*, 283.

[64] Christman, *Tin Horns and Calico*, 243.

[65] *Niles' Register*, September 20, 1845, 39.

[66] *Niles' Register*, October 12, 1845, 88.

[67] McCurdy, *The Anti-Rent Era in New York Law and Politics*, 171.

[68] *Annual Message of the Governor*, January 6, 1846.

[69] 总体而言,有关奥尔巴尼县有效的庄园合约的数量可参考: McCurdy, *The Anti-Rent Era in NewYork Law and Politics*, 315。

[70] 金对佃农问题的处理: Ibid., 272-273。

[71] 农业生产和人口趋势: Huston, *Land and Freedom*, 229。

[72] 有关费城暴乱的一份实用概述可参考: Michael Feldberg, *The Philadelphia Riots of 1844: A Study of Ethnic Conflict*, Contributions in American History (Westport, CT: Greenwood

Press, 1975)。

[73] Ibid., 115.

[74] 一般贸易组织的发展及罢工数量可参考：William Sullivan, *The Industrial Worker of Pennsylvania*: 1800 to 1840 (PhD Dissertation, Columbia University, 1951), 151, Appendix B。

[75] 有关劳动组织中费城人的比重可参考：John R. Commons, "Labor Organization and Labor Politics, 1827 - 37," *Quarterly Journal of Economics* 21, no. 323 - 329(1907): 324。

[76] John R. Commons, et al., *A Documentary History of American Industrial Society* (Cleveland, OH: Arthur H. Clark Company, 1910), 5.391.

[77] John R. Commons, et al., *History of Labour in the United States* (New York: Macmillan Company, 1918), 1.456.

[78] *De Bow's Review*, May 1853, 477.

[79] Norman Ware, *The Industrial Worker*, 1840 - 1860 (Chicago: Quadrangle Books, 1964), 63.

[80] H. C. Carey, *Principles of Political Economy* (Philadelphia: Carey, Lea & Blanchford, 1837), 108.

[81] Howard Sprogle, *The Philadelphia Police* (Philadelphia: Howard O. Sprogle, 1887), 85.

[82] John Scharf and Thompson Westcott, *History of Philadelphia* (Philadelphia: L. H. Everts & Company, 1884), 1.661.

[83] W. E. B. Du Bois, *The Philadelphia Negro* (Philadelphia: University of Pennsylvania, 1899), 31.

[84] Noel Ignatiev, *How the Irish Became White* (New York: Routledge, 2009), 159.

[85] *Brownson's Quarterly Review* (January 1845): 82 -83.

[86] John H. Lee, *Origin and Progress of the American Party in Politics* (Philadelphia: Elliott & Gihon, 1855), 222.

[87] Hector Orr, *The Native American* (Philadelphia: Hector Orr, 1845), 141, 159.

[88] *Philadelphia Enquirer*, May 16, 1844.

注释

[89] *London Morning Chronicle*, May 29,1844.

[90] *Times of London*, May 30,1844,4.

[91] Feldberg, *The Philadelphia Riots of* 1844,114. Emphasis in original.

[92] *Western Law Journal* 9, no.1 (June, 1844): 420-421.

[93] *Pennsylvania Law Journal*, 3(1844): 397.

[94] Quoted in Feldberg, *The Philadelphia Riots of 1844*,5.

[95] John H. Lee, *Origin and Progress of the American Party in Politics* (Philadelphia: Elliott & Gihon, 1855), 139-140.

[96] Feldberg, *The Philadelphia Riots of* 1844,155.

[97] Anonymous, *A Full and Complete Account of the Late Awful Riots in Philadelphia* (Philadelphia: John B. Perry, 1844), 18.

[98] Elizabeth Geffen, "Violence in Philadelphia in the 1840's and 1850's," *Pennsylvania History* 36, no.4(1969): 381-410,403.

[99] Ibid.

[100] *London Morning Chronicle*, July 30,1844.

[101] *Bristol Mercury*, August 3,1844.

[102] *Philadelphia Public Ledger*, November 13,1844.

[103] *Spectator*, quoted in *The Living Age*, September 14,1844,338.

[104] *Philadelphia Public Ledger*, November 30,1839.

[105] Anonymous, *Street Talk about an Ordinance of Councils Passed the 11th July, 1844, Organizing a Military Force for the Government of Philadelphia* (Philadelphia: n.p., 1844), 4.

[106] Ibid., 7.

[107] Ibid., 3. Emphasis in original.

[108] Selden Bacon, *The Early Development of American Municipal Police* (New Haven, CT: Yale University, 1939), 555.

[109] Eli Price, *The History of the Consolidation of the City of Philadelphia* (Philadelphia: J. B. Lippincott and Company, 1873), 16.

[110] Augustine Costello, *Our Police Protectors* (Montclair, NJ: Police Department of the City of New York, 1887), 80.

[111] Quoted in Edward K. Spann, *New Metropolis: New York City, 1840-1857* (New York: Columbia University Press, 1981), 317.

[112] City of Boston, *Inaugural Addresses of the Mayors of Boston* (Boston: Rockwell and Churchill, 1894), 1.226.

[113] Peleg W. Chandler, *The Morals of Freedom* (Boston: John H. Eastburn, 1844).

[114] Bacon, *The Early Development of American Municipal Police*, 486.

第五章

[1] 有关墨西哥战争的军事及政治因素的概述可参考：K. Jack Bauer, *The Mexican War 1846-1848* (Lincoln: University of Nebraska Press, 1974)。不过该书在写成时受到正在进行的越南战争的影响。一份帮助撇清这一影响因素的资料来自：Robert Johannsen, *To the Halls of the Montezumas* (New York: Oxford University Press, 1988)。还可以参考：Daniel Walker Howe, *What Hath God Wrought: The Transformation of America, 1815-1848, The Oxford History of the United States* (New York: Oxford University Press, 2007), 731-791。有关吞并前运动的尖刻观点可参考：Frederick Merk, *Slavery and the Annexation of Texas* (New York: Alfred E. Knopf, 1972)。反对战争的观点可参考：John Schroeder, *Mr. Polk's War* (Madison: University of Wisconsin Press, 1973)。有关战争资金方面的讨论可参考：James Cummings, *Towards Modern Public Finance: The American War with Mexico, 1846-1848* (Brookfield, VT: Pickering & Chatto, 2009)。

[2] William M'Carty, *National Songs, Ballads, and Other Patriotic Poetry, Chiefly Relating to the War of 1846* (Philadelphia, PA: William M'Carty, 1846), 77.

[3] William E. Channing, *Letter to the Hon. Henry Clay on the Annexation of Texas* (Boston, MA: James Munroe and

Company, 1837), 51-53.
[4] Frederick Marryat, *A Diary in America* (Phila-delphia: Carey & Hart, 1839), 117.
[5] Ephraim Adams, ed., *British Diplomatic Cor-respondence Concerning the Republic of Texas, 1838 –1846* (Austin: Texas State Historical Association, 1917), 144.
[6] Ephraim Adams, *British Interests and Activities in Texas*, 1838 –1846 (Baltimore: Johns Hopkins University Press, 1910), 71 -72.
[7] Adams, ed., *British Diplomatic Correspondence Concerning the Republic of Texas*, 509.
[8] *Houston Democratic Telegraph*, September 30,1847.
[9] John Quincy Adams, *Address to Constituents of the Twelfth Congressional District* (Boston: J. H. Eastburn, 1842), 16.
[10] *Madisonian*, November 15,1843, quoted in Merk, *Slavery and the Annexation of Texas*, 249.
[11] Ibid.
[12] James Parton, *Life of Andrew Jackson* (Boston: Houghton, Osgood and Company, 1879), 3.659.
[13] Merk, *Slavery and the Annexation of Texas*, 221 -223.
[14] Justin H. Smith, *The Annexation of Texas* (New York: Baker and Taylor, 1911), 115.
[15] *United States Magazine and Democratic Review* 14, no. 70 (April 1844): 423.
[16] George P. Garrison, "Diplomatic Correspondence of the Republic of Texas," in American Historical Association, ed., *Annual Report of the American Historical Association for the Year* 1908 (Washington, DC: Government Printing Office, 1911), 4 - 807,240.
[17] Merk, *Slavery and the Annexation of Texas*, 31.
[18] *United States Magazine and Democratic Review* 14, no. 70 (April 1844): 335.

[19] *Southern Literary Messenger* 10, no. 10 (October 1844): 584.

[20] John Tibbatts, *Speech on the Reannexation of Texas* (Washington, DC: Washington Globe, 1844), 11.

[21] Richard K. Crallé, *Reports and Public Letters of John C. Calhoun* (New York: D. Appleton and Company, 1888), 345 - 348.

[22] Chauncey Boucher and Robert Brooks, " Correspondence Addressed to John C. Calhoun, 1837 - 1849," in American Historical Association, ed., *Annual Report of the American Historical Association for the Year 1929* (Washington, DC: Government Printing Office, *1929*), 125 - 533, 231.

[23] Clyde N. Wilson, *Papers of John C. Calhoun* (Columbia: University of South Carolina Press, 1988), 583 - 584.

[24] *Niles' Register*, July 26, 1845, 330.

[25] *United States Democratic Review* 16, no. 80 (February 1845): 162.

[26] Frederick Merk and Robert J. Walker, *Fruits of Propaganda in the Tyler Administration* (Cambridge, MA: Harvard University Press, 1971), 221 - 246.

[27] United States Senate, *Public Documents* (Washington, DC: Gales and Seaton, 1843).

[28] Charles Francis Adams, *The Complaint of Mexico and the Conspiracy against Liberty* (Boston: J. W. Alden, 1843), 24.

[29] *National Intelligencer*, April 17, 1844.

[30] Truman Smith, *Speech on the Oregon Question* (Washington, DC: J. & G. S. Gideon, 1846), 11.

[31] Adams, *British Interests and Activities in Texas*, 104, 202, 204, 192.

[32] Thomas Hart Benton, *Three Speeches on the Annexation of Texas to the United States* (New York: n. p., 1844), 22.

[33] Justin H. Smith, *The War with Mexico* (New York: Macmillan, 1919), 1. 125.

[34] *Times of London*, October 6, 1845, 5.
[35] M. A. D. Howe, ed., *Home Letters of General Sherman* (New York: Charles Scribner's Sons, 1909), 23.
[36] John Y. Simon, ed., *The Papers of Ulysses S. Grant* (Carbondale: Southern Illinois University Press, 1967), 1.56.
[37] Robert H. Ferrell, Monterrey Is Ours! *The Mexican War Letters of Lieutenant Dana 1845–1847* (Lexington: University Press of Kentucky, 1990), 12.
[38] *Richmond Enquirer*, September 2, 1845.
[39] M'Carty, *National Songs, Ballads, and Other Patriotic Poetry*, 37.
[40] Smith, *The War with Mexico*, 1.124.
[41] *The American Review* 2, no. 3 (September 1845): 227.
[42] Quoted in Ibid.
[43] Lucien Chase, *History of the Polk Administration* (New York: George P. Putnam, 1850), 467.
[44] Hershel Parker, *Herman Melville: A Biography, 1819–1851* (Baltimore: Johns Hopkins University Press, 1996), 1.421.
[45] "Friend of Lincoln Sees War in Mexico," *New York Times*, March 23, 1916.
[46] John Scharf and Thompson Westcott, *History of Philadelphia* (Philadelphia: Howard O. Sprogle, 1887), 1.679.
[47] Johannsen, *To the Halls of the Montezumas*, 270.
[48] Essex Agricultural Society, *Transactions of the Essex Agricultural Society* (Salem, MA: Salem Gazette, 1850), 16.
[49] Frederick Zeh, *An Immigrant Soldier in the Mexican War* (College Station: Texas A&M Press, 1995), 7.
[50] Harry Silcox, *Philadelphia Politics from the Bottom up: The Life of Irishman William McMullen* (Philadelphia: Balch Institute Press, 1989), 42.
[51] *United States Catholic Magazine*, February 1848, 98.
[52] *United Service Journal*, July 12, 1851, 231.
[53] Abiel A. Livermore, *War with Mexico* (Boston: American Peace

Society, 1850), 227-230.

[54] Walt Whitman, *The Gathering of the Forces* (New York: Knickerbocker Press, 1920), 82.

[55] Charles H. Ambler, "Correspondence of Robert M. T. Hunter," in American Historical Association, ed., *Annual Report of the American Historical Association for the Year 1916* (Washington, DC: American Historical Association, 1918), 2.86.

[56] George Meade, *The Life and Letters of George Gordon Meade* (New York: Charles Scribner's Sons, 1913), 1.152.

[57] Cummings, *Towards Modern Public Finance*, 74-75.

[58] Robert Winthrop, *Oration on the Laying of the Cornerstone of the National Monument to the Memory of Washington* (Washington, DC: J. & G. S. Gideon, 1848), 49.

[59] *United States Magazine and Democratic Review* 23, no. 62 (August 1848): 187.

[60] A. R. McIlvaine, *Speech on the Mexican War* (Washington, DC: Blair and Rives, 1847), 8.

[61] *Hunt's Merchants' Magazine* 18, no. 4 (April 1848): 463.

[62] Howard Jones and Donald A. Rakestraw, *Prologue to Manifest Destiny: Anglo-American Relations in the 1840s* (Wilmington, DE: SR Books, 1997), 114.

[63] George Lippard, *Legends of Mexico* (Philadelphia: T. B. Peterson, 1847), 13.

[64] *State of the Union Address*, December 5, 1848, in James D. Richardson, ed., *A Compilation of the Messages and Papers of the Presidents* (New York: Bureau of National Literature, 1897), 4.248.

[65] John Frost, *The Mexican War and Its Warriors* (Philadelphia: H. Mansfield, 1848), 331-332.

[66] Nathan C. Brooks, *A Complete History of the Mexican War* (Philadelphia: Grigg, Elliot & Company, 1851), 539.

[67] W. H. Prescott and R. Wolcott, *The Correspondence of William*

Hickling Prescott, 1833–1847 (New York: Houghton Mifflin Company, 1925), 657–658.

[68] *Southern Literary Messenger* 15, no. 5 (May 1849): 311.

[69] Rafael Bayley, *The National Loans of the United States, from July 4,1776, to June 30, 1880* (Washington, DC: Government Printing Office, 1882), 73.

[70] quoted in *Niles' Register*, December 11,1847,240.

[71] Robert J. Walker, *Our National Finances* (Washington, DC: Chronicle Print, 1867), 4.

[72] Cummings, *Towards Modern Public Finance*, 56.

[73] James P. Shenton, *Robert John Walker* (New York: Columbia University Press, 1961), 116.

[74] James K. Polk, *Diary of James K. Polk during His Presidency* (Chicago: A. C. McClurg, 1910), 3.420.

[75] Jay Sexton, *Debtor Diplomacy: Finance and American Foreign Relations in the Civil War Era, 1837–1873* (Oxford: Clarendon, 2005), 54.

[76] Benjamin Curtis, "Debts of the States," *North American Review* 58(1844): 109–157,150.

[77] United States Treasury, *Reports of the Secretary of the Treasury of the United States* (Washington, DC: John C. Rives, 1851), 452.

[78] Thomas Martin, "Cotton and Wheat in Anglo-American Trade and Politics, 1846–1852," *Journal of Southern History* 1, no. 3 (1935): 293–319,301.

[79] 有关伊利运河航运的吨位可参考：Peter L. Bernstein, *Wedding of the Waters: The Erie Canal and the Making of a Great Nation* (New York: W. W. Norton, 2005), 377.

[80] *The Bankers' Magazine* 1, no. 9 (March 1847): 513.

[81] Niall Ferguson, *The House of Rothschild: Money's Prophets, 1798–1848* (New York: Viking, 1998), 458.

[82] Ibid., 451.

[83] Sexton, *Debtor Diplomacy*, 56.
[84] *London Morning Chronicle*, August 21,1848.
[85] *London Morning Chronicle*, September 7,1848.
[86] *London Daily News*, October 3,1848.
[87] *Liverpool Mercury*, October 10,1848.
[88] *Times of London*, October 11,1848,6.
[89] *NewYork Courier & Enquirer*, quoted in *The Manchester Times*, October 28,1848.
[90] Quoted in *Times of London*, November 2,1848,6.
[91] *The Bankers' Magazine* 2, no. 11 (May 1848): 638.
[92] Mira Wilkins, *The History of Foreign Investment in the United States to 1914* (Cambridge: Harvard University Press, 1989), 75-76.

结论

在本书前几章的引言涉及的引述来源将不再重复列出。

[1] *United States Magazine and Democratic Review* 1, no. 1 (October 1837): 108.
[2] "US Embassy Cables: Hillary Clinton Ponders US Relationship with Its Chinese 'Banker,'" *Guardian. co. uk*, December 4,2010.
[3] Robert J. Shapiro, *Futurecast: How Superpowers, Populations, and Globalization Will Change the Way You Live andWork* (New York: St. Martin's Press, 2008), 148.
[4] W. Thom DeCourcy, *A Brief History of Panics and Their Periodical Occurrence in the United States* (New York: G. P. Putnam's Sons, 1893), 22.
[5] Alexis De Tocqueville, *Democracy in America*, trans. Henry Reeve (New York: D. Appleton and Company, 1904), 64.
[6] Peleg W. Chandler, *The Morals of Freedom* (Boston: John H. Eastburn, 1844).
[7] *Report of the Debates and Proceedings of the Convention for the*

Revision of the Constitution of the State of Indiana (Indianapolis: A. H. Brown, 1850), 1.660.

[8] *Alexandria Gazette*, March 12,1842.

[9] Leonard White, *The Jacksonians: A Study in Administrative History, 1829 -1861* (New York: Macmillan, 1954), 29.

[10] *United States Magazine and Democratic Review* 14, no. 70 (April 1844): 335.

[11] "Michael Bloomberg Calls for Debt Deal," *Politico*, July 12,2011.

[12] Speech by Chairman Bernanke to the Annual Conference of the Committee for a Responsible Federal Budget, Washington, DC, June 14,2011.

[13] "Moody's Says U. S. Debt Could Test Triple-A Rating," *New York Times*, March 15,2010.

[14] "Tea Party-backed Senators Take U. S. Debt Deal into Their Own Hands," *Dow Jones Newswires*, July 12,2011.

[15] Press release, Office of Congressman Dennis J. Kucinich, July 13,2011.

[16] House of Representatives Report 111-060, March 27,2009.